KB052215

트라우마 치유,

아직 만나지 못한 나를 만나다

윤인모 지음

트라우마 치유, 아직 만나지 못한 나를 만나다

판미동

추천의 말

현대인들은 누구나 한 가지씩 확인되지 않은 트라우마를 안고 살아가고 있는지도 모른다. 경쟁이라는 트랙 위를 달리는 경주마처럼 뒤도 옆도 돌아보지 않은 채 나아가는 것만이 살아가는 의미라고 생각하는지도. 사람들과 관계를 맺을 때도 완벽히 나를 드러내고 소통하는 삶을 살지 않으며, 그래서 문제를 품고 있으면서도 괜찮다고 나와 남을 속인다. 그로 인해 우리의 몸과 마음은 병들어 간다. 저자는 우리에게 말한다. 치유의 핵심은 버리는 것이라고. 이 책을 읽고 문제를 버리고 새로운 세상을 날 수 있는 힘을 얻게 되었다.

이언조 서울시 교육청 사무관

인터넷 광고를 보며 많은 곳을 다녀 보았는데 나아지는 게 없어서, 그래 진짜 고수라면 구태여 비싼 광고비 들여 본인 홍보를 하지 않겠지 하는 마음으로 찾아갔다. 목이 좋지 않아 스트레스 받으면 결리고 아팠는데 전생에

목으로 인해 죽었다고 먼저 말씀하시기에 깜짝 놀랐다. 세션을 받을수록 마음이 평온해졌다. 몸에 에너지가 넘쳤고, 사회생활에도 긍정적으로 작용했다. 전에는 관심을 끊고 살던 이성에게도 호감을 갖기 시작했다. 곧바로 느껴지는 변화라면, 머리가 좋아진다는 것이다. 성격이 우유부단하여 결정장애가 있었는데, 명상 치유를 받은 뒤로는 단호해졌고 직관적으로 변했다.

황명호 사업가

살아왔던 환경이 경쟁이 심한 데다 주변 기대에 부응하며 살아가야 한다는 강박관념이 심했다. 사람들이 원하는 부, 명예, 특권 등을 내가 원하는 '바로 그것'이라 생각하면서 하루하루를 무리하게 계획하고 좌절하고 다시 힘들어했다. 명상과 세션은 그렇게 40여 년 동안 살아왔던 삶 속에 묻어 있는 해묵은 감정들을 청소하고 털어 내고 진실된 나를 찾아가는 과정이었다. 나에게 딱 어울리는 새집으로 이사 가기 위해 그렇게 분주하게 헌 집을 청소하고 정리했었나 보다. 이제는 '나를 찾아 사랑하는 과정'을 온전히, 알알이 밟아 가고 있다.

오정연 치과 원장

첫 세션에서 막연하던 내 안의 깊고 무거운 우울, 고통스러운 죄책감과 직면했다. 살아가는 이유라도 되듯 놓을 수 없던 복잡하게 얽힌 무거운 감정들이 회를 거듭할수록 가벼워지고 정신이 명료해지니 감사할 따름이다. 어떤 미사여구의 코칭 없이 리아 님의 파동(세션)을 통해 밝아지고 가벼워지는 것이 정말 놀랍고 신비로운 마술 같다고나 할까? 일반 명상이나 상담에서 경험할 수 없는 깊숙한 나와의 만남은 일상을 더 진솔하게 살게 할 뿐만 아니라 내 근원의 완성에 대한 간절한 염원까지 이끌어 주는 듯해 울컥하게 된다.

김유미 심리치유사

우울했다. 삶이 너무 힘들었다. 죽고 싶었다. 죽기도 쉽지 않아서 변화되고 싶었다. 그래서 상담도 받고 공부도 했다. 변화가 있었지만, 일정 시간이 지나면 나의 정서와 행동은 같은 자리로 되돌아왔다. 다시 돌아오는 그 자리에선 깨닫고 배우고 연습하고 애쓰던 것들이 무력하게 전과 똑같았다. 어떻게 해야 되는 건지 몰라서 답답했다. 그러나 명상 치유를 받은 뒤로는 모든 것이 달라졌다. 관계에서도 태도가 달라졌다. 어려워서 못 하던 것을 저절로 하게 되었다. 나 자신을 믿게 되었다. 인정하지 않던 재능을 감사히 받아들이고 키우게 되었다. 외부 환경에 대한 피해의식이 사라지고 호의적으로 느끼게 되었다. 힘든 상황에서도 '그럴 만도 하다.'라는 긍정적인 태도로 변했다. 몸과 마음이 가벼워진 느낌이다. 여기서 중요한 것은 바로 '저절로'다. 삶의 커다란 줄기는 그대로지만 확실하게 달라지고 있다. 명상 세션은 몸과 마음 영혼이 성장하도록 이끌어 준다.

박민아 교사, 화가

나에게 세션은 크게 두 가지 변화로 나눌 수 있다. 세션을 통해 몸에 온 변화는, 의사도 모르겠다던 알 수 없는 피곤함이 거의 사라졌다는 것이다. 평소에는 정말 밥숟가락 하나 들 기운도, 눈을 뜰 기운도 없을 정도였다. 기분 좋고 상쾌하다가도 이유 없이 갑자기 피곤해졌다. 외출했다가도 집으로 돌아와 누워야 했다. 그러나 세션을 받으면서 심한 피곤함은 사라졌고, 어쩌다 살짝 피곤할 때면 잠시 앉아 휴식하면 나아진다. 10년 넘게 고생했던 거라 내겐 기적 같은 일이다. 마음에 찾아온 변화는 감사함과 신남이다. 내 주위에 일어나는 상황들과 상관없이 가슴이 뭉클해지면서 감사함에 눈물이 난다. 주위의 모든 것이 사랑스럽게 느껴지고, 살아 있음이, 숨 쉴 수 있음이, 그냥 지금이 감사하다. 마치 어릴 적 소풍 전날 설레고 신나던 아이처럼 말이다.

김도연 주부

세션을 하기 전에 그는 맑고 환하고 빛나는 청년의 얼굴이었다가 세션을 마칠 때쯤에는 찌든 때 닦은 후 대충 빨아 짜 놓은 걸레 같은 표정으로 변한다. 개인 세션을 받을 때마다 반복되는 일이다. 그 팔자 참 사납다. 오래 묵혀 잊은 듯 살았던 아물지 않은 상처들이 명상 세션에서 다시 헤집어질 때마다 숨을 쉴 수가 없었고, 등짝으로 가슴으로 얼음송곳에 찔리는 듯한 고통이 있었다. 그때마다 섬세하게 살피고 기다리고 함께 버텨 준다. 나날이 깊은 고요와 평화가 마음에 차오른다.

유효숙 상담교사, 상담심리 박사 과정

"이전에는 애써서 긍정적인 상태를 만들려고 노력해서 어렵게 행복을 느꼈다면, 이제는 가만히 자연스럽게 있어도 편안하고 행복해. 그래서 참 좋아……." 의사인 친구의 말에 주저 없이 명상 치유 세션을 시작하게 되었다. 세션을 하면서 어떤 일이 이루어지는지는 아직 완전히 이해하지 못한다. 자연계의 공명 현상처럼 한 물체의 진동이 다른 물체의 진동을 이끌어 내는 것 같은, 혹은 맑은 풍경 소리가 울려 퍼지면 빈 공간이 그 음으로 가득 채워지는 것 같은, 혹은 밝은 빛이 비치면 어둠은 힘없이 사라지는 그런 현상이 아닐까. 확실한 것은 명상의 즐거움에 더욱 눈뜨게 되었고, 무언가 뿌연 안개 속에 복잡한 것 같았던 몸과 마음이 한결 명쾌해지고, 단순해지고, 건강해졌다. 악성코드에 감염되어서 잘 안 돌아가던 컴퓨터가 제대로 작동되기 시작한 느낌이랄까? 최근 명상의 효과에 대한 과학적인 규명이 이루어져서 그 영역이 신비에서 과학과 일상으로 이동해 오고 있다. 머지않아 이런 명상 치유 세션의 힘도 과학적으로도 규명되어 수수께끼의 영역에서 당연의 영역으로 넘어가지 않을까 기대해 본다.

서지연 한의원 원장

꽤나 오랫동안 심적인 괴로움, 과대망상과 같은 죄책감, 분노, 두려움 등의 부정적인 감정에 시달리고 있었다. 스트레스가 없어도, 미칠 것 같은 구토감과 돌아 버릴 것 같은 갑갑함, 어지러움과 급격한 피로로, 산다는 것이 참 힘겨웠다. 차크라 리딩과 전생에 대해 별다른 믿음은 갖고 있지 않았는데도 전생이 있다는 것이 오히려 합리적으로 느껴졌다. 의문을 품었던 많은 부분들이 잘 설명되었고, 모든 증세와 현상들에 뿌리가 있었음을 납득하게 되었다. 때때로 찾아오는 깊은 우울감에 괴로울 때마다 다시 일어날 힘이 되어 준 명상 세션. 고통은 변형의 신호임을 깊이 일깨워 준 시간이었다.

김진아 생명과학부 교수

"네까짓 게 어떻게 나를, 내 고통을 알아!" 거대한 해일처럼 밤마다 덮쳐 오는 공포, 숨이 멎고 가슴이 떨어져 나갈 듯한, 미칠 것 같은 답답함과 원망, 머리를 짓누르는 강박적인 살해욕과 수많은 욕지거리, 온몸이 뒤틀리고 바위에 짓눌린 듯한 통증, 눈물, 수치심, 성적인 억압, 비명, 광기…… 심장이든 머리든 어깨든 찢어지고 폭발하기 일보 직전이었다. 여기저기 애를 써 보지만 그럴수록 빠져나가는 게 불가능해 보였다. 내 앞에서 웃으며 얘기를 나누고 있는 사람들의 행복 같은 건 절대 내게 있을 것 같지 않았다. 그러다가 세션이 끝나고 나서 문득 너무 신기했다. 어떻게 이럴 수가 있을까? 살맛 난다. 이런 게 사는 거구나 하는 느낌이 살면서 처음으로 들었다.

정현희 재활치유사

어느 날 세션 중에 지극히 사랑받는 느낌으로 가슴에서부터 솟아오르는 눈물을 거침없이 쏟아 낸 적이 여러 차례 있었다. 자기 이해가 커지고 타인의 이해가 커지면서 힘들었던 지난 과거의 실타래들이 스스로 풀려나갔다. 이제는 그 자리에 슬픔이나 고통이 아닌 기쁨과 감사가 차오름을 느낀다. 명상이 삶이 되도록 늘 도와주시는 윤인모 님께 감사드린다.

정주연 힐링 명상 지도자

뜻깊고 놀라운 경험이었다. 8년간 몸을 움직이는 법을 모르고 살았는데 너무 강렬한 몸의 반응에 나 자신이 놀랐다. 이러다간 주위를 휩쓸어 버릴 것 같아 강제로 멈추었다. 더욱 뜻깊었던 것은, 이런 강렬한 경험 뒤에 내면으로 잘 들어가지 않는 게 신경 쓰이던 차에, 갈등하기보다는 그 자체를 받아들이니 자연스레 내면의 평화로 들어가게 되었다는 것이다.

김일청 목사

불제자의 입장에선 상대적 의미라 할지라도 명상을 통해 개인의 지식, 사고, 가치, 감정 등 존재를 제한하는 주관적 편견과 선입관에서 벗어나 밝고 자유로운 모습으로 바뀌어 가는 것은 참으로 가치 있는 일이다. 그가 일반인들에게 보급하고 치유에 사용하는 명상들은 몸소 변화되는 느낌을 바로 알아 가게 되고 가장 알아차림이 잘되는 쉽고도 깊은 명상이라고 할 수 있다.

담소 승려

가슴을 열고 산다는 것이 번거롭고 속수무책일 때가 허다해서 차라리 무시하고 사는 게 편하다고 생각했다. 세션 받은 이후에 찾아오는 첫 번째 변화는 힘을 빼고도 살아지는 거였다. 이렇게도 살아지는구나 싶었다. 그러면서 긍정적인 변화가 일어나기 시작하고 희망과 행복감으로 향하는 다리가 놓였다. 뒤틀려 있는 심신이 정돈되어 가면서 내 가슴의 소리에 귀 기울이게 되니 돌보지 못한 회한도 올라왔고, 더불어 타인의 가슴에 경청하게 되는 변화가 생기는 나 자신을 발견하게 되었다. 세션은 자신을 바로 보게 만들어 주는 사랑 에너지로의 안내다. 괜한 눈물이 흘러내리면서 어느덧 입꼬리가 올라가고 꼬리뼈와 발뒤꿈치가 간질거린다.

엄바라밀 수행자

그 당시엔 '과연 내가 이런 상태를 벗어날 수 있을까?' 싶었다. 경계성 인격장애에 가득한 분노, 욕망, 사명감, 소유욕, 열등감, 우월감, 폭력성, 열정, 성욕 그리고 지독한 에고이스트…… 극단적인 대인관계와 무모한 충동이 감당 안 될 정도로 수시로 마음속에서 폭발했고, 죽음의 순간도 몇 번인가 있었다. 리아 윤인모 님을 알게 되어 기쁘다. 저런 사람이 있다는 것은 놀라운 일이다. 보이지 않는 세계에 대한 확실한 증거다.

엄보선 공무원

명상 세션에서는 심리 작업과 다르게, 이완한 채 그대로 나를 내맡기고 적극적이지 않아도 되었다. 무언가를 기억하려 애쓰지 않아도 되고, 개념화하거나 정리해서 말을 뱉어 내지 않아도 되었다. 감정의 정당성을 애써 설득할 필요도 없었다. 오히려 수동적인 상태에서 몸을 이완시키는 것이 더 좋았다. 무엇보다 중요한 건, 뱉어 내고 있는 영혼의 토사물이 왜 생겼는지, 왜 머물러 있는지, 그동안 해 왔던 심리 작업에 비추어선 도무지 알 수 없다는 것이다. 영혼의 토사물을 뱉어 내면서 나에게 온 인연이 고마웠다. 몸이 한결 가벼워지고 소화도 잘되었다. 내가 무엇을 해야 할지 명료해졌다. 내 안의 탁한 에너지를 걷어 내고, 신성의 에너지가 자유롭게 흐르도록 하는 것이다.

이미정 재미교포

'나'가 없는 세상이다. '나'를 느끼기에 나는 너무 바쁘다. 아니, 나는 너무 게으르다. 내가 몰라서 게으를 수도, 알면서 게으를 수도 있다. 알든 모르든 이제 깨어나야 한다. 깨어나고 싶다. 깨어나야 나를 바라볼 수 있고 내가 행복할 수 있다. 내 몸이 아픈 것도 나 때문이고, 내 몸을 치유하는 것도 나다. 내가 병을 만들고 내가 병을 고친다. 내가 고칠 수 없는 병은 누구도 고칠 수 없다. 내 몸이 아픈 것을 나 스스로 지켜봐야 비로소 병의 원인을 알게 되고, 병의 원인을 알아야 치료를 할 수 있다. 결국 '나'가 없는 세상에서 '나'를 느껴야 건강한 삶을 살 수 있다고 저자는 말한다. '나'를 느끼기 위해서는 나를 지켜봐야 하고, 나를 지켜봄은 곧 명상이다.

정대영 중국철학 박사

짓눌린 삶의 무게에서 점차 벗어났다. 명상 세션은 나에게 삶의 가벼움을 선사해 주었다. 턱턱 숨이 막혀 오는 회사 생활과 도시에서의 일상, 사람들과의 관계, 나만이 가지고 있던 삶의 굴레 속에서 인생의 지향점마저 잃고 방황하던 순간, 리아 님과의 만남을 통해 삶의 방향이 재정립되고 목표도 뚜렷해지고 있다. 리아 님의 세션은 어둠, 슬픔, 분노의 회오리를 긍정의 에너지로 변형시키는 보이지 않는 사랑이 아닐까?

권원준 회사원

우리가 사는 세상을 보이는 것과 보이지 않는 세계로 나눈다면, 세션은 보이지 않는 형태에 속한다. 단순히 오감만을 통해 믿는 사람은 그 너머 이상의 세계를 허구, 혹은 특별한 에너지를 가진 사람만이 감지하는 세계로 생각한다. 세션을 받기 전의 내가 그러했던 것처럼. 세션하면서는 경험을 하고도 믿기지 않았다. 삶의 질이 조금씩 바뀌는 것을 어렴풋이 알게 될 즈음, 많은 집중과 스스로의 분석을 통해 믿음으로 나는 이런 결론을 내렸다. 리아 님의 세션은 내 영적 진화의 출발점이라고.

김영희 CEO

현재 우리가 신체적 증상으로 자각하는, 그러나 의학적으로는 도무지 설명되지 않는 많은 불편한 증상들은, 수많은 전생과 현생을 통하여 얻어진, 그렇게 무의식에 아로새겨진 상처에서 기인한다. 상처는 들여다봐 주기를 보듬어 주기를 소망하며, 우리에게 계속 신호를 보낸다. 내면으로 들어가자, 깊게, 깊게, 더욱 깊게. 그제야 상처는 얘기한다. 깨달아 주기를 기다렸노라고. 그렇게 성장한다, 치유된다. 상처는 보석이었다. 보석으로 이끌어 주는 원동력이었다. 명상은, 내 안으로 들어가 내 안의 보석을 찾게 해 주는 가장 확실한 방편이다.

오수연 서울대 병원 내과의

차례

2부 고통은 어디서 오는가

3부 의식은 진화한다

4부 보이지 않는 세계를 찾아서

들어가며

한 걸음 더

이 책은 인간 존재의 본질적인 성장과 치유에 관한 기록이다.

치유가 치유로만 끝나는 것이 아니라, 자기 안에 기다리고 있는 새로운 세계와 마주치는 계기가 되어 삶의 질이 변화하는 사람들의 이야기라고도 할 수 있다.

본질적인 성장이란 무엇일까?

당신이 비록 아주 오래전에 그를 잊었다 해도 그는 여전히 당신을 기억하고 있다.

당신이 비록 아주 오래전에 그를 버렸다 해도 그는 여전히 당신 곁에 머물러 있다.

그는 한시도 당신을 잊은 적도, 버린 적도 없다.

바로 '그'와 같은 어떤 것이 모두의 자기 안에 들어 있는데, 이는 곧 의식과 에너지의 세계다. 의식이 확장되고 생명 에너지의 단위가 높아질 때 치유는 부수적으로 일어난다. 여러 옷을 갈아입어 보아도 안쪽은 변하는 게 없는 모든 언어적 위로나 자기규정들을 버리고, 약물이나 첨단 기기를 통해 인체와 신경계를 과학적으로 훼손하거나 복종시키는 법 없이, 자기 존재의 질, 생명 에너지의 질을 바꿀 수 있다는 점에서 이는 여느 치유 방편들과 차별화될 것이다.

일생 내내 봄이 오지 않는 사람들이 있다. 삶 자체가 감옥살이 같은 사람들이 있다. 문제를 풀수록 엉켜 가고 제대로 숨을 쉴 수 없는 사람들, 겨우 찾아낸 답이 다시 자기의 등을 스스로 찍을 뿐인 악몽이 되풀이되며 생명의 뿌리가 메마르는 사람들, 깨진 유리잔을 스카치테이프로 겨우 이어 붙여 놓은 듯하여 날벌레의 한숨보다 조그만 충격에도 와르르 무너지는 마음의 고통 속에서 사는 사람들이 있다.

저잣거리의 사람들은 흔히 그것을 트라우마라고 부른다. 그것 말고도 우울증, 심신불안, 자살충동, 자폐증, 콤플렉스, 마음의 상처, 공황장애, 결정장애, 감정 표현의 곤란, 조현증…… 여러 가지 이름들이 있다.

인생의 어느 순간 나는 그런 사람들을 상대하기 시작했다. 내면의 어둠을 제거하고 새로운 에너지를 충전하도록 도와주는 일이다. 명상이라는 방편을 통해서인데, 한 인간의 마음을 치유한다는 것은 인류가 겪은 모든 불행을 치유하는 일이라는 느낌을 받을 때가 많다. 한 인간 속에는 인류가 겪어 온 모든 불행과 지옥이 들어 있는 것이다. 또한 인간은 그만큼 위대한 지복에 도달할 수 있다는 것도 깨닫는다. 인간의 안쪽에는 꿈에도 상상하지 못했던 하지만 누구라도 들어갈 수 있는 세계가 존재한다.

치유와 치유 그 이상의 차원이 같이 들어 있는 이 기록의 한 특징은 초감각투시를 동반하며 전개되는 명상 치유와 의식의 세계를 다룬다는 점이다. 현대인들이 겪고 있는 여러 트라우마나 원인 불명의 증상들, 집단 무의식이나 초의식의 차원들, 전생이나 빙의, 중음길의 유계(幽界) 등 한 생애의 죽음과 환생의 문제들, 심리적인 전염질환 증세들, 이상(異常) 에너지 체험이나 에텔체, 쿤달리니 현상과 같은 영적 문제들도 다루고 있지만 이 모든 의식의 세계들을 영화처럼 들여다보면서 얘기한다는 점에 그 특징이 있다. 즉, 사람들의 마음 상태를 읽으면서 진행된다.

그렇지만 그게 핵심은 아니다. 그저 병원의 CT나 MRI처럼 도구로 사용될 뿐이다. 명상에서 보면 이는 부차적인 것이고, 투시 내용들도 순순히 받아들여지기보다는 또 다른 검증과 논의 대상으로, 실존적으로 심리적으로 취급되고 있다는 점을 미리 얘기해 둔다.

현대인의 삶이란 무엇인가? 권력을 쥔 자들은 늙어도 권력은 늙지 않는다. 욕망의 대상은 바뀌어도 욕망 자체와 그 갈망은 멈추지 않는다.

안 늙는 것은 욕망 자체, 무지 자체. 그 안에서 우리들의 삶이란 무엇인가?

행복한 인생, 성공한 삶을 꿈꾸지만 상처와 적대감, 고립과 긴장, 무의미와 중독의 악순환이 되풀이되고 어둠의 목록들이 계속 추가된다. 장님이 안내하는 길을 따라 다 같이 구덩이에 빠진 장님들이 되어 서로에게 아우성친다. 죄를 짓든 착하게 살든 자신과 타인에게 무거운 마음의 짐과 병을 만들고 새로운 정신병을 창조하고 합류하는 것이 오늘날엔 흔한 마음 풍경이 되었다. 어떻게 할 것인가?

"나는 헤아릴 수 없는 고통을 겪었다."

만 스무 살이 되기도 전, 의식의 밑바닥에서 아득히 울려 나오는 고뇌의 목소리에 나 또한 점령당했다. 마흔 이상 산다는 건 악취미라는 생각이 들었고, 광기를 통해서만 잠시 구원받을 수 있을 것 같았다. 인생을 왜 사는가, 어떻게 살 것인가 하는 따위가 궁금한 게 아니라 사람들이 왜 아직 죽지 않고 있는지가 의문이었다. 꽤 오래갔다. 날마다 자살이나 죽음이 떠올랐고, 나를 아무 데나 칼로 푹 찌르면 피가 아니라 시멘트 가루가 주르르 흘러나올 것 같았다. 끝날 것 같지 않던 이런 시절이 명상에 뛰어드니, 어느 날 꿈처럼 사라졌다.

새로운 삶, 지금까지와는 질적으로 다른 삶, 내면의 뿌리 있는 삶을 추구하는 사람들에게 명상은 언제나 열려 있다. 하지만 명상은 이해만 하는 것이 아니라 체험하려는 사람의 몫이다. 먼저 뛰어들 것. 그러면 그다음 단계가 당신을 데려갈 것이다.

여기에 나오는 명상 방편은 꽤 많지만 명상은 그 근본적인 속성상 오염된 자신의 마음을 치유하게 하고 더불어 남도 치유하게 한다. 그는 어떤 식으로든 자신만의 삶, 창조적인 삶을 살게 될 것이다. 명상의 길에 있어서 이 모든 것은 필연적으로 서로 연결되어 있다. 한 가지의 다른 측면들이다. 명상은 각각에 새로운 차원과 에너지를 준다. 곧 명상·치유·예술(창조적 삶) 단일연속체다.

그 길에서 보면, 트라우마라든지 치유가 필요하다든지, 원인불명의 어떤 마음의 상태란 것도 잠시 그 상태로 위장해 있는 나라는 한 자연의 방편적인 모습, 전체의 한 표면일 뿐이다.

배가 멈춰 있다고 강도 멈추겠는가?

배가 어떤 모습이든 강은 계속해서 바다를 향해 흐른다. 그것이 의식과 에너지의 세계다. 누구나 결국은 바다에 도달할 것이다. 마음을 열고, 조금만 더 용기를 내 보라. 한 걸음만 더 나가, 뛰어들라. 그 한 걸음과 한 걸음 사이 당신의 기쁨, 당신의 사랑, 당신의 지혜는 더욱 넓어만 갈 것이다. 더욱 깊어져 갈 것이다.

이 책 또한 한 발자국이 되기를 기원하며
2017년 봄 리아 윤인모

1부

무엇이 다른가

1.
눈이 부푸는 여자, 몸이 떨리는 남자

상처 입은 사람들에 대한 두 가지 소묘

어느 화창한 일요일이다.

젊고 아름다운 오미영 씨(가명. 이하 동일)가 내가 있는 집까지 찾아왔다.

하얀 얼굴과 늘씬한 몸매에 정장 차림인데 쾌활하게 얘기하는 것이 아무 걱정 없는 행복한 청춘 같았다. 사연을 풀어 놓는데 언제부턴지 자신의 눈에 괴이한 증상이 생겼다고 한다.

"눈동자가 이상하게 변하고 눈이 풀린다고나 할까, 멍 때리는 눈이라고 할까. 마치 저 혼자 딴생각을 하는 것 같고 그러다가 물에 불은 것처럼 부풀어 오르면서 어딘지 무섭게 변해요. 살짝 어지러울 때도 있구요."

1년 조금 넘게 신경과에 다니고 있는 중인데 검사 결과 스트레스 지수가 약간 높을 뿐 별 증상은 나오지 않아서 그저 신경안정제를 복용하고 있다고 하였다. 시력에 이상이 있는 것도 아니었다. 그저 눈앞이 핑 돌면서 흐릿해지거나 자신도 모르게 눈에 초점이 없어지고 눈이 풀려 버려서 스스로가 무서워진다고 하였다. 여러 사람과 공동 작업을 해야 하는 무용수가 직업인지라 사람들이 이상하게 보는 것 같아서 안 그러려고 정신을 차려 보지만 그럴수록 눈이 더 이상해진다는 것이다.

신기한 건 자신의 눈을 거울로 볼 때는 멀쩡하다는 것이다. 하지만 수시로 이런 일이 있어서 공연이 있는 날에는 더욱 긴장하게 되는 것도 힘들고, 또 부모님도 알고는 있지만 행여 자신이 상처를 받을까 봐 아주 조심스럽게 지켜만 봐 주고 계시는 것도 괴롭다고 하였다.

그녀의 상태에 대한 투시-차크라 리딩을 끝내고 내가 물었다. 모두 리딩에서 보인 풍경들을 염두에 둔 질문들이다.

"남자 친구 있나요?"

"없는데요."

"사귄 적도 없어요?"

그녀가 밝게 웃었다.

"물론 있지요."

"가장 최근이 언제죠?"

몇 년 사귀다가 1년 전쯤에 헤어진 친구가 있었다고 한다. 지금은 그 친구에 대해서 어떻게 생각하느냐, 소식은 아느냐 물으니 역시 발랄하게 웃으며 "그럼요." 한다.

그들은 같은 공연 팀의 단원이라 매일같이 마주쳐야 하는 관계였다. 전 남친에게 새 여자 친구가 생겼는데 그녀 또한 같은 단원인 자기 친구라고도 했다. 그녀는 시종 미소를 잃지 않으며 이 모든 일들이 대수롭지 않다는 듯 말했다.

"그 남친에 대해서 어떤 생각이 드나요?"

"뭐 그 정도는 있을 수 있는 일이잖아요?" 하면서 웃는다.

흠, 정말 그럴까?

"머리로는 아무것도 아니라고 하지만 가슴속은 그렇지 않은데요. 혹 자기의 가슴을 느껴 본 일이 있나요?"

"네……?"

약간 당황해하던 그녀는 그때부터 벌써 가늘게 떨기 시작한다.

"가슴 안에 슬픔이 가득하군요."

"……."

그녀는 이미 커다란 눈물을 뚝뚝 흘리며 말없이 울고 있었다. 일요일 한낮의 정적. 한 꽃다운 청춘이 행여 그 정적을 깰까 봐 소리 없이 울고 있었다. 나조차도 그녀의 안쪽 슬픔의 저수지에 접촉하자 눈가에 가느다란 이슬이 맺히거늘, 그녀는 오죽했을까? 그녀의 가슴 안쪽에 링거 병처럼 달려 있는 주머니에서 한 방울 한 방울 하염없는 눈물이 흘러내린다. 그녀의 핏속을 적시더니 물컹물컹해지는 신경계의 조직들…….

내담 중이긴 하지만 그녀가 사전에 보내온 메일의 내용을 다시 읽어 본다.

"신경과 진료를 받기 1년 전쯤 어떤 사람에게 상처를 받았는데 그 이후 저 자신이 부정적이 되고 그러면서 대인관계가 불편해지기 시작했어요. 혼자 있어도 그냥 불안하고 괴롭고 고통스럽고 내 안에 처박혀 자꾸 생각만 하게 되고 그러면서 눈이 이상해졌어요."

그녀의 소리 없는 눈물이 잦아들기를 기다려 내가 말했다.

"눈과 관련된 한 가지 이야기가 떠오르네요."

오래전 이야기가 아니라 현대에 일어난 실화다.

한 어머니가 자기 딸을 데리고 깨달음을 얻은 스승에게 데리고 왔다. 딸이 몹시 사랑하던 애인이 갑자기 죽었는데 그로 인해 자기 딸이 장님이 되었다는 것이다. 의사들을 찾아가 보았지만 그 이유를 아는 사람은 없었다. 게다가 딸은 자기의 애인이 죽었다는 것을 아무리 설득해도 믿지 않고 절대 살아 있다고 우겼다. 애인이 이미 죽었다는 것을 증명해 보이려 하면 더욱더 광분하여 날뛰었다.

이야기를 들은 깨달은 스승은 고개를 끄덕이며 딸을 앞으로 불러들였다. 또 한 사람의 남자를 그곳에 오게 하였다. 그러고는 말했다.

"사람들이 모두 그대의 사랑하는 애인이 죽었다고 하지만, 나는 그대의 말을 믿는다."

그러자 당신이야말로 진정한 성자라며 딸이 좋아했다. 깨달은 스승은 고개를 끄덕이며,

"그렇다. 그래서 내가 그대의 말을 증명하기 위해 당신의 애인을 이곳에 데려왔다. 바로 당신 앞에 있는 남자가 당신의 애인이다. 그대가 한번 확인해 보라."

그러자 딸은 갑자기

"거짓말이야 거짓말! 내 남자 친구는 죽었다고! 절대 그럴 리가 없다구!"

하고 소리치며 눈을 뜨고 말았다.

이야기를 마친 내가,

"너무 깊은 슬픔과 고통에 압도당하면 우리는 그 현실을 인정하지 않으려고 하지요. 너무 가슴이 아프거든요. 그래서 소리 없이 울면서 눈을 꼭 감아 버립니다. 하지만 그것은 마치 깜깜한 어둠 속에서, 그것도 폭우가 몰아치는 야반삼경에 불을 모두 끄고 운전하는 것과도 같습니다. 슬픔과 어둠이 찾아오는 것은 마음의 모든 문을 열기 위해서라는 걸 알아야 하죠. 눈을 뜨고 아픔을 직시하는 것, 고통을 회피하지 말고 인정하는 것. 이것이 모든 마음 치유의 첫 번째입니다. 지난 일들을 받아들이고 감사하는 마음으로 보내줄 때 전보다 더 좋은 사랑이 찾아올 겁니다."

그녀는 여전히 소리를 죽이며 울고 있다.

직장에 나가면 전 남자 친구를 볼 때마다 그녀는 긴장했을 것이다. 전 남자 친구가 새로운 애인과 다정하게 있는 것을 볼 때마다 심장이 떨리고 어디 가서 엉엉 실컷 울고 싶었을 것이다. 혹은 어떻게든 두 사람에게 화를 내고 복수를 하고 싶었는지도 모른다. 하지만 그럴 수가 없다. 그녀의 몸짓, 그녀의 표정은 모두 정해졌다. 공연에 불필요한 것들은 모두 버려야 한다. 보고 싶지 않지만 봐야만 하는 눈, 극도의 긴장으로 경련을 일으키고 있지만 전혀 아무 문제가 없이 보여야 하는 눈, 그 눈은 생전 처음 좁다란 우리에 갇힌 야생동물처럼 이리저리 날뛰고 부풀어 오르고 커다란 혼돈에 빠져 있는 것이다.

필요하다고 생각되면 명상 세션을 받아보는 것도 좋지만 일단 집에 돌아가 자신의 가슴에서 들려오는 소리를 잘 들어 보라 하였다. 그 이후론 아무런 소식도 들려오지 않았다.

* * *

이번엔 20대 후반의 남자다. 김준수. 훤칠한 키에 건강해 보이는데 강남 부유층 집안에서 자란 신세대 젊은이였다. 하지만 그는 원인불명의 우울증과 심신불안, 강박 그리고 수시로 일어나는 사지 경련 발작 증세 등을 지니고 있었다.

리딩이 시작되자 점점 이해할 수 없는 풍경들이 펼쳐진다. 김준수는 분명 남자인데 온통 여자들에 관한 사연뿐이다. 이를테면,

구한말 황후와 함께 변을 당한 궁녀의 한스러운 일생과 관계된 것, 애를 못 낳아 소박을 맞고 나무에 목을 매어 자살한 여인, 임

신한 채로 총칼에 죽음을 당한 여인…… 얼마를 지나니 시체들이 줄줄이 보이는데 주로 6·25 때 처참하게 희생된 영혼들 같다. 좀 믿기 힘든 일이었다. 이해할 수 없을 정도로 많은 원혼들의 집합소 같은 풍경들의 연속이자 너무나 많은 민족사의 아픔과 상흔들, 한 섞인 사연이 한 개인에게 모여 있었다.

이것을 도대체 어떻게 이해해야 하나?

개방적인 신세대 청년의 마음 안쪽에 이 수많은 여자들의 기구한 삶들은 무엇이고, 구한말이나 6·25 때의 참상들은 또 무엇인가? 한 사람의 생애 안에 이렇게 많은 전생들이 있을 수 있다는 말인가?

이어 그 풍경 깊은 안쪽에 한 여자의 얼굴이 계속해서 나타난다. 어딘가 노한 듯한, 어딘가 모욕을 참고 있는 듯한, 어딘가 음산하기까지 한, 억제되고 노려보는 듯한 거무스름한 얼굴.

리딩이 끝나고 내가 말했다.

"좀 믿을 수가 없네요. 뭐랄까? 여자로서의 존엄성이 파괴되고 모욕당하고 한이 서린 여인들이 모두 모인 사당 같다고나 할까요? 온통 기구한 사연들의 주검들, 전쟁통에 팔다리가 잘려 나가고 내장이 빠져 나간 시체들, 통곡 소리가 끝도 없이 나타나네요. 또 한 가지 그 안쪽에 한 여인, 아줌마와 할머니의 중간쯤으로 보이는 여자 한 분이 계속해서 보입니다."

내가 그녀의 인상착의를 이야기하자 김준수가 주저 없이 말했다.

"우리 엄마예요."

그리고 금세 덧붙이기를,

"여자로서의 존엄성이 파괴되고 자존감에 모욕을 느끼며 살아온 사람, 그게 우리 엄마한테 딱 맞는 표현이기도 하죠."

그녀의 어머니는 정신과 교수이자 병원장이기도 하였다. 아버지는 자기 분야에서 이름이 높은, 성공하면서도 강한 사람이었는데, 자신이 초등학생이었을 때 그 둘은 이혼했다. 어머니는 할머니의 구박이 심해서 결혼 내내 모욕감을 느끼며 살았다고 한다. 나는 점차 이 젊은 남자의 상태가 이해되었다. 그리고 그가 결정적으로 한마디를 던진다.

"어머니는 직업에서 오는 스트레스가 너무 심해서 지금은 병원문을 닫았습니다."

내가 리딩 중에 본 풍경들의 의미와 그가 겪고 있는 증상의 원인들이 모두 이해되는 순간이었다. 어머니는 그녀가 환자들로부터 또 집안 문제로 받은 스트레스와 정신적인 쓰레기들을 일찌감치 그녀의 아들에게 버려 버렸던 것이다. 혹은 그녀 스스로 의식하지도 처리하지도 못했던 그것들이 많은 부분 그에게로 전이되었던 것이다.

김준수가 적은 '자신의 문제나 신청 동기' 난을 보니 이렇게 적혀 있다.

보이지 않는 힘에 의한 인생 방해, 부모조상업, 부인과의 관계, 장래 진로, 육체 고통, 분노, 원인 모를 두통

수시로 머리가 조여 오고 목에는 이물감이 차며 허리, 발, 척추가 찌릿찌릿 아파 오고 한쪽 몸이 덜덜 떨리는 경련이 일어난다고도 하였다.

취미로 밴드 활동을 하는데 음악을 작곡해도 늘 우울하고 구슬픈 곡이나 살풀이 같은 곡을 쓰게 된다고 하였다. 그는 이미 결혼을 해서 아이까지 있는 한 집안의 가장이었다.

"물론 정신과 의사이신 어머니한테 치료도 받아 보고, 또 외국에도 가서 세계적으로 유명하다는 힐러도 만나 보았지만 별 도움은 되지 않았어요."

그렇게 해서 그는 한동안 나에게 명상 세션을 받게 되었다. 내가 세션을 하면서 그렇게 많이 울어 본 적도 드문 듯하다. 어머니를 통해 그에게 전해진 그 수많은 한스러운 사연들의 감정 에너지 상태가 나에게 전이된 것이다. 그것들을 배출하는 과정에서 세션 기버는, 말하자면 그것들을 흡입했다가 밖으로 버리지만 완전히 그 영향력에서 자유롭지는 못하다.

김준수는 본인에게는 정작 눈물이 흐르지 않는데 자신과는 상관없는 내가 그렇게 울 수 있다는 것에 의아해하기도 한다. 얼마가 지나자 한 80퍼센트는 치유된 것 같다며 자기 혼자 힘으로 극복하겠단다. 그러더니 몇 달 후 안 되겠던지 다시 내게 와서 몇 번 더 세션을 받았다.

그는 지금은 아주 건강해져 있고, 가끔 나와 만나기도 한다. 아이도 하나 더 낳았으며 미국으로 건너가 힐러 교육을 이수받은 뒤 대체의학 요법가로 활동하고 있다.

그런데 왜 인간은 다른 인간의 마음에 영향을 받는 것일까?

심리상담사나 정신과 의사는 우울증이나 자살 충동에 걸릴 확률이 가장 높은 직업이라고 한다.

이는 당연하다. 내담자는 자기가 처리하지 못한 정신적인 공해나 쓰레기를 상담자에게 버리기 때문이다. 그리고 상담자는 또 그것을 어떻게든 처리해야 한다. 스스로 정화가 되지 않을 경우, 그는 또 다른 누군가에게 버리는 수밖에 없다. 그의 어머니가 정신병원의 문을 닫은 것은 일면 당연한 결과다. 그런데 이것은 내담자와 상담자와의 특수한 문제가 아니다. 우리 인간은 모두 자기의 정신적 감정적 무의식적 쓰레기를 누군가에게, 어딘가에 항상 버리고 있다. 그 속에서 인간은 계속해서 아프기만 하다.

그래서 트라우마 치유의 또 다른 핵심은 '버리는 것'이다.

현대에 나타난 과학적인 여러 명상 기법들, 특히 오쇼가 만든 액티브 명상 기법들은 안에 있는 것들을 '버리게 한다.' 잔뜩 쌓여 있는 내면의 쓰레기를 청소하는 것이다. 마음의 청소가 없는 치유란 불가능하다. 그 전에는 마음의 치유가 일어나지 않는다.

명상적으로 얘기하면, 누더기 옷에는 때와 먼지들만 덕지덕지 붙지 금은보석이나 귀중품은 안 들어오게 마련이니, 지금 바로 너 자신일랑 몽땅 싸서 명상의 불구덩이에 확 던져 버려라.

여러 가지 마음의 통증들이 있다. 자신이 원인을 아는 것도 모르는 것도 있다. 내게서 시작된 것도 있고 그렇지 않은 것도 있다. 통증은 표현되지 못한 것들, 배출되지 못한 것들의 누적이다. 쓰레기와 고름으로 가득 찬 마음, 치료되어야만 하는 무엇, 버려야만 하는 그 무엇이다. 그때 진정한 것들이 태어난다. 되살아난다.

통증으로 무거워진 몸은 날 수가 없다. 그들은 반드시 추락한다. 해결되지 않은 채 계속해서 우리를 괴로움과 슬픔, 불행의 수렁으로 빠트리는 문제들, 트라우마 같은 것들과 싸우는 첫 번째 길은 '아픔을 직시하는 것'이다. 처음에는 고통스럽다고 하더라도 어떻게든 회피하지 않고 마주하는 것이다. 그것은 누구도 아닌 '당신의 마음' 안에서 일어난 일이다. 아무리 외면하고 도망을 쳐도 그것은 여전히 당신 안에 있다. 그러므로 먼저 직시해야 한다.

그렇게 발견한 문제들을 해결하는 가장 간단하고 명백한 방법은 그것들을 모두 버리는 것이다. 더더욱 남김없이 비워 버리는 것이다. 그럴수록 당신은 가벼워지며 날개를 달게 될 것이다.

2.
돌이 되어 떨어진 새, 다시 하늘을 날다

17년 이상 된 상처나
변해 가는 스트레스

시도 쓰고 독립영화도 찍고 인디 밴드도 하던 후배가 있었다. 대학로에서 알게 된 한자유라는 젊은 친구였다. 어느 날 고등학교 때부터 좋아하던 여자 때문에 몸살을 앓았다. 그녀가 다른 남자와 여행을 떠나 버린 것이다.

충격을 받은 한자유는 연락을 끊고 칩거에 들어간다. 자기 방의 커튼을 모두 내리고 방문도 잠근 뒤 검은 선글라스를 끼고 누워 지낸다. 한 삼 일 물 한 모금 마시지 않고 누워만 있다. 갑자기 방 안 가득 구더기가 보인다. 천장과 벽 전체에 구더기가 꼼실꼼실 우글거린다. 구더기 한 주걱을 입안 가득 물고 있는 기분이 든다. 벌떡 일어나 하얀 페인트 한 통을 사 들고 와 뿌리고 뿌리고 또 뿌린다.

다행히 한 친구가 한자유와 통 연락이 안 되자 그곳까지 찾아갔다. 사태의 심각함을 직감했는지 문을 부수고 들어가서는 무섭게 냉정한 얼굴로 페인트를 뒤집어쓰고 있는 한자유의 귀싸대기를 몇 차례 갈겼다. 아주 있는 힘을 다해. 그러고는 그의 두 눈을 정면으로 들여다보았다. 한자유의 머리 위로는 하얀 페인트 방울이 똑똑 떨어져 내리고 있었고, 친구는 희미한 주름이 눈가에 잡힌 그의 두 눈에서 커다란 슬픔을 보았다고 한다.

내가 난생처음 히말라야 트레킹도 하고 인도도 갔다가 돌아온 지 얼마 되지 않았을 때다. 한 통의 편지가 왔다. 한자유의 여자 친구 이미지 양이 보낸 것인데 좀 재밌는 표현이 들어 있었다.

"동서남북을 바람처럼 출입하며 산천과 더불어 예지를 찾아 깊은 명상의 세계를 거니는 자여, 먼 옛날의 비밀스러운 지식을 물려받은 위대한 현인들과 비구름을 부리는 숨은 기인들과 이방의 정령들을 알아보는 맑은 눈동자의 사람이여, 내게도 당신의 견문과 지혜를 나눠 주세요."

시집도 한 권 냈을 정도로 한자유는 글재주가 좀 있었는데, 나에 대해서 그런 표현을 썼다며 그의 여자 친구가 만나고 싶다는 편지를 보내온 것이다. 궁금하기도 해서 한번 보자고 하여 선릉역 부근의 한 커피숍에서 막 퇴근한 그녀를 만났다. 한자유의 말대로 어떤 여배우를 많이 닮았는데, 한편으로는 정숙해 보이고 한편으로는 자유분방해 보인다고나 할까? 그녀가

나를 만나자마자 하는 말이,

"그 친구가 당신에게 듣기를, 내가 20대 후반에 평생 도움을 줄 귀인을 상봉한다더군요. 또 날아다니는 새처럼 자유자재함을 추구하며 세상 경영에 용감하나 모든 일이 뜻한 대로 되지만은 않아서 상반된 운세를 누린다고도 했다더군요. 나의 귀인은 누구이고 나의 상반된 인생은 어떤 것입니까?"

허, 이런. 술좌석에서 재미 삼아 얘기한 걸 한자유가 그녀에게 전해 준 모양이다. 길거리에서 파는 인생 사주 책에도 나오는 그런 내용이었다. 그때만 해도 명상을 하긴 했어도 지금 하고 있는 일들과는 전혀 무관하게 살아오던 시절이었다. 이것저것 그녀의 얘기들을 들어 보다가,

"지금까지 살아오면서 특별히 생각나는 거 없어요?"

"글쎄…… 참, 이런 것도 특별한 건가?"

자신의 태몽 얘기를 한다.

"엄마가 새 한 마리를 보며 날거라 날거라 했는데 돌이 되어 떨어졌대요."

"엄마가 당신을 잉태할 무렵 여러 가지로 힘들었군요."

"와, 어떻게 그렇게 단번에 맞추세요?"

일찍 결혼한 그녀의 엄마는 둘째인 그녀를 가졌을 때 직접 생활 전선에 나서게 되었다고 한다.

"당연한 일입니다. 결혼 생활에 대한 환상은 깨져 버렸지, 먹고살자니 고달프지. 그런 현실 속에서 좋은 꿈이 꿔질 리 없지요."

"그게 나의 운명과 무슨 상관이 있나요?"

"그 정도면 당신이 어디로 갈 것인지, 어디쯤 당신 인생이 자리매김될지 나와 있을 수도 있습니다."

"무슨 뜻이죠?"

"당신은 배움도 있고 자유분방한 사람이지만 깊은 무의식 속에서는 어머니가 당신을 꽉 붙잡고 있다는 말입니다. 당신의 형제들을 생각해 보세요. 당신의 어머니가 가진 꿈의 복사판일 것입니다."

그녀의 언니는 출세 가도를 달리는 남자와 결혼했으며, 그녀의 여동생은 앞날이 약속된 똑똑한 젊은이와 열애 중이었다. 막내인 남동생은 형제 중 가장 많은 돈을 들여 이름난 선생 밑에서 음악 공부를 시키고 있었다.

"왜 내가 우리 엄마 꿈의 복사판이에요? 난 싫어요!"

"엄마들의 꿈이란 대부분 비슷해요. 특히 결혼 생활에 실패했다고 생각하는 엄마들은 자기 자식들의 생활이 완전히 행복해지길 바라죠. 혹은 완전히 규격화되길 바라는 거죠. 자기들 나름대로 행복에 대한 공식을 가지고 있는데 실패한 인생이란 그 공식에 맞지 않았기 때문이라고 생각하니까요. 어떤 부모도 두 번 실패하는 건 바라지 않죠. 조금이라도 불확실한 사람에겐 절대 자기 딸을 안 줄 겁니다."

그 당시 그녀의 남자 친구인 한자유는 자유로운 영혼의 길을 추구하는 떠돌이 같은 삶을 살고 있었다.

"난 아니에요. 난 나이고 어른이라구요."

그녀는 집안에서 정해 준 남자를 박차고 다시 한자유와 만났다. '시련은 있었지만 정분이 맞아 떨어졌으니 다시없는 행복이라. 모자란 점은 서로가 감싸고 채워 주니 갈수록 사랑이 무르익도다. 이따금 떨어져 살아야 하는 운수가 제일 문제였지만 사랑이 깊어 애절하니 더 이상 바랄 것이 없도다.'라고나 할까?

하지만 1년 정도 지나 다시 만난 그녀는 집에서 결혼 독촉이 심해졌다며 이렇게 말한다.

"우리 엄만 우리 집의 왕이에요."

"요샌 다른 남자들한테서 전화가 오면 꼭 짚고 넘어가요."

그 다른 남자들 속엔 물론 한자유도 포함되어 있었다.

"엄마가 그러는데 결혼은 집안끼리의 문제래요."

집안에서 정해 둔 남자와 한자유 사이에서 고민이 많은 것이다.

"이해돼요. 여자는 아무리 사랑하는 사람이라고 하더라도 막상 결혼이란 문제를 현실적으로 생각하게 되면 갈팡질팡하게 되어 있으니까."

"그런가요? 하긴 우리 언니도 그랬으니까……."

그녀는 한자유와 헤어지리라는 것을 그런 식으로 실토해 버린다.

"아까 엄마가 잘 한다는 말이 있었죠. 결혼이란 게 당사자들보다는 집안과 집안 문제가 더 많이 작용하는 법이라고. 그게 이런 말이죠. 결혼 법칙이란 호혜성에 의한 교환의 시스템이다."

"난 사회과학 무지렁이라서 그런 말은 잘 못 알아듣는데?"

"천상 그 친구와는 그대 그리고 나가 되긴 틀린 것 같다는 뜻입니다."

"그러니까 왜요?"

"결국 돌이 되어 떨어진 새가 되기 쉬워요."

"내가요? 왜?"

나는 좀 차갑게 얘기해 주었다.

"엄마가 음식점을 해서 집안이 살아간다고 하셨죠? 그렇게 크지 않은 자영업을 하는 사람들은 특히 더 자기보다 위의 상층을 지향하게 되어 있다고 하죠."

"진짜로 사람들의 삶이 그렇게까지 정해진 법칙에 따라 살게 되어 있는 건가요?"

그녀가 아리송하다는 표정을 짓는다.

"글쎄, 정해진 법칙이라기보다는 사실들 속에서 뽑아낸 한 패턴이겠죠. 그보다 중요하고 훨씬 더 위에 있는 게 있습니다. 사람들은 누구나 더욱 성장하려 한다는 성장의 법칙이죠. 대부분은 어디서 멈추어 버리지만."

이미지는 생각해 보겠다며 작별인사를 했다. 그 뒤로 언젠가부터 한자유는 그녀 앞에 나타나지 않았고, 그녀도 한자유 앞에 나타나지 않았다. 결혼 날이 다가오자 그녀는 한자유가 보고 싶었는지 수소문을 하다가 내게 전화를 건다.

"요새 그 사람이 자꾸 꿈속에 보여요."

자기가 어떤 남자와 함께 기차역으로 가는데 자꾸 뒤를 돌아보다가 넘어져서 앞니가 반쯤 부러졌다고도 하였다.

"그건 무슨 뜻인가요?"

결혼을 목전에 둔 여자의 꿈치고는 좋은 꿈이 아니라고 할 수도 있겠지만 삶이란 매 순간 미지의 가능성이며 자신이 선택하기 나름이다, 이렇게 말해 주었다.

"그건 당신이 곧 새로운 생활을 해야 되니까 적응을 해야겠다는 당신 마음의 각오입니다. 애들도 젖을 먹다가 밥 먹을 때가 되면 이가 나잖아요? 헌 이가 부러진다는 것은 곧 새 이가 난다는 것, 즉 새로운 생활이 시작된다는 좋은 뜻입니다."

그녀는 어쩐 일로 조금 감격했는지,

"그 친구와 다시 만나고 싶어요." 한다.

그럼 결혼을 앞둔 사내가 헌 이빨 쪽이 되는 건가? 얼마 전 한자유와 나눈 대화가 생각났다. '솔직히 얘기할게, 형. 난 이제 걔한테 관심도 없고 매력도 못 느껴.' 내가 말없이 있자 그녀는 무언가 직감했는지,

"그으래요?"

목소리에 아쉬움과 체념의 빛이 어리더니,

"하긴, 그럴 때도 됐지…… 이해해요." 한다.

오랫동안 사귀던 사람들이라 서로를 잘 알고 있는 사이들 같다. 이렇게 말해 주었다.

"한번 자기 길을 정했으면 예전 일은 그리워 말고 행복하게 사세요. 하지만 당신이 선택한 인생은 어떤 경우라도 당신의 책임입니다."

이미지는 집안끼리 자신과 교환하기로 한 상대와 예정대로

결혼을 해 사내와 계집아이 둘을 낳고 남편도 내조하며 잘살았다. 모든 게 순조롭게 흘러갔다. 아이들이 자라고 살림도 늘어나 큰 집으로 이사도 했다.

그러던 어느 주말이었다. 남편이 집 정리를 하느라고 못을 박고 있는데 학교에서 돌아온 딸아이가 가방을 마루에 던져 놓다가 갑자기 "아이구구구!" 소리를 지르며 목을 움켜쥐고 까무러치는 게 아닌가.

"얘야, 갑자기 왜 그러니?"

"누군가 내 목에 콱콱 대못을 박는 듯이 아파요. 숨을 쉴 수가 없어요."

의자 위에 올라가 마루 문설주 기둥에 못을 박고 있던 남편도 굴러떨어질 정도로 깜짝 놀라며 달려왔다. 딸아이는 얼굴이 새하얗게 질린 채 입에 거품을 물고 있었는데, 금방이라도 죽을 것만 같았다. 냉수를 들이켜게 하고 청심환을 먹이고 했지만 소용이 없었다. 남편은 부랴부랴 병원행을 준비했다. 내가 그녀에게서 급작스럽게 걸려온 전화를 받은 것은 바로 그때쯤이었다.

어른들 중에도 이와 비슷한 일을 겪는 사람이 가끔 있었다. 내담자 중 한 여성은 "남편이 어디 어디에 자기 소장품 사진 액자를 걸어 놓으려는 걸 두고 한참 싸운 적이 있어요. 곧 죽어도 거기에 못을 박는데 갑자기 가슴하고 위가 너무 아픈 거예요. 그런 일이 있고 나서 술도 자주 마시게 되고 한 10년 남편과 툭하면 죽기 살기로 싸우면서 신혼 시절 다 보냈어요."라고 하기도 했다.

내가 이미지에게,

"기둥의 못을 빼세요. 누군가 그 아이의 목을 누르고 있는 겁니다."

경황이 없던 중에도 곁에서 듣고 있던 그녀의 남편은 즉시 장도리를 들고 못을 빼 버렸다. 그러자 딸아이가 "아, 엄마, 너무 편안해졌어요." 하며 목 졸림과 통증이 거짓말 같이 사라져 버렸다고 한다.

그 일이 있는 뒤로 고맙다며 그녀가 나를 찾아왔다.

"자식을 둔 엄마로서 감사를 드리려구요."

하는데 얘기가 그만 자기 고민을 털어놓는 것으로 넘어간다. 그간 말하기 어려운 사정이 있었던 듯하였다. 그녀와 그녀의 딸이 공유하는 부분이 있다면 목, 그곳과 관계된 것이다.

목은 자기표현이 나오는 곳이다. 혹은 자기표현을 억압하는 마지막 저지선이다. 누군가한테 화가 나지만 참아야 한다면, 누구를 사랑하는데 겉으로 표현하진 못한다면, 웃고 싶은데 울고 싶은데 참아야 한다면, 그것이 목을 통해 나오면 안 된다, 목 바로 위에 있는 얼굴에까지 그것이 올라와 드러나도록 하면 안 된다는 뜻이다. 누구를 죽이고 싶다, 주먹으로 한 대 갈겨 주고 싶다, 하지만 참아야 한다, 꽉 억눌러야 한다, 그럴 때 목이 그 고비가 되는 것이다. 주먹이 목 근처로 올라가거나 넘어가게 되면 그것은 이미 야구 방망이가 돌아가 스트라이크 판정을 받을 때처럼 명백하게 폭력을 휘두르는, 해서는 안 되는 것을 해 버린 것이 된다. 그렇게 해서 우리 몸은, 그 안의 장기와 신경계는, 정신과 마음은 점점 돌덩이처럼 굳어진다. 마침내 삶도 그렇게 변해 간다.

요즘은 오십견이 빨라져서 젊은 사람들에게도 찾아온다고 한다. 입시지옥에 시달리는 청소년이나 취업 준비 때문에 고생하는 젊은 친구들이 명상 치유를 위해 찾아올 때면 곧잘 목에 잠겨 있는 온갖 광기와 욕설을 쏟아내는 걸 보곤 한다. 그들 대부분은 위장이나 어깨 역시도 좋지가 않았다. 고통을 삼켜야 하기 때문에, 분노를 참아야 하기 때문에.

"돌과 같이 된 사람들이 살아 있는 생명을 못 박으려 하니 어찌 고통스럽지 않겠어요. 무릇 세상일이 그러하니 부인이나 다른 사람들도 어쩌는 수가 있겠습니까?"

그런 얘길 들려주니 이미지는 하염없이 운다. 자신은 언제부턴지 가슴에 병이 생겼는데 병원에서는 아무 일도 없다고 하였단다. 나중에 그녀는 내게 명상 치유 세션을 신청하였다.

명상 세션을 하면 종종 내담자들의 가슴에서 못을 발견한다.

눈앞에 아주 곱고 환한 녹색과 노란색 광채로 감싸여 있는 자신의 모습이 보인다. 당신의 오라(Aura)나 차크라 상태다. 그런데 가슴 한가운데는 까만 점이 박혀 있는 거다. 과녁에 보면 가운데에 까만 점이 있지 않나. 그런 점이 박혀 있는데 그게 마치 돌덩이처럼 아주 차갑고 딱딱하다는 느낌이 든다. 아무 온기도 없는, 얼음장처럼 차갑다. 당신은 이렇게도 말한다.

"지금, 그게 상상이 아니라 실제로 만져 본 것처럼 느껴집니다."

"못."

"못?"

그게 못이다. 당신을 돌덩이로 만드는 못.

정신의학자나 테라피스트들이 블록이라고 하는 것이다. 스트레스, 외상, 트라우마, 콤플렉스, 신경증 혹은 탐욕이나 집착 같은 것으로 인한 긴장이 쌓이면서 만들어진다. 촉망받는 현대 철학자이자 초월 심리학계의 정점으로 알려진 켄 윌버 등에 의하면 우리 안의 블록은 최소 17년 이상의 역사를 지니고 있다. 가슴뿐만이 아니라 배나 목, 등 뒤, 골반, 머리, 눈, 귀, 여기저기 박혀 있을 수도 있다.

어떤 이는 그 못을 자랑하고 다닌다.

자 봐라, 내 것은 황금으로 되어 있다, 내 것은 보석으로 되어 있다.

내 것은 한두 개가 아니라 셀 수도 없을 만큼 많다.

황금못이든 쇠못이든 그래 봐야 못이다.

아무 온기도 향기도 없는.

여기를 봐도 저기를 봐도 열심히 못질하는 소리로 가득하다.

그래서 다들 안심한다.

잠깐 절망에 떨던 당신은 남은 인생 계속해서 자신과 남들에게 못을 박아 넣으며 산다.

그러니 내가 하는 일은 그 못을 빼 주는 거라고도 할 수 있다. 차크라 리딩과 명상 세션이라는 건 크게 보면 세 가지 과정으로 이루어져 있다.

첫 번째는 못을 빼고 돌과 얼음을 깨부수고 녹여서 생기를 다시 찾아 주는 것, 곧 마음 치유와 관계된 것이다. 두 번째는 새가 되어 하늘을 날 수 있도록 하는 것, 곧 자신의 삶을 누리며 명상을 잘할 수 있도록 도와주는 것이다. 세 번째는 매우 개인적이고 신비적인 부분, 일반적인 언어로는 전달하기 어려운 영역으로 들어가는 것이다. 이를테면 좀 더 나아가 봉황이나 주작, 대붕 등 전설의 새가 보이는 세계, 한 번도 가 보지 않았던, 꿈에도 생각지 못했던 세계로 여행하도록 도와주는 것이다.*

첫 번째나 두 번째는 명상 말고도 다른 여러 분야가 도움을 줄 수 있다 치고, 세 번째는 또 뭔가? 전설의 새는 그냥 듣기 좋은 전설일 뿐이지 어떻게 그렇게 될 수 있단 말인가?

인간은 여전히 미지의 영역으로 남아 있다. 누구나 콜럼버스 이전에는 몰랐던 신대륙의 세계를 내면에 지니고 있다. 어떤 이들은 벌써 그곳의 하늘과 대지를 즐기고 있지만 결국 누구나 그렇게 될 것이다.

왜냐하면 우리들의 마음이란 아무리 사소한 것일지라도 이 거대한 우주의 바다에 연결되어 있기 때문이다. 지금 여기 한 순갈 바닷물도 거대한 대양에서 뜬 것이다. 영원을 간직한 그 바닷물에서 뜬 것이다. 한 순갈 — 그것이 어떤 한 순갈이

* 이 세계의 내적 과학 등에 대해선 이 책의 마지막 부에서 다루었다.

든, 분노든 짜증이든 부처님 같은 마음이든 악마 같은 마음이든—이라고 해서 그 바닷물이 아닌 것은 아니다. 아무리 사소하고 비참에 빠진 인간일지라도 그 무한한 바다의 한 물결, 한 일어남이다.

오랜 고통을 호소하는 어떤 분에게 이런 얘길 한 적이 있다.

"원래 우리 마음이 무한하기 때문에 천국에도 들어가고 지옥에도 들어가는 것입니다. 한때는 행복했다가도 어떤 때는 끝나지 않을 것 같은 고통에 빠지기도 하는 것이죠. 무한하기 때문에 그것이 어떠한 세계가 되었든 가리지 않고 가게 되는 것이고, 또 가지 않을 도리가 없는 것입니다. 당신의 마음은 그렇게 오랫동안 여행해 왔습니다. 별의별 곳을 다 다녀온 것이죠. 먼저 당신의 이 상태가 당신의 존재 전부가 아니라 원래의 당신은 훨씬 이보다 더 크고 무한한 존재라는 사실을 알아채야 합니다."

이런 것이 마음의 성장의 법칙의 배경이다. 내가 창작해 낸 사상이나 주의 같은 게 아니라 내담자의 마음을 작업하다가 내게 전달된 그의 마음 상태를 기술한 것이다. 성장하지 않을 도리가 없다는 것, 그것이 내가 알게 된 인간의 법칙이다. 그래서 새는 결국 무한한 하늘을 날게 되어 있다. 변신 혹은 변형되게 되어 있다.

돌이 되어 떨어진 새가 다시 하늘을 나는 것, 더더욱 날아올라 빛을 발하게 되는 것, 혹은 순간일지언정 그런 세계를 일별하는 것, 그것이 명상이자 명상을 통한 마음 치유의 존재 방식이다. 그렇다고 그게 대단한 건 아니다. 유별난 건 아니다. 특별한 사람들이나 하는 그런 것도 아니다. 아주 작은 것, 보통인 것, 흔한 것에서부터 시작한다. 있는 그대로에서부터 시작한다. 당신이 할 수 있는 만큼에서부터 시작한다.

3.
죄와 벌은 진화한다

열정부족, 자살충동,
정서불안, 다중인격,
자해, 존속폭행, ADHD
(주의력결핍 과잉행동장애)

어느 날 박청년 사장이 불쑥 나를 찾아왔다. 쓸 만한 기술 인력을 구하느라 애를 먹고 있는 50대 초반의 중견 제조업체 사장이다.

"언제부턴지 의욕이 없어요. 걱정이 돼서 병원에 가 종합 검진도 매년 받는데 그때마다 이상은 없더라구요. 몸은 건강한데 의욕이 점점 없어져요."

찾아온 이유로는 '참나를 찾고 싶다.'고 써 놓았으며 자신의 당면 문제는 '허전함과 열정 부족'이라고 한다.

이런 내용은 나중에 듣거나 내담자가 사전에 제출한 기록 사항을 읽고 나서 알게 된 얘기다. 본격적인 명상 세션에 앞서 차크라 리딩을 실시한다. 일종의 '초감각투시법'인데, 쉽게 말해 당신의 생명 에너지 상태와 마음의 밑바닥을 투시하는 것이다. 다른 사람이 자기 마음 풍경을 읽어 낸다? 믿기 어려운 얘기겠지만 의외로 할 줄 아는 사람들이 꽤 있다. 예컨대 숙련된 마사지 전문가들 중에는 손 터치만으로도 고객의 신체 어느 부분에 외로움이나 분노, 슬픔, 긴장과 불안이 엉켜 있는지 알아내는 이들도 있다. 공감 능력과 직관력의 문제다. 그 위에 명상을 통해 강하고 미세한 에너지 파장을 느낀다면 누구라도 그런 능력—좀 더 특별한 범위까지—이 저절로 생길 수 있다. 첨단 기기를 가지고 과학자들이 행한 실험에 의하면 명상은 그런 것들을 더욱 강하게 만들어 준다. 차크라 리딩을 해 보니 박 사장의 보이지 않는 세계 속에는 이런 풍경이 나타난다.

> 하얀 대리석으로 된 집에 멋쟁이가 살고 있다. 제정 러시아 시대의 그 나라나 유럽 어느 국가의 군인 같은 모습이 이어진다. 장교 복장이다.

이런 모습은 현생에 꽤 유복한 사람들에게서 나타나는 특징이다. 나중에 만난 그의 부인에 의하면, 남편은 집 안을 온통 하얀색으로 장식하는 것을 고집한다고 하였다. 게다가 자기 아들보다도 더 젊고 세련된 옷차림을 선호하는 사람이었다.

그런 그가 허전하다는 것은 어떤 의미일까?

마음 한구석에서 그는 자신을 고아 같다고 느끼고 있다. 혹은 상관의 딸을 사랑하지만 아직 사랑을 얻지 못하는 애틋한 감정을 느끼고 있다. 전생 풍경 속에서의 그는 상관의 딸을 사랑하는 장교였으며, 동양에서 태어났을 때는 고아가 되어 어떤 스님이 키운 적도 있다. 잦은 부부 불화로 아직도 아내의 충분한 사랑을 얻지 못한 박청년 사장은 자신이 왠지 '고아' 같았고 '허전'했던 것이다.

그럼 '열정 부족'은 마음속에서 어떻게 나타나고 있을까?

> 길바닥에 엎어져 있는 그의 모습. 길거리 한복판에 축 늘어져 쓰러진 채 바쁘게 걸어 다니는 활기찬 사람들의 구두 축과 신발창들을 힘없는 눈으로 바라보고 있다.

"당신은 지금 이런 상태입니다."

나는 불쑥 자리에 엎드리는 시늉을 하며 그의 마음속에 나타난 모습을 재현해 보인다.

> 흔들리는 집이 보이더니 거대한 시멘트 폐허 더미가 이어진다. 더 이상 나갈 수 없는 바닷가에 이르러 거대한 절벽 같은 시멘트 덩어리가 비스듬히 기울어져 있고, 그는 마치 십자가에 매달려 있는 사람처럼 한가운데 묶여 있다. 생김새는 젊은이의 모습이다.

삶이 생각만큼 재미가 없었던 모양이다. '바닷가 끝까지 와 보았지만 결국은 더 이상 갈 데가 없이 커다란 십자가를 지고 있는 게 내 인생이었다.'라는 얘기 같다. 이런 내면 풍경은 50대

황혼기로 접어든 중산층 가장들에겐 낯설지 않다. 박 사장은 어떤 때에는 고개를 끄덕이고 때로는 한숨을 내쉬며 내 얘기에 공감한다. 그도 그럴 것이 자기 마음의 밑바닥에 응어리진 어떤 것들을 풀어 놓았기 때문이다.

이처럼 차크라 리딩을 통해서는 그 사람의 무의식 풍경들이나 꿈의 세계를 보고, 마음의 감정 층을 들여다보며, 전생들도 보고, 때로는 죽은 자들의 영혼 혹은 유령이나 귀신들도 보게 된다. 다양한 그림들과 정서들이 시대를 넘나들며 상상도 할 수 없는 많은 이야기들로 이어진다. 이런 것은 나에게 그저 사람들이 컴퓨터나 무엇에 도움을 받는 것처럼 익숙하긴 하지만 어디까지나 일이다. 곧 차크라 리딩 시간 이외에 모든 사람들을 투시하지는 않으며, 나로선 그럴 수도 없다는 뜻이다. 존재계의 어떤 법칙이다.

보통 차크라 리딩과 명리 분석을 겸하는데, 이 두 가지는 모두 진단 작업이다. 그 뒤에는 본격적인 치유 작업으로서의 명상 세션과 명상적인 에너지 테라피로 연결된다. 이 두 과정이 명상 치유 작업의 기본 골격이다.

첫 번째 명상 세션을 하고 난 박 사장은 앉아 있는 게 힘들었다고 한다.

두 번째 받고 나서는 졸렸다고 하였다. "나 자신이 처량 맞은 느낌이에요." 하기에,

"자신을 사랑하는 게 필요합니다. 나를 찾기 위해서는 먼저 자기를 사랑해야 합니다."

이 말은 내가 그에게 주는 조언이 아니라 그의 내면에 들어 있는 말을 끄집어내 그에게 되돌려 준 것이다.

그의 세션은 길게 가지는 않았다. 얼마 후 그는 전처럼 열심히 활동하였고, 그해 여름에는 가족 모두를 데리고 유럽 여행도 다녀왔다. 그중에는 그해 대학 입시를 앞둔 딸도 있었다. 불면증에 시달리던 그는 지금은 아주 잘 자며, 아내와도 사이가 좋아졌다고 하였다.

* * *

위 예는 쉽게 끝난 경우지만 이보다 복잡하고 때로는 위험해 보이기도 하는 명상 치유 작업은 비일비재하다. 다른 한 예다.

- 내담자: 김선인
- 증상: 자살충동, 정서불안, 다중인격, 자해, 존속폭행, ADHD(주의력결핍과잉행동장애)

김선인은 이제 갓 중학교 2학년생이다. 이미 여러 차례 심리검사를 받았으며 번번이 위와 같은 단어들이 따라다녔다. 내게 가져온 보고서에 의하면 현재 김선인은 자살충동심이 극에 달한 상태다. 곧잘 학교나 집에서 자살모의 행동으로 주위 사람들을 긴장시키며 벽에 머리를 찧거나 칼로 자해한다. 웃으며 목에 칼을 대고 "나 죽어도 돼? 죽을까?"라고 말하면서 모친을 위협하거나 손목이나 팔 등에 커팅 시늉을 하며 친구들을 곤경에 빠뜨리기도 한다. 평상시의 그는 지나친 긴장과 불안으로 몸의 자세가 위축되어 있으며, 대화를 할 때는 말끝을 흐리는 등 분명하지 않은 의사소통 태도를 보였다.

일곱 살 때부터 미술치료, 최면치료, 놀이치료 등 다양한 심리치료를 받아 보기도 하고 약물치료 경험도 있지만 별 소용이 없었다. 상담 과정에 대해선 달통한 상태여서 수시로 상담사를 희롱하는 수준에 올라와 있었다. 조카의 처지를 불쌍히 여긴 이모의 손에 이끌려 반강제적으로 내 앞에 나타난 첫날, 내 작업실 문을 열고 잠시 서 있는 그에게 나는 이렇게 얘기한다.

"들어오면 문을 잠가요. 항상 그렇게 해요. 끝나기 전까진 아무도 못 들어오고 학생도 나갈 수 없어요. 그렇지 않으려거든 그냥 집으로 돌아가도 좋아요."

이 안에서 이 충동적인 소년이 나에게 무슨 짓을 할지는 모른다.(한 심리상담소 소장은 환자들에게 폭행을 당하는 일도 있다며 치유사들에게 상해보험을 들도록 권유하기도 하였다.) 마찬가지로 그 또한 내가 무슨 짓을 할지 알 수 없다. 문을 열고 들어와 출입구를 막아 놓은 순간 그와 나는 같은 배에 올라탄 것이다. 그도 나도 어떻게 펼쳐질지 모르는 새로운 세계로 함께 여행을 떠나는 것이다.

차크라 리딩을 받는 상대는 내 앞에서 대개 반 시간에서 한 시간가량 가만히 앉아 있으면 된다. 내 편에서는 혹 주관적으로 만들어진 심상들이 들어가지 않도록 가급적 상대방에 대해서 아무 정보도 없는 백지상태에서 시행한다. 그렇게 해서 나는 이 소년에 대해 이런 것들을 적어 나간다.

- **리딩 시 특징**

1. 스트레스로 인한 내면의 공격성 및 모태 회귀 심리 현상이 나타남.
2. 전생 풍경

- 매우 순진하고 낙천적인 청년이 전쟁에 나가면서 극도의 충격을 받음.
- 특히 임신한 젊은 부인의 난자당한 시신을 보고 엄청난 충격.
- 제대 후 고향에 돌아와 자신은 더욱 죄악 속으로 들어가야 한다며 어두운 세계에 더욱 깊이 빠져듦. 늘그막에는 교도소에 수형되어 창밖을 바라보며 자신은 사형당해야 된다며 눈물지음.
- 모친에 대한 가해는 임산부의 배와 관련이 있음.

- **명조상의 특징**

- 6세 이후 10년간 정신적인 혼미, 불안, 동요가 많고 정서가 불안하며 신체 건강에 유해하고 구설과 불화, 이별수가 있음.
- 기성 가치에 공격적인 성향 강함. 변태적 예측 불허성 많음.
- 강력한 가슴 에너지 필요.

- **주변 상황**

- 자아발달에 매우 안 좋음.
- 학생 앞에서 몇 년째 그와 알고 지낸 선생님에게 책임을 물으며 강하게 항의. 아버지도 두 차례 면담. 역시 학생 앞에서 호되게 문책하고 다짐

을 받아 냄.

- **세션 과정 및 결과**
  - 심리조사 결과 장기 치유를 필요로 하는 환자로 분류됨.
  - 한동안 치유 작업 자체가 불가능할 정도로 거부 반응을 보이고 의사소통 불능 상태를 보임.
  - 초기 석 달간 매주 두 시간씩 세션. 증세가 호전됨에 따라 매주 한 시간으로 줄여 3개월간 더 실시.
  - 세션 후 두 달 정도가 되자 집중력 향상. 발걸음에 힘이 생기고 언변이 명확해짐.
  - 모친에 대한 폭행 습관 사라지고 점점 어머니의 처지를 이해하게 됨.(어머니는 지적 장애인)
  - 학교 동호회에도 가입하며 친구를 사귐.
  - 자신에 대해 긍정적으로 변하여 사회와 삶을 더욱 성숙한 마음으로 이해하게 됨.

이런 것이 명상 치유 작업의 좀 더 자세한 모습이다.

그러니까 먼저 당신이 삶에서 일으키는 행동과 사고 뒤에 당신을 움직이는 잠재적 충동이나 지배적인 기억들, 상처와 긴장들, 전생과 금생의 카르마와 경험들과 그것을 떠받치고 있는 생명 에너지의 상태를 밝혀 보는 것이다.

명상 과학에서는 몸·마음·감정의 차원에서 일어나는 여러 정보와 에너지를 매개하고 총괄하는 생명 에너지 센터들을 차크라라고 한다. 곧 차크라 리딩은 인간의 무의식 혹은 심층 의식의 저장고와 그 풍경들의 성분을 음미하고 투과하면서 내 삶과 인격의 근간을 이루는 차크라 에너지 체계를 점검하고 탐구하는 과정이다.

통상 일곱 개로 알려진 차크라들의 각 수준은 육체, 정서, 심리, 심령, 영적 요소들의 총합이다. 그 안에는 휘황찬란한 당신의 보석들과 꽃들도 있으며, 처참하기 그지없는 당신의 악몽들과 상처도 들어 있다. 그 안의 보석과 꽃으로 말하자면 결코 이 지상의 어떤 것과도 견줄 수 없을 만큼 눈이 부시고 아름답다. 그러나 그 안의 악몽과 상처로 말하자면 지상의 모든 쓰레기장과 병마를 합친 것보다 더 부패하고 끔찍할 수도 있다.

오쇼는 『히든 미스터리(Hidden Mystery)』라는 책에서 이렇게 말했다.

"인간의 운명을 가장 직접적으로, 가장 확실하게 아는 방법은 그 사람의 차크라 상태를 보는 것이다."

달리 말해 한 사람의 평생의 직업이나 관심사, 진화의 방식과 수준, 갖가지 풍파의 중심이자 문제의 근원, 행과 불행이 교대되는 삶이라는 드라마의 보이지 않는 주인공, 그의 삶의 스타일을 결정하는 '종자(種子) 단어', 즉 '키(Key)-워드'가 그 안에 들어 있는 것이다. 그것은 나의 윤회 사이클의 씨앗이자 현생까지의 최종적인 과실이기도 하다. 곧 인간의 진화는 차크라라는 일곱 개의 내우주(內宇宙)를 통해 일어나는 것이다.

한편, 모든 탄생은 '생년·월·일·시'라는 '네 개의 기둥(四柱)'

을 통과하지 않을 수 없으며 그 안에는 미묘하고 엄정한 삶의 철리와 메시지가 들어 있다. 이른바 사주명리학의 관점이다. 여러모로 유익한 점이 있다. 첫째는 빠른 시간 내에 압축적으로 여러 심리 검사의 수준과 동등하게 그 결과를 알아낼 수도 있다는 것이다. 또 딸을 데리고 상담하러 온 어머니가 실은 친어머니가 아니라든지, 모범 가장이던 남편이 도박에 빠져 재산을 있는 대로 말아먹어도 한 10년간 헤어 나오기 어렵다든지, 경제적인 이유로 아들을 남편에게 맡기고 별거했다지만 실은 다른 남자를 둔 엄마의 애정 문제가 있다든지 등등 심리 검사로는 나오지 않는 것들도 있다.

다만 명상 치유 세션과 관련해서는, 부귀영화나 길흉화복을 중심에 놓고서 그 사람의 인생이 어찌 될까 예측하고 판정하는 것이 아니라 누구의 삶이라도 진화의 도상에 있다는 관점에서 한 인간 주체의 실존적인 상황을 중심에 두고 외부의 사건과 변화들을 해석한다.

곧 차크라 리딩은 내면으로의 길, 근원의 길에 있어서의 한 인간의 의식 혹은 영혼의 현주소를, 명리 분석은 외적 세계로의 길, 현현(顯現)의 길에 있어서 예정된 내 삶의 전체적 양상들을 유기적이고 발전적 양태에서 파악하는 것이다.

둘은 결코 대립적이 아니라 상호보완적이며 동전의 양면과도 같다. 차크라 리딩을 통해서는 생명 에너지의 실상과 카르마, 심령적 차원의 병리 현상과 여러 상호 작용들을 진단 분석하고, 명리 분석을 통해서는 그 사람만이 지닌 독특한 운명의 핵심과 변화의 양상을 전체적으로, 실존적으로 이해하는 것이다.

본격적인 명상 치유에 들어가면 동서양의 다양한 명상 요법이 시행된다.*

어린 학생들은 한 가지 기법에 5분이나 10분 이상 집중하지 못하는 경우가 많으며 성인들 역시, 특히 명상 세션 초기일수록 한두 가지 방편으로는 작업을 진행하기가 어렵다. 인간이란 누구나 성장하고 행복하길 바라지만 또한 병이나 불행, 슬픔, 분노, 자살, 중독이나 변태적 성향 등등 부정성에의 의지도 저마다 여러 양상으로 가지고 있다. 때문에 각 주체들의 사정을 면밀히 점검하여 저마다의 수용치와 특성에 맞는 다양한 방법이 필요해지는 것이다.

내가 하는 명상 치유 가운데에서 에너지 테라피**를 떼어 놓을 수 없다. 명상 치유 작업의 기본 명제는 '인간 생명체의 몸·마음·감정은 분리될 수 없는 단일연속체로서 정보적 존재인

* 소리치유 명상/춤 명상/진동 명상/놀이 명상/기공치유 명상/통찰 명상/웃음·울음 명상/호흡 명상/에너지체 명상/동물 명상/횡설수설 명상/방언 명상/가슴치유 명상/단전 명상/미간치유 명상/전생 명상/최면치유 명상/감각 명상/명상 체조 등 100여 가지에 달한다. 오쇼 명상, 도가, 불교, 요가 탄트라, 우파니샤드, 티베트밀교 명상에서 나온 것들을 일반인이 이해하기 쉽게 원래 이름을 바꿔 본 것들인데 곁들여 여러 심리치유 기법도 병행한다. 엄밀한 의미에서는 원래의 명상 기법을 명상 치유를 위해 변형시켜 이용하고 있다는 것이 맞다.

** 에너지 테라피는 고대 중국, 인도, 티베트 등의 오랜 명상 체계에서 유래하였으나 현재는 미국 보완대체의학국(NCCAM)에서 '생체장치료(Biofield Therapy)'로 분류될 만큼 체계화되고 있다. 그 주된 원리는 높은 에너지대는 낮은 에너지대를 향해 흐른다는 단순한 자연법칙이다. 오랜 명상 수행으로 순화된 에너지 바디는 상위의 에너지 원천에 접속, 사랑과 치유의지를 통해 내담자에게 행사된다. 내담자는 마음의 짐을 덜고 장애를 해소하며 자동적으로 의식과 마음도 바뀐다. 자신과 삶에 대한 태도나 가치 또한 개선된다.

동시에 에너지적 존재다.'라는 것이다. 각 수준에서의 해로운 정보(기억, 의식)의 고착과 생체 에너지의 부정적 상태는 심리적 질환으로 이어진다. 그리고 존재는 항상 어떤 음악 상태에 있다. 우주 전체가 음악 상태에 존재하고 있다. 명상 치유는 결국 당신의 존재적 음악 상태를 최고로 적합하고 조화로운 상태로 만들어 주는 것이라고도 할 수 있다. 명상적 에너지 테라피는 보다 고차원의, 보다 순수한 에너지를 통해 당신이란 악기의 불순물을 제거하고 고장 난 것을 바로잡아 최고로 조화로운 소리가 나오도록 도와주는 것이다. 혹은 당신 내부에 떠다니는 유령선을 제거하고 아름다운 보물선을 건져 올리는 그런 작업이다.

명상 치유 입장에서 보면 마음의 질병이나 왜곡 등 부정적인 상태란 확정적인 질환의 문제가 아니라 부정적인 에너지의 한 상태일 뿐이다. 어떠한 종류의 혼란이나 병적 고착 등은 이론적인 파악이나 지식, 마음의 설득이나 윤리적 개조, 지성적·종교적 신념만으로는 치유되지 않는다. 곧 명상적인 에너지 테라피는 내담자 안에 갇혀 있는 불필요한 생체 에너지나 신경학적 장애물을 제거·배출하거나 혹은 부정적인 것을 긍정적으로 변형시킴으로써, 후진 기어 위치에 놓인 것을 전진 기어 위치로 바꾸어 줌으로써 자연스럽게 치유가 일어나게 하는 기법이다. 그것이 치유의 내적 과학인 한, 인간을 어둠과 수렁으로 이끄는 고통스러운 기억의 집합체, 혹은 신경 조직 내의 고통의 프로그램을 원천적으로 사라지게 하는 정교한 생체 에너지 과학이기도 하다.

이상에서 볼 수 있듯 명상 치유는 자아의 정의를 확대시켜 집단적 자아, 환생하는 자아, 초월적 자아 등을 포함시킴으로써 개인의 정신 현상을 더욱 총체적으로 바라보는 심리 이론이나 치료 방법, 첨단 생체 에너지 정보학 등 최근의 정신의학의 제 성과들도 명상적인 견지에서 적극 수용하고 보완한다.* 또 빙의, 원인 불명의 난치성 증상, 이상 에너지 체험이나 각종 신비 체험, 전생, 신들림, 기병(氣病) 등 초상적(超常的) 현상들로 고통을 받고 있는 사람들에게 보다 정확한 원인 규명과 근본적인 치유 방편을 제공할 수 있다. 약물 사용의 폐단이나 타인에 대한 의존도 등을 줄이거나 없애고, 한 개인의 변화를 통해 그가 속한 가족이나 대인관계, 직장, 사회 전반에의 관계성을 넓혀 주는 것은 당연한 배려이자 그 결과이기도 하다.

결국 '명상적인 견지'의 치유 방법이란 무엇일까?

핵심은 치유 이전에 성장을 도와준다는 것에 있다. 치유란 성장의 부산물이다. 성장은 스스로에 대한 자각에서부터 출발한다. 당신은 좀 더 이해심이 넓고 깊은 인간이 되어야 한다. 하

* '초월심리학(Transpersonal Psychology)'도 이런 관점을 가지고 있지만 명상과는 차별점이 존재한다. '-학'은 인간에 속하지만 인간의 삶은 '-학'이 도달하는 지평선, 혹은 '-학'을 지탱하는 여러 원료들을 뛰어넘고 있다. 예컨대 서구에서 발달한 '-학'은 명상에 대해서 학적으로는 누구보다도, 심지어 명상이 그보다 훨씬 깊은 사람보다도 더 잘 아는 것처럼 기술할 수는 있겠지만, 결코 명상의 당오(堂奧)에는 도달하기 어려워 보인다. 그것은 마치 바다를 잘 찍기 위해 초정밀 카메라를 개발하는 것과 같다. 바다는 잘 나올 것이다. 하지만 아무리 잘 나온다고 해도 사진에 불과하다. 명상이란 소금 인형이 바다의 깊이를 알기 위해 바다 속으로 들어갔다가 녹아 버리는 것과 같다고 할 수 있다. 사진기를 버리지 않는 한 바다를 체험적으로 알 수 없다.

지만 육체를 지닌 존재로서의 당신은 먼저 당신의 몸을 잘 정립해야 하고, 병들고 상처투성이인 마음은 치유되어야 하며, 갇혀 있는 의식은 더욱 확장되어야 한다. 의존적인 의식에서 자립적인 의식으로 변해야 한다. 그럴 때 자연스럽게 당신만의 창조적 삶을 살 수 있다. 꽃이나 열매를 맺지 못한 나무나 꽃들을 다 자랐다고 하지는 않는다. 사람은 자신의 생명 에너지를 삶 속에서 창조적으로 표현해야 하고, 그런 것이 성장이다.

창조? 창조적 삶? 이것은 예술가 문인처럼 창조가 직업인 사람들의 얘기가 아니라 모두의 일이다.

에너지는 표현되어야 한다. 당신의 생명 에너지는 계속해서 움직여야 하고 표현되고 있다. 생명을 가진 모든 존재들이 그렇게 하고 있다. 그렇게 해서 열린 갓 딴 과일을 바로 먹으면 세상없이 맛있고 좋지만 계속 내버려 두면 어떻게 될 것인가? 한 입만 먹고 나머지는 할 수 없이 내버려 두면 어떻게 될 것인가? 맛있게 씹어 먹지를 못하고 억지로 삼켜 버린다면 어떻게 될 것인가? 감추고 살아야만 한다면 어떻게 될 것인가? 썩어 갈 것이다. 다른 것도 썩어 가게 만들 것이다. 생명 에너지, 감정 에너지라는 것도 그와 같다. 순간순간이 그와 같다.

어느 날 김선인에게 춤을 추게 하니, 춤을 추었다. 갈수록 잘 추었다. 한창 성장기에 잔뜩 몸을 웅크리고 있던 소년이 점점 자연스럽게 몸을 움직이며 춤을 추더니 나중에는 음악을 타고 온몸을 신나게 흔들어 대는 것이다. 어느 날인가는 내 팔베개를 베고 누워 잠들 만큼 서로 편안한 사이가 된다. 딱 한 번 세션 날짜를 어긴 적이 있는데, 그 이유를 물으니 동호회 — 만화 동호회라고 하였다. — 라는 델 처음 들어가서 역시 처음으로 친구를 사귀어 함께 영화를 보러 가느라 그리됐다고 한다. 내가 더 신이 나 나랑도 같이 영화 보러 다니자고도 하였다. 어느 날은 또 "저, 선생님을 사랑해요." 한다.

그것은 마치 '한' 소년이 말한 것이 아니라 그냥 소년 그 자체 같았다. 그 나이 또래답게 순수하고 해맑기만 했던 얼굴과 목소리였다.

지금은 성인이 되었을 텐데 무엇을 하고 있을까?

* * *

어른이 되기 전에 소년들이 부르게 되는 슬픈 노래가 있다. 모든 사춘기 소년들의 모티브가 있다. 그것은 이제 어린 시절의 어머니와는 헤어져야 한다는 것, 자기가 태어났던 어머니의 자궁 속으로, 예전의 낙원으로 영원히 돌아갈 수 없다는 그런 것이다.

아내란 제2의 어머니다. 인생의 자궁이다. 박청년 사장은 아내를 사랑했다. 대학 다닐 때부터 그녀를 무조건 따라다녔다. 그녀가 아무리 거절해도 사랑을 고백했다. 다른 사람이 데려가는 것은 절대 용납할 수 없었다. 마침내 결혼에 성공했다. 하지만 신혼 첫날부터 싸우기 시작했다. 싸우기도 많이 싸웠다. 하지만 이혼만은 하지 않았다. 남들처럼 외도도 했지만 이혼만은 하지 않았다. 회사가 부도나도 이혼만은 하지 않았다. 박청년 사장은 그렇게 아내라는 제2의 어머니로부터 사랑을 기대했지만 싸움으로 끝나기만 할 뿐 좀처럼 거리는 좁혀지지 않았다. 이 치열하고 고단한 경쟁 사회에서 그것은 말하자면 허전하고 열정도 잃어버린 처량 맞은 고아 신세로 자기에게 돌아오곤 했던 것이다.

김선인의 의식 속에서 어머니와의 단절감은 '매우 순진하고 낙천적인 청년이 전쟁에 나가면서 임신한 젊은 부인의 난자당한 시신을 보고 엄청난 충격을 받는다.'는 식으로 나타나고 있다. 안타깝게도 소년의 어머니는 3급 지적 장애인이다. 어느 나이 때인가 그는 어머니와의 대화가 남들처럼 통하지 않는다는 것을 알아차리고 만 것이다. 아버지는 술을 마시면 이따금 주먹을 휘둘렀고 또 자주 술을 마셨다. 가정에서 벌어지는 폭력과 학교에서 벌어지는 경쟁과 조직의 규칙이라는 이름의 폭력 속에서 소년은 어머니의 자궁, 그 무구한 낙원 속으로 회귀하고 싶었을 것이다. 사춘기가 되면, 즉 어머니의 젖과 치마폭에서 벗어나야 되는 나이가 되면 누구나 그것이 불가능하다는 것을 알게 된다. 소년의 깊은 무의식 속에서 그 길은 태생적으로 아주 처참하게 망가져 버린 듯이 보였고, 그 이유를 자신의 죄와 벌의 문제로 받아들이고 있었던 것이다. 그것은 다른 한편 그가 풀지 못한 전생의 문제가 다시 한 번 이번 생에 나타난 것일 수도 있다. 그리고 마음의 풍경들 대부분은 명상을 통해 사라지거나 뒤바뀐다. 그 풍경이 함축하고 있던 문제들 역시 그러하다.

사실로 말하면 악인이란 존재하지 않는다. 죄인이란 존재하지 않는다. 혹은 악인이란 슬픔의 부정적인 진화다. 죄인이란 사랑이 좀 더 필요한 선인이다.

당신은 어떤 슬픔을 지니고 있는가? 어떻게 진화되고 있는가?

아무거나 휘두르며, 막다른 벽에 머리를 짓찧으며 당신의 삶을 불구로 만들 것인가? 어느 날 갑자기 종이 한 장 구겨 버리듯 순식간에 망쳐 버리고 싶은가? 한겨울에는 악기를 연주하며 피를 토하듯 슬픈 노래를 부르더니 이듬해 봄이 되자 숨을 거두고 만 요절한 시인이나 승려가 되고 싶은가?

무엇을 하든 당신이 당신의 삶 속에 있다는 것은 분명하다. 무슨 노래를 어떻게 부르든 당신은 당신의 노래를 부르고 있다. 당신은 어디론가 흘러가고 있다.

4.
누구나 모차르트 음악 같은 자아가 있다, 누구나 상처투성이 자아가 있다

무기력하고 먹먹한 고질병,
두통, 시각장애, 가슴통증,
분열증적 양상

전생최면 테라피* 그룹을 할 때의 일이다. 프로그램을 마치고 자기의 체험을 이야기하는 나눔의 시간, 독고인 씨가,

* 이날의 전생 최면 요법은 오쇼의 지침에 따라 짜여진 것으로 영어로 된 정식 명칭은 'Osho Reliving Past Lives Therapy'다. 이 요법의 목적은 전생의 삶을 믿고 안 믿고의 문제가 아니라 과거의 다시 살기와 경험하기에 관한 것, 곧 치유다.
"명상하고 나서의 깊은 최면 속에서 우리는 과거의 생을 기억하는 것이 아니라 그것을 다시 살기 시작한다. …… 전체적 중점은 무의식의 깊은 층에 놓여 있는 오랜 감정적 심리적 상처의 깊은 치유다. …… 깊은 최면 속에서 명상 방편들을 실습한 후에 우리는 과거를 기억하는 것이 아니라 과거의 삶들을 다시 살기 시작한다. 기억과 다시 살기는 엄청난 차이가 있다. 마음의 기억하기는 심리학적 상처를 치유하는 데 도움을 줄 것이다. 하지만 당신이 과거의 삶을 다시 살 수 있을 때 그것은 당신의 정신적 질병뿐만 아니라 모든 당신 존재의 어둠을 제거할 수 있을 것이다" (오쇼의 『Zen: The Mystery and the Poetry of the Beyond 2』 중에서)
명상 치유 역시도 기억이 아니라 마음의 상처를 기억하고 직면하고 재체험하면서 그것을 자각케 하는 것이 중요한 핵심처라고 할 수 있다.

"저는 시작한 지 얼마 안 돼서 푸욱 잤어요. 깨어 보니 지금이네요."

해서 사람들이 와르르 웃었다. 그럭저럭 네 살 때쯤으로 기억이 내려갔나 싶었는데, 갑자기 무릎이 아프고 잠이 쏟아졌다고 하였다.

나는 그를 만난 적이 있었다. 한 명상 캠프에서였는데, 처음엔 다리를 저는 듯이 보여서 혹 소아마비 장애인이나 다리에 부상 입은 사람인가 싶었다. "다리에 무슨 문제 있나요?" 하고 물었더니 전혀 아니라며 웃었다. 격투기를 꽤 해서 태권도, 무에타이, 특전무술…… 모두 합치면 18단은 될 거라고 했던 것이 기억났다.

"네 살 때 무슨 일이 있었나요?"

독고인 씨는 잠시 생각해 보더니 씨익 웃었다.

"제가 어머니가 좀 많아요. 지금은 제사를 지내는 분만 해도 세 분이 되죠."

사람들이 놀라는데,

"네 살 때 새어머니가 들어오셨는데 얼마 뒤 어머니가 저를 두고 가 버리셨어요."

집안 잔치가 열리던 날이었다고 한다. 사람들이 저마다 바쁜 중에도 어머니는 자기를 챙겨 주며 그날따라 더욱 자상하게 대해 주었다. 하지만 그는 어린 마음에도 어머니가 자기를 두고 떠나려 한다는 걸 알아챌 수 있었다고 한다. 어머니나 형들, 주변 사람들은 어떤 말도 해 주지 않았지만 그는 이미 어머니가 자기를 두고 간다는 걸, 그리고 다시는 돌아오지 않으리라는 걸 알고 있었던 것이다.

어머니 치마를 붙잡고 떼를 쓰고 싶지만 그럴 수가 없었다. 울고 싶지만 울 수가 없었다. 어머니는 너무나 평온한 얼굴로 아무 일도 없다는 듯 자기를 보살펴 주시는 것이었다. 그러고는 어느 순간 보이지 않았다. 그날 밤 이후로 어머니는 다시는 돌아오지 않았다.

그 이야기를 듣고 나서야 나는 그가 왜 다리를 저는 사람처럼 보였는가를 이해하게 되었다.

어머니가 없다는 것.

그것은 두 발로 서 있되 항상 한쪽 발이 무릎 밑으로 뭉텅 잘려 나간 채 허공 속에 서 있는 그런 것이었다. 어머니는 내가 이 땅에 온전히 발을 딛고 서서 살게 만들어 주는 그런 존재였고, 그 어머니를 잃은 자신은 불구자나 다름없었다. 그래서 그는 피나는 훈련으로 텅 빈 채 남아 있는 자신의 한쪽 다리를 가리려고 했던 것이다.

마음의 아픔은, 상처는 그렇게 어딘가에 저장되어 있다. 가까운 사람에게서 받은 것은 더욱 그러하다. 아무도 모르게, 그 자신조차 모르게 눈물은, 핏방울은 여전히 흘러내리고 있으며 몸 안 어딘가에 저장되고 있다. 시간이 흐르면서 몸과 마음을 마비시키고 부패시키며 고통의 지옥 물질을 번식시킨다.

* * *

겨울이 시작될 무렵 찾아온 김말희는 아침이 되면 눈을 뜨기가 싫다고 하였다. 일어나기가 너무 힘들다고 하였다. 언제부터인지 이유 없이 가슴이 뻑적지근하게 혹은 타는 듯이 아프고 답답하며, 시리고 먹먹한 증세가 고질병처럼 들어앉아 있었던 것이다. 여럿이 즐겁게 이야기를 나눌 때의 그녀는 이따금 자기도 모르게 넋 나간, 어딘지 모르게 약간은 음산한 표정으로 눈을 가늘게 뜨며 다른 곳을 응시하는 버릇도 있었다.

명상 세션을 하면서 눈 차크라를 정화하기 위해 살짝 손가락을 대니 "아악!" 하며 비명을 지른다. 눈동자가 면도날에 베이듯이 아프다며 두 눈을 싸매고 바닥에 누워 뒹군다. 가슴 센터를 정화할 때는 거의 죽음 직전이다. 사지를 뒤틀면서 숨을 못 쉬겠다며 나를 필사적으로 움켜잡는다.

"살려 주세요! 살려 주세요! 가슴이 너무나 아파서 죽을 것 같아요……. 숨이 안 쉬어져요."

가쁜 숨을 몰아쉬며 애원한다.

눈, 그 조그만 덩어리 안에, 가슴, 그 따뜻한 고동 소리 안에, 그렇게나 많은 고통의 비수와 바늘들이 꽂혀 있을 줄이야. 그녀는 시력엔 이상이 없지만 눈이 늘 침침했노라고 고백한다. 귀도 먹먹하거나 답답할 때가 있다고 한다. 그뿐이 아니었다. 팔, 어깨, 머리…… 다 아프다. 어떻게 해서 이렇게 된 것일까?

김말희는 한동안 명상 세션을 받을 때마다 폭발해 버린 화약고나 다름없었다. 악을 쓰고 길길이 뛰고 찢어발기고, 통제 불능이었다. 하지만 경우에 따라 그렇게 하도록 자유를 주는 것이, 그러니까 좀 더 의식적인 자각 상태에서 더욱더 광분하고 마음껏 발작하도록 하는 것이 명상 치유의 한 방법이기도 하다. 그런데 그녀는 좀체 그 과정이 끝나지를 않는다. 우울증, 두통, 시각 장애, 가슴 통증, 무기력 증상…… 너무 많은 상처들과 집착에 덧대어 분열증적 양상도 보이고 있었다.

평상시의 그녀는 더없이 경우 바른 사람이다. 상냥하고 명랑하다. 직업은 교수. 공부벌레만 들어간다는 대학교를 졸업하고 전공을 살려 강단에 선 실력파인데 강의도 잘해서 학생들 사이에서 인기가 많았다.

그런데 두어 해 전 이혼을 하고 지금은 혼자 살고 있다. 결혼 생활이 어떠했는지, 뭐 때문에 이혼했는지는 잘 기억이 안 난다고 한다. 햇수로는 꽤 살았는데 위자료는 한 푼도 안 받고 헤어졌으며 그런 것에는 관심도 없었다는 것이다. 계산이 앞서는 세속적인 삶의 품목들에는 욕심도 별로 없고 재주도 없는, 여리고 순수하지만 상처받기 쉬운 사람이다.

상담 일지를 보니 '어렸을 때 엄마 아버지에게 받은 상처, 대학 때 돌아가신 엄마의 죽음으로 인한 상처 등을 치유받고 싶다.'고 적어 놓았다. 그녀는 그를 위해 이미 국내의 여러 테라피 프로그램에 참여하는 것은 물론 해외에도 다녀온 터였다.

먼저 차크라 리딩을 시작한다. 30분에서 한 시간 정도 내 앞에 편하게 앉아 있으면 되는 작업이다. 하지만 그런 대수롭지 않은 일도 그녀에겐 불가능하다. 그녀의 에너지 바디 전체는 혼란에 빠져 있었으며 곳곳이 얼음 덩어리였는데, 목 신경총과 미간과 정수리 부근에 생긴 블록 구간에 특히 정체가 심해 기운이 돌아가지 않았다. 내가 그녀의 기운을 억지로 끌어올려 순환시키려 하자 이내 그녀가 발작을 일으키며 대성통곡을 한다. 그녀의 감정 에너지와 관련된 에텔체* 내부의 상처와 관련된 부위에 에너지 접속이 이루어지는 순간 충격을 받은 것 같다. 상처가 깊고 예민한 사람들의 특징이다. 짧은 시간 동안이었지만 그녀의 마음속에서 본 풍경은 이러하였다.

> 한낮, 잘 손질된 잔디밭 마당이 보이는 조용한 기와집이다. 중년의 한 사내가 처마 밑에 서서 한가로운 얼굴로 미소를 띤 채 푸른 하늘을 바라보고 있다가 이내 보이지 않고 한 소녀가 저쪽에서 나타난다. 귀신인가? 아니면 전기 빛 같은 것으로 버무려진 환상의 존재? 나는 잠시 헷갈린다. 상영 중인 스크린 속에서 불쑥 나타난 것 같기도 하고 신기루 같기도 한 모습이다. 하지만 여자아이는 자신은 아주 정상적인 소녀라는 듯 귀여운 자세로 무용 몸짓을 해 보이더니, 모차르트 음악의 선율처럼 경쾌하게 깡충깡충 뛰

* 전구에 불이 들어오면 환하지만 전기가 나가면 깜깜해진다. 우리의 육체는 그 자체로는 전기가 들어오지 않는 전구알과도 같다. 전기가 공급될 때 비로소 전구알로서의 본연의 역할, 생명을 지니게 되는 것이다. 전기는 전깃줄과 발전소에 의해 공급된다. 우리 육체를 둘러싼 수많은 생체전기줄의 배선망과 여러 생명 에너지 발전소가 작동하는 곳이 에텔체다. 생체 에너지를 '에테르'라고 하기도 하고 '프라나'라고 하기도 한다. 에텔체는 곧 이러한 에너지가 작용하는 보이지 않는 신체인데 한 개인의 심리적·감정적·정신적·영적 역사들의 저장소이자 그 에너지의 경연장이기도 하다.

며 집 안으로 사라진다.

나는 소녀를 따라 들어간다. 점점 안쪽으로 안쪽으로. 문득 방이 나타나고 소녀가 장롱 앞에 서 있다. 아니, 장롱을 가로막고 서 있다. 안에는 무엇이 있을까 궁금하여 다가가니 소녀가 조금 놀라는 듯하다. 문짝이 열리며 난데없이 피를 흘리고 있는 또 다른 소녀가 바닥에 풀썩 쓰러진다.

놀랄 겨를도 없이 더 안쪽에 있는, 열어 주지 않으려는 비밀스러운 방문을 열고 들어가 본다. 촛불이 켜져 있는 침침한 방 안. 소녀는 보이지 않고 대신 아까 보았던 그 중년의 사내와 몇 명의 소년들이 저쪽에 앉아 있다. 그들보다는 어려 보이는 한 소년이 들어오더니 사내와 남자들을 보고는 말없이 그들 편에 가서 앉는다. 그리고 다른 사람들처럼 방바닥 한곳을 내려다보는데 그곳에는 다름 아닌 처참할 정도로 피투성이가 된 그 소녀가 누워 있다.

"그 소녀는 당신이군요."

"맞아요, 맞아! 피투성이 소녀!"

김말희가 목소리를 높이며 맞장구를 친다. 너무나 정확하다고 한다. 다른 누구도 아닌 자신의 마음속의 모습을 꺼낸 것이 맞다면 그럴 만도 하다. 그녀가 발작을 하는 바람에 차크라 리딩이 중지된 것도 그 피투성이 소녀가 등장하고 나서의 일이었다. 그러니까 그 소녀는 한낱 마음의 영상이 아니라 손도 대기 어려운 고통의 응결체다.

"남자들은 저쪽에 나란히 앉아 있어요. 모두 무심하고 의젓

한 표정이네요."

"맞아요, 맞아!"

그러더니 서럽게 울기 시작한다.

그녀는 3남 1녀 중의 막내다. 남자들은 아버지와 오빠들이고 맨 나중에 들어왔던 소년은 연년생인 셋째 오빠다. 자기와 가장 가까웠던 막내 오빠마저도 이내 같은 편에 속해 버렸는데, 그들은 모두 남자들이다. 곧 '남자'라는 '한패'들이다.

아버지는 바람을 피우다가 어쩌다 한 번씩 집에 들어오는 사람이었다. 팔도를 돌아다니며 이 여자 저 여자를 만나다가 명절이나 제사 등 큰일이 있을 때나 집에 들어오는, 팔자 좋은 바람둥이자 스스로는 선비 집안의 후손이었다. 그런 남자와 아무 일 없다는 듯이 가정을 꾸려 나가야 했던 엄마는 얼마나 가슴이 썩어 문드러졌을까? 딸은 그런 엄마를 향해 분노한 음성으로 소리소리 지른다.

"엄마는 다른 형제들에는 전혀 그렇지 않았는데 나에게는 잔인한 사디스트였어요. 아니, 악마! 악마였어요!"

그녀가 어느 학년 시험에서 드디어 오빠들처럼 전교 일등을 했을 때의 일이다. 상장을 들고 기대에 부풀어 어머니에게 달려갔지만 현실은 처참했다. 어머니가 전혀 기뻐하지 않았던 것이다.

"오히려 전보다 쌀쌀맞은 태도로 꾸중을 하고 때리기까지 했어요. 전교 일등만 하면 어머니도 어쩔 수 없이, 아니 당연히 오빠들에게 그랬던 것처럼 내게도 자상하게 대해 줄 줄 알았거든요."

도무지 이해를 못 하고 항의를 하는 자신에게 어머니가 더욱 야단을 치고 뺨을 때리기에 부리나케 도망쳐 밤늦게 혼자 떨면서 울었다고 한다. 학교에서는 선망의 대상이자 모범생, 집 안에서는 차별과 처벌의 대상이자 뭘 해도 열등생이었던 자신의 어린 시절. 이유 없이 자신을 혼내는 어머니를 이해할 수 없었다. 그저 무서웠고 그 소녀는 점점 피투성이가 되어 갔다. 그런데 그렇게 된 사람은 그녀 혼자만이 아니었다.

카타르시스 단계가 끝나고 그녀와 에너지 테라피 작업을 할 때의 일이다. 문득 그녀의 한쪽 팔이 터질 듯이 커다랗게 부어오르는 게 투시를 통해 보였다. 뒤에 앉아 있던 내가 벼락처럼 소리를 질렀다.

"이년아! 네 엄마는 죽었어!"

일종의 충격요법을 한 셈이다. 조용히 명상을 하던 그녀는 부르르 떨더니 격렬하게 발작을 일으킨다. 질식사할 것처럼 바닥에 누워 사지를 버르적거리는 그녀의 호흡 메커니즘을 이내 통제한 뒤 점차 들숨과 날숨을 아랫배 쪽으로 내려보낸다.* 차츰 안정을 되찾기에 일어나서 춤을 추게 하니 울음이 폭발한다. 더 울음을 쏟아 내도록 슬픈 음악을 틀어 놓는다. 이와 비슷한 과정들이 두세 차례 더 반복되었다.

* 이런 기법은 '한 호흡은 한 마음의 상태다.'라는 명상 수행의 원리에서 나온 것으로, 좀 복잡하긴 하지만 치유 현장에서는 긴요하게 쓰인다.

"대학 2학년 여름 방학 때였어요. 어머니가 병이 심해지셨는지 서울로 올라와 병원에 입원하셨어요."

몇 달 보지 못한 어머니는 그새 처참할 정도로 망가져 있었다. 온몸 여기저기 퍼렇게 멍들며 부어오르고 있었는데 특히 한쪽 팔은 그 정도가 심해서 거의 풍선처럼 터지기 일보 직전이었다. 그렇게 심하게 악화되리라고는 생각지 못한 일이었다. 그런데 그 끔찍하고 고통스러운 모습이 떠오를 때마다 그녀의 한쪽 팔 또한 크게 부어오르는 듯 엄청난 통증이 덮쳐 왔다. 어머니가 앓았던, 더더욱 악화되고 있던 다른 부위의 통증도 그녀의 몸을 통해 재현되었던 것이다.

그녀는 잘못했다며 서럽게, 처절하게 울고 또 운다. 그럴 때마다 그녀를 계속 다그친다. 있는 그대로의 사실을 직면하고 인정하는 것, 재체험을 통해 자각하는 것, 이 점은 명상 세션의 가장 중요한 특징이기도 하다. 왜냐하면 대부분의 상처는 어린 시절이라든지 무기력한 상태라든지 무의식의 상태에서, 그것을 자각하지 못하고 있는 상태에서 일어나기 때문이다. 무의식적인 상황에서 일어난 일을 무의식적으로 해결한다는 것은 마음에 관한 한 불가능하며 병적인 패턴만 강화할 뿐이다. 나는 계속해서 소리치고 얘기한다.

"엄마 죽었다고!" "깡그리 지워 버리라구!" "보내 드려!"

어머니의 고통과 죽음을 어쩔 수 없이 바라보아야만 하는 그녀의 슬픔과 분노가 어느 정도 풀려나오자 뒤를 이어 아버지에 대한 원망과 분노가 폭발한다. 그 ㅈ같은 새끼가 그 ㅈ으로 자신을 탄생시켰다며 저주를 퍼붓는다. 아버지에게 온갖 쌍욕을 해 대는데 그사이 가끔 섞이는 어머니에 대한 욕은 2퍼센트 정도나 될까?

눈과 귀를 정화하기 위해 손을 대자 비명을 지른 것은 그다음이었다. 동시에 남자 형제들에 대한 분노의 아우성도 꼬리를 물고 뛰쳐나온다.

마음의 문제들은 에너지체로 고스란히 옮아간다. 에너지체를 투시해 보면 그녀의 눈과 귀 역시 통통 부어 있으며 그 안에 가득 쌓여 있던 보기 싫은 장면이나 사람, 듣기 싫은 소리나 말들의 오물이 몇 트럭분이나 어마하게 쏟아져 나오는 것이다.

마음은 신체와 똑같다. 눈, 코, 귀, 입, 팔, 다리…… 모두 몸이지만 안과, 이비인후과, 정형외과로 나뉘어 치료를 하듯이 각각의 신체는 저마다의 세계를 가지고 있다.

예컨대, 보기 싫은 것을 계속 보고 살아야만 하는 당신의 눈은 하루하루 이상스러워질 것이다. 심해지면 눈알이 아예 빠져 버린 듯한 통증과 경련 속에서 살아야 할지도 모른다.

어느 날 찾아온 미모의 한 중년 부인의 경우가 그랬다. 내 앞에 있는 그녀의 한쪽 뺨에는 눈두덩이에서 빠져 버린 눈알이 핏물과 함께 축 늘어져 있었다. 투시를 통해 그렇게 보였다는 것이다. 그 뺨은 땅바닥에 살짝살짝 계속해서 쓸린 듯 피멍과 함께 검붉은 상처로 덮여 있었다. 명문대 법대 교수인 아버지, 명문고 교장 선생님인 어머니, 명문대 장학생 출신의 엘리트이자 효자이며 밤일도 꼭꼭 챙겨 주는 완벽한 남편을 두었기 때문이다. 자신이 도저히 넘을 수 없는 우월한 사람들, 그들의 훌륭한 두뇌, 폭넓은 사고력, 존경스런 책임감과 능력, 그로부터 느껴야 했던 참을 수 없는 모멸감. 그로 인해 그녀의 한 눈과 한쪽 얼굴은 아무 때나 실룩실룩 경련을 일으켰다.

듣기 싫은 소리는 또 어떨까?

다른 어떤 부인의 경우, 그것은 언제 죽을지 모르는 사형수에게 매일 들려오는 사형장의 총성과도 같았다. 그녀는 그때마다 철렁철렁 놀라며 가슴을 졸인다. 그녀에게 인생이란 어쩔 수 없이 살아야 하는, 하루하루 숨 막히는 감옥 안의 사형수의 삶과도 같았다. 돈과 관련된 것들은 권태를 느낄 만큼 가질 수 있다 하더라도, 그 소리를 멈출 수 없으면 그녀의 뇌세포는 점점 마비되고 온몸의 근육과 신경계에 이상이 생길 것이다. 그렇게 해서 원인불명의 불치병이 그녀를 찾아간다. 코, 턱, 목, 어깨, 갈비뼈, 척추, 골반, 무릎…… 다른 부위도 마찬가지의 기제를 가지고 있다.

가슴은 그중에서도 가장 어려운 곳이다. 마음의 병 80퍼센트가 그곳과 관계있다. 치유의 핵심처라 할 수 있는 김말희의 가슴 센터로 들어가니 갖가지 끔찍했던 순간의 감정들이 쏟아져 나온다. 왼쪽 기맥이나 신경계는 어머니에 대한 슬픔으로, 또 오른쪽은 아버지에 대한 분노로 꽉 차 있다. 심한 부조화 상태인 부정적인 에너지들이 가슴 부위에 교집하며 한꺼번에 터져 나오다가 그만 중간에서 막혀 버린다. 이런 때의 그녀는 심지어 화장실에 가서 설사를 하고 오기도 한다. 몸 안의 탁기가 배출될 때 나오는 일종의 명현 현상이었다.(가래나 가려움증, 적반이나 몸살, 오한, 땀, 기름 변 등 여러 형태가 있다.)

머리 쪽에는 공포 에너지가 몇 겹으로 쌓여 있어서 쉽게 제거되지 않았다. 마음에 억눌려져 있던 것들 특유의 악취와 오물들을 청소하고 단단한 부정적인 에너지층을 계속해서 부수어 나가자 그녀도 비로소 하염없는 슬픔의 늪을 건너 기쁨이 느껴지는 명상의 숲으로 조금씩 옮아간다. 한 발자국 한 발자국 순수와 평화의 숲 속으로 더 들어가니 어디선가 백단향 같은 내음이 느껴진다고도 스스로 얘기한다. 자신의 체취가 변한 것이다. 거기까지 이르자 비로소 전생의 풍경 같은 것이 보인다.

어느 외진 산속 동굴에서 도를 닦고 있는 구도자의 모습이 보인다. 어느덧 앙상한 몰골의 노인이 되었지만 이룬 것이 없자 그만 집으로 돌아가기로 한다. 자신이 없는 동안 집안을 돌보느라 갖은 고생을 한 아내는 꼬부랑 늙은이가 되어 병으로 신음하고 있다. 구도자는 깜짝 놀라 슬퍼하며 남은 생애를 아내를 위해 보내기로 한다. 하지만 아내는 남편이 도는 못 깨우치고 허송세월만 하다 돌아온 걸 보고는 다음 생에도 그의 공부를 도와주기로 서원을 한다. 곧 세상을 버리고 하는 공부는 절대 이룰 수 없다는 것, 그 점을 어떻게든 남편이 깨닫기를 바란다. 그렇게 해서 그 둘은 마침내 지금 생애의 딸과 어머니로 다시 만나게 된다.

이는 전생 여부를 떠나 현실적으로 보면 여러 가지 생각을 떠올리게 한다.

그녀의 어머니는 서울의 병상에서 임종할 때까지 딸의 간호를 받으면서 그 효심에 감동받았을 것이다. 자신의 딸이 대견스러웠을 것이다. 하지만 힘들게 공부를 하느라 야윈 딸의 모습이 안타깝기도 했을 것이다. 공부만 잘해서는 여자가 행복해질 수 없다고 생각했을지 모르며, 결코 딸이 자신과 같은 삶을 살지 않도록 바랬을지도 모른다. 죽기 전에 뭐라도 한 가지 딸에게 전해 주고 싶은 순수한 어머니로 존재하고 있었을 것이다. 딸은 '악마'라고 소리치던 어머니와 무의식 속에서 그런 식으로 화해하는 것일 수 있다.

또 다른 해석은 실패한 구도자 남자를 통해 어머니 속을 썩인 아버지를 이해하고 동정하는 한편, '아버지=아버지의 자식인 나'로 변화시켜 같은 처지가 되어 자신과 아버지를 동시에 어머니와 화해하도록 하는 해피엔딩 구조다. 하지만 어떻게 해석해 보든 그녀에게 이번 생애는 '전생에 혹은 과거에 채 배우지 못한 것을 재학습해야 한다.'는 메시지에는 변화가 없다. 어머니는 여전히 '그렇게만 된다면 자신은 어떻게 되든 상관없는' 헌신자로 남는다.

그간의 사례를 보면 순수한 어머니 존재로서의 이러한 삶의 양태와 가르침은 모든 여성에게 내재되어 있는 것이며, 여성 고유의 것이라고도 할 수 있다. 부모의 진정한 유산은 가훈이나 재산, 도덕관처럼 드러난 것을 통해서가 아니라 많은 부분 무의식의 영토를 통해 보이지 않게 전해진다.*

한번은 어떤 여자분이 자기의 무의식 속에 어머니의, 외할머니의, 그 이전의 여자들의 삶과 고뇌와 철학이 고스란히 살아 있다는 걸 알게 되고는 놀란 적이 있었다. 리딩이 끝나고 내가 "고아가 보여요. 물속에 빠져서 죽을 만큼 고생하고 있네요……" 하면 "어, 그건 우리 엄마 얘긴데?" 한다. 또 "어떤 남자가 등을 보이고 사라져 갑니다. 그 남자를 쫓아가다 절망한 여자가 풀썩 주저앉네요. 애들은 결국 고아 신세가 되는군요." 하면 "어, 그런 우리 외할머니 얘긴데?" 그런 식이었다.** 그들의 슬픔이나 상처, 혹은 트라우마나 르상티망뿐만이 아니라 그들의 지혜도 무의식을 통해 전해진다.

인상적이었던 것은 나쁜 엄마든 나쁜 아내든, 어머니가 되었든 되지 않았든 모든 여자는 한 사람도 빠짐없이 '어머니'라는 것이다. 전혀 어머니답지 않은, 어머니가 되는 것을 일생 부정하는 어머니를 둔 여자라 할지라도, 그 깊은 내면에서 있어서 그 어머니 역시 어머니 중의 한 어머니일 뿐이며 자기 자신도 그녀처럼 어머니에 속해 있다. 딸인 자신도 그 어머니도 같은 어머니라는 것을 발견한다는 것이다. 그리하여 그들은 개별적인 사연들을 지닌 인간을 넘어서 서로 공감하고 연결된다.

* 정신분석학자 에릭 에릭슨은 자기 동일성-아이덴티티를 "경험의 연속성을 위한 무의식적 노력"이라고 정의한다. 그리고 "어린이의 초자아는 부모의 모형에서가 아니라 부모의 초자아 위에서 이룩된다." "초자아의 이데올로기는 전통적 이상들이 작용하는 매개체며 정신적 체계의 일부분이다."

** 보다 상세한 내용은 이 책의 3부 중 '강해지기, 행복해지기, 명쾌해지기' 장을 보라.

곧, 여성은 누구라도 우주적 모성의 소유자며 그 나타남들이다. 중세 유대교 신비주의 카발라의 가르침에 "모든 여자는 모든 영(靈)의 어머니인 지고의 '그녀'다."라는 금언이 있다. 노자는 영원히 죽지 않고 만물을 창조해 내는 우주의 도를 신비스러운 여성이란 뜻의 '현빈(玄牝)'*이라 불렀다. 2500년 후 오쇼는 자신의 모든 여자 제자에게 구도자 명을 줄 적에 '마(Ma-)'라는 여성 관사를 붙였는데, 그것은 여자들이 자신 내면의 우주적 모성을 깨닫게 하기 위해서라고 한다. 나는 다양한 사연의 여성분들과 명상 치유 작업을 하면서 이 통찰의 진실성을 절감하곤 한다. 우주적 모성, 그것이 곧 이 세상과 우주를 유지하는 힘이다.

이와 같은 내 해석에 그녀는 반신반의한다. 하지만 변화는 시작되고 있었다. 김말희는 얼마 후 명절이 되자 가방을 챙겨 아버지와 큰 오빠의 가족이 있는 고향 집에 방문한다. 집안 식구들은 다들 편안하다. 오빠들과 올케들, 조카들은 어떤 때보다도 자기를 반겨 주고 다 같이 화목한 시간을 보낸다. 얼마나 따뜻한가? 돌아올 때는 큰오빠와 큰올케가 챙겨 준 명절 선물과 음식들로 가방이 가득 찬다.

그 이후 한동안은 명상 세션이 잘 되는 듯했다. 끝날 때면

* "골짜기의 여신은 영원히 죽지 않고 영원히 만물을 창조해 낸다. 이를 현빈이라 한다. 유현하고 신비스러운 여신의 문이 바로 천지 만물의 근원이다.(谷神不死 是謂 玄牝 玄牝之門 玄牝天地根)"
—『도덕경』 제6장 성상(成象) 편

맑은 기분이 샘솟는 듯하다고 하였다. 그런데 하루는 그녀의 목에서 쇳소리가 나더니 머리와 목덜미, 앞이마가 아프다며 또 다시 쓰러져 경련을 일으킨다. 그러고는 엄마는 자신에게 사디스트나 악마 같다고 소리소리 지른다. 마지막 2퍼센트가 아주 끈질기게 자신을 주장하고 있었다.

"당신은 악마를 실제로 본 적도 없을 테고 엄마가 진짜로 악마 같은 짓을 했다고 생각지도 않을 겁니다. 어머니를 너무 사랑하니까 자신의 죄의식과 슬픔을 그런 식으로 투사하는 거겠죠."

리딩 속의 풍경들에 대해서도 덧붙였다.

"모든 남자들은 한패입니다. 나도 포함해서 아버지도 오빠도, 그들이 잘하는 공부도, 거기서 나온 진리의 추구나 행복의 공식들도 같은 패거리들이죠. 여자들은 당신 어머니처럼 온몸이 병들어 갑니다. 얘야, 그럼 진짜 공부는 무엇일까? 잘 생각해 보렴, 네가 그것을 알기만 한다면 이 어미는 비록 나쁜 엄마가 되고 병들어 죽어도 상관없다, 너를 위해서라면 기꺼이 그렇게 될 수 있다, 그런 것이 엄마의 본심이었습니다. 엄마는 당신을 아주 사랑하고 있고 지금은 아주 행복한 미소를 짓고 있어요. 삶을 버리지 말고 그 안에 뿌리박아라. 그것이 어머님의 마지막 말씀이었죠. 아셨죠?"

어머니란 존재는 사실 완전한 죽음이란 걸 믿지는 않는다. 그들은 이 지상의 법칙에, 자연에 보다 가까운 존재들이다. 태어난 것은 죽어야 하며 죽은 것은 다시 태어나야 한다. 그렇게 해서 이 지구와 자연은, 그 속의 삶은 끊임없이 순환한다는 걸 그들은 몸속 깊이, 태어날 때부터 아는 자들이다. 그들은 자신이 아무리 괴롭더라도 누군가를 또다시 태어나게 할 수 있는 그런 존재들이다. 육체적으로도 이미 그렇게 태어난 사람들이다.

그즈음 내가 있는 명상 센터에서 하루 두 시간씩 일주일짜리 그룹치유 명상 프로그램인 '본 어겐(Born Again)'이 열렸다. 오쇼가 직접 만든 집단치유 명상법 중의 하나인데 진행은 인도의 오쇼 아쉬람에서 직접 훈련을 받은 사난다(정효순)가 맡았다. 어른이 되면서 심각하게 쌓아 올린 일체의 지식과 가면, 폐쇄성과 허위, 그로 인한 고립된 자아감을 벗어던지고 어린아이로 다시 태어나 생기와 쾌활함을 회복하는 프로그램이다. 오쇼는 이를 두고 이렇게 말했다.

"인생에는 성장이 사라지고 거짓과 왜곡이 자라나는 어떤 지점이 있는데, 그 지점으로 되돌아가 모든 기만을 버리고 어린아이로 다시 태어나는 것은 진정한 성장의 길에 있어서는 본질적인 작업이다."

참가를 권하니 그녀는 흔쾌히 받아들인다. 개인적인 명상 세션과 집단 명상 테라피 프로그램을 적절히 섞어 참여케 하는 것은 거의 모든 경우 긍정적인, 기대 이상의 성과를 가져온다. 그녀는 끝난 후 이렇게 얘기했다.

"매우 슬펐어요. 하지만 어머니가 웃고 있는 모습을 봤어요. 아무 걱정도 하지 말라고 하셨어요. 문득 어린 아기 때처럼 편하고 평화스러운 때가 기억났어요."

그렇게 해서 그녀는 어머니도 자신도 행복하게 재탄생시킨다.

하지만 그것이 끝이 아니었다.

명상이 점점 깊어져 가는 느낌이 든다고 하더니 어느 순간 다시금 발작하며 광기를 연출한다.* 이번엔 아버지, 어머니를 비롯해 어린 시절 오빠들에게서 받은 상처들도 터져 나온다. 다만 그 안에 그들에 대한 연민이나 배려심도 섞여 있다는 점이 전과 조금 다르다. 어떻게 된 걸까?

그녀는 깊은 명상 후의 소감을 "공의 세계에 들어가는 듯하다."고 말하곤 했다. 곧 자아의 소멸감 같은 것을 느낀 것이다. 다른 이들도 종종 체험하는 일이다. 대부분 사람의 에고는 자신이 사라질까 봐 잔뜩 겁을 집어먹는다. 명상 초보자들의 경우 이런저런 핑계를 만들어 명상으로부터 도망가는 사람이 많이 생기는 것도 이런 경험이 생길 때다. 명상을 본격적으로 하고자 한다면 오히려 환영받을 일이라고 하니, 그녀는 더욱 반발한다.

"그래서 어떻다는 거죠. 솔직히 말해 저는 변한 게 없어요. 선생님은 나를 꺼내 주신다고 했는데 어떻게 된 거죠? 나는 여

* 정신의학자들은 명상이 치료로서 사용될 때, 특히 '자아 구조의 취약성이 직접적으로 병리를 보여 준다고 생각되는 정신병이나 경계성 성격장애, 만성 우울증, 편두통이나 레이노 병 등에 대해서는 안이하게 적용되어서는 안 된다.'는 주장이나 연구를 내놓기도 한다. 물론 이것들은 통찰 명상으로 알려진 비파사나 기법이나 몇몇 한정된 명상 기법을 적용해 작성한 결과라는 것을 염두에 둬야 한다. 명상 테라피스트들은 참가자의 건강 상태나 병력을 확인하고 치료 중인 사람들인 경우 주치의의 동의를 얻은 후에 프로그램 참가를 허용하도록 하고 있다.

전히 괴롭고 비참해요.”

그녀가 여전히 처음의 태도를 고수하려 하는 것은 잔존하고 있던 부정적 에너지가 사라지지 않았기 때문이다. 그녀의 머리, 대뇌 중심적 성향이 그것을 더욱 부추기고 있었다.

고뇌는 너무 무겁다. 그것은 짓누른다. 이론이나 환상만으로 그것을 덜어 낼 수 있을까? 무너진 건물더미에 깔린 사람에게 ‘너는 일어났어.’라고 세뇌하면, ‘이것은 이렇게 해서 생긴 것이야.’라고 최신 이론으로 설명해 주면 그것이 없어질까? 고뇌는 머리가 들어 올릴 수 없는 무거운 물질이다. 마음의 상처는 피보다 더 붉고 고름보다 더 악취가 난다. 고뇌는 어린애의 가슴을 아무렇게나 깔아뭉개는 역기보다도 더 무겁고 난폭하며 훨씬 일방적이다.

“중요한 건 당신 고통의 무게, 고통 물질이 줄어들었다는 것입니다. 일부가 남아 있긴 하지만 그전처럼 힘은 없습니다. 이곳에 처음 왔을 때와 지금의 당신은 똑같을까요?”

이것은 그녀도 나도 어쩔 수 없는 사실이다. 왜냐하면 명상을 통한 긍정적인 에너지가 부정적인 에너지를 몰아내고 자기의 시스템대로 작업을 해 왔기 때문이다. 분열증이든 우울증이든 그것이 반복되도록 떠받치고 있는 에너지 근원이나 프로그램을 제거하고 생명 에너지를 새롭게 회복시키고 있었기 때문이다.

얼마 후 방학도 끝나 가고 개강일이 다가오자 그녀는 자신의 직업으로 돌아갔다.

아직도 고통스러워할까? 아직도 아침 햇살이 괴롭게 느껴지고 있을까?

무슨 일 때문에 만났더니 좀체 하지 않던 화장도 하고 연애도 하고, 어린 시절 배우다 만 플루트 연주도 틈틈이 익히고 있었다. 사는 집은 꽤 비좁았는데 손빨래가 좋다며 세탁기 하나 없이 살고 있었다. 어딘가 전생 풍경 속에 보이던 늙은 구도자의 거처와도 닮아 있었다. 얼마 후 그녀는 교수 직위도 올라가고 재정 형편도 조금 나아졌는지 아담한 주택을 장만해서 집들이에 몇 사람을 초대했다. 다들 재미있게 놀다가 왔다.

한번은 약속을 하고는 나타나지를 않아서 통화를 했다. 아버님이 얼마 전 돌아가셔서 마음을 다스리고 있다고 가라앉은 목소리로 얘기한다. "형제들이 모두 화목하고 건실하니 얼마나 다행이요?" 하니 그녀도 좀 명랑한 목소리로,

"네, 아버지가 돌아가시기 얼마 전에 제가 장만한 집에 오셨어요. 집 안을 둘러보더니 너무너무 좋아하시더라구여. 너무너무 기뻐하셨어요."

어린 애처럼 들떠서 좋아한다. 때 묻지 않은 음성이 듣기 좋았다.

이렇게 해서 상처투성이로 피를 흘리던 소녀는 사라지고 빛의 소녀가 되살아난 것인가?

* * *

이 글은 어머니와 일찍 헤어져야 했던 한쪽 무릎 없는 남자의 이야기로 시작했다. 어느 날 어머니의 '사랑'을 잃어버린 남자의 이야기였다.

그리고 밝고 경쾌한 모차르트 선율 같은 소녀와 참혹한 피투성이 소녀가 같이 살고 있던 한 여자의 이야기로 이어갔다. 그림자 자아*니 분열된 자아니 여러 심리적인 토론이 그녀와 오갔지만 이 또한 '사랑'이 그 핵심이다. 빛으로 이루어진 소녀는 사랑받는, 사랑받고 싶은 자기이고 피투성이 소녀는 사랑을 받지 못해 쓰러져 버린 자기다. 집 밖을 떠도는 남편을 둔 여자인 어머니는 사랑받지 못한 여인이며 그녀는 안타깝게도 병투성이가 되어 다시는 일어나지 못했다. 사람은 사랑이 와해될 때, 행복이 파괴될 때, 자아의 낙원이 사라져 버릴 때 병이 생긴다. 두 발로 서지 못하고 마침내 쓰러지고 마는 것이다.

마음의 지옥, 불행을 가져오는 또 하나의 이유는 비자각, 무

* 세상에서 우리가 보여 주는 자아의 정반대되는 특성으로서 명확한 자기 이해에 도달할 때만 사라지는 또 다른 자아, 무의식 세계 전의 전의식에 존재하는 자아를 일컫는다. 우리가 감정적으로 누군가에게 반응한다는 것은 상대방이 우리 그림자 중 하나를 반영하는 특성을 가지고 있기 때문이다. 자신의 그림자를 보지 못하기 때문에 다른 사람에게서 그것을 발견했을 때 화가 나는 것이다. 예컨대 자기 자신이 대범하다고 생각하는 사람에게 옹졸하고 쩨쩨한 면을 꼬집으면 걷잡을 수 없이 화를 낸다든지, 그런 이가 사람들의 소위 옹졸한 면에 대해서는 유독 화를 잘 낸다든지 하는 것이다. 그림자의 특성을 인정하고 직면하는 것이 힘들고 고통스럽기 때문에 대부분은 그림자 자아에 직면해서는 회피하거나 집착한다. 무의식적으로는 우리의 세계관을 왜곡시키고 흔히 우리의 그림자를 다른 사람에게 투사한다.

의식이다. 화를 내어 무엇이든지 때려 부수는 사람은 제정신이 아니다. 슬픔에 복받쳐 대성통곡하는 사람도 제정신이 아니다. 곧 무의식적이다. 자기 상태를 알아차리지 못하고 있는 것이다. 그는 그저 남들처럼 분노하고 그저 남들보다 더 슬퍼한다. 흔하게는 그런 충동이 생길 때마다 그것들을 억압한다. 그것도 자기도 모르게 그렇게 한다. 뒤를 이어 이상한, 병적인 습관과 증상이 나타나기 시작한다. 그것을 알아차릴 무렵엔 이미 자기 뜻대로 할 수가 없다. 멈추고 싶어도 그럴 수가 없다. 너무나 괴롭고 지긋지긋하고 힘들지만 할 수 있는 게 아무것도 없다. 끌려다닐 뿐이다.

명상을 통한 마음 치유에 있어서는 어떠한 사안도 마치 외과수술처럼 환부를 도려내고 끝을 내는 그런 일은 없다. 감기약 복용하듯이 주는 대로 받아먹으면 끝이 나는 그런 일은 없다. 먼저 그러한 태도를 바꾸어야 한다.

"명상을 왜 합니까?" 하고 누가 물었다. "당신이 만약 1년 동안 세수를 안 한다면 얼굴이 어떻게 되겠소? 그런데 10년, 20년, 몇십 년 동안 목욕을 한 번도 안 했다고 치면 어떨 것 같소? 마음도 똑같은 겁니다." 하니 물어본 이가 슬그머니 도망을 간다. 당신의 몸은 더러움 그 이상으로 썩어 가고 있을 것이다. 역겹게, 지독하게 지옥의 물체로 변해 가고 있을 것이다. 세상에는 자신의 병과 더러움을 전혀 눈치채지 못하게, 그 반대로 보이게 만들어 주는 화장품과 변장 수법이 너무나 많다. 그 더러운 몸을 보살피고 돌보는 것이 사랑과 자각이다. 단어가 아니라 그 에너지다. 명상을 통해서 그 에너지가 생겨난다. 당신은 그를 통해 정화되고 재탄생한다. 사랑과 자각이 명상 세션의 양대 방편이다. 그리고 그를 통해 당신은 성장한다. 그것이 명상의 힘이기도 하다.

그녀가 명상 세션을 끝내고 일상으로 복귀하면서 한동안 만사 제쳐 놓고 열중하던 명상을 그만두었다는 점이 흥미로웠다. 대신 시간 날 때마다 명상 책을 읽거나 명상 비디오를 보면서 지낸다고 하였다. 직업도 교수이긴 하지만 두뇌 작용에 만족하는 현대인의 습성이 반영된 것 같다. 그로 인해 모두가 분열 증세를 가지고 있다. 명상 치유의 가장 어려운 점은 상처가 아니라 머리를 내려놓는 것이다.

고대 티베탄의 명상 과학을 현대화시킨 샨탐 디라지(Shantam Dheeraj)는 이렇게 말한다. 사고력의 센터인 대뇌(The Brain)는 컴퓨터처럼 기능하며 정전기로 움직인다. 정전기적 메커니즘을 가지고 있다. 감정 센터인 가슴(The Heart)은 자석들처럼 상대의 느낌과 조화를 이루거나 불협화한다. 곧 자력(磁力)으로 움직이며 정확히 대뇌의 머리 작용이 내는 속도의 절반이 된다. 티베트인들에 의하면 머리의 주파수 파동이 6000이라면, 가슴의 주파수는 3000, 그 아래 생명력 센터인 단전의 파동은 1500이다.

빛의 환상처럼 보이던 그 소녀가 생각난다. 혹 파동 6000의 속도로 움직이는 정전기 덩어리는 아니었을까? 그 소녀는 결코 피투성이 소녀를 일으킬 수 없었다. 되살릴 수 없었다. 명상은 우리의 생명력, 지성과 사랑을 증진시키지만 대뇌는 결코 그렇게 할 수 없다. 그녀는 언젠가 자기의 동창생들에 대해서 이런 이야기를 한 적이 있었다.

"이건 학교 측에서 숨기고 있는 사실인데요, 몇 년 전 우리 과 졸업생이 한국에서 자살률이 가장 높았대요. 얼마 전에도 제 동기 하나가 자살했어요."

생명력 센터와도, 가슴 센터와도 연결이 끊어질 때 혼자 남은 대뇌는 쉽사리 몰락한다. '명상은 아무도 죽이지 않는다. 우리 안의 거짓과 환상, 어리석음만을 죽일 뿐이다.'라는 말이 있다. 그래서 명상 세션의 일차적인 목표는 치유가 아니다. 한 인간의 성장이다. 성장이 이루어질 때 치유는 부수적으로 저절로 따라온다.* 누구나 모차르트 선율 같은 자아가 있다. 누구나 상처투성이의 자아가 있다. 우리의 진짜 모습은 그 너머에 있다.

* 샨탐 디라지의 책 『세상은 어디에서 왔는가』에서 같은 말을 볼 수 있다. 이는 명상을 존중하는 명상 테라피스트들이라면 자연히 체득하게 되는 사실이다.

5.
갈 수 없는 나라에 도착하니, 원래 아무 문제도 없었다

오랜 강박증(틱장애),
정서불안,
삶에 대한 무의미

명상 캠프에 몇 차례 다녀갔던 여대생이 "명상을 하거나 세션을 받으면 틱장애도 좋아지나요?" 한다. 자기 오빠가 틱장애인인데 시험이나 면접을 보면 극도로 불안해져서 취업은 진작부터 포기하고 홍대 클럽에나 들락거리며 세월을 보내는 중이란다.

"엄마 아빠는 어떠신데?"

"두 분 다 지극히 정상이세요. 아빠는 바람이 났는지 차도 바꾸고 용모나 옷차림에 엄청 신경 쓰고요, 엄마는 외로우신지 이혼 후 대책이라며 자격증 시험공부로 시간을 보내세요."

벌써 대학교 4학년인데 그동안 엠티 같은 건 한 번도 간 일이 없고, 이런저런 모임도 정이 안 가서 이곳 말고 한 군데도 나가지 않노라던 학생이었다. 옛날 유머 한 가지가 떠오른 내가 그 여대생에게 '네 비밀이 이거지?' 하면서,

"나의 비밀이다. 중학교 때 집안이 너무 복잡하고 고통스러워서 일가족 전체가 자살을 시도한 적이 있었다. 그래서 63빌딩 옥상에 올라가 일가족 네 명이 단체로 뛰어내렸는데 한 명도 죽지 않았다. 그 이유는 이러했다.

아빠 - 바람난 아빠

엄마 - 외기러기 신세

오빠 - 비행 청소년

나 - 덜떨어진 애."

그녀가 깔깔 웃더니 정색을 한다.

"아빤 몰라도 내가 얼마나 사랑하는데, 울 엄마가 외기러기 신세라니 완전 무효! 완전 무효를 선언합니닷! 근데 난 언제쯤 다 떨어지는 거예요?"

그러던 그녀가 진짜로 오빠 강철규를 내게 데려왔다. 강철규는 한동안 명상 세션을 받았고, 여동생을 따라 명상 캠프에도 왔으며, 어떤 날에는 나도 함께 셋이서 홍대 클럽에 가서 놀기도 하였다. 명상 캠프건 명상 세션이건 명상이란 이름을 붙여서 무얼 하라 하지 말라 같은 게 거의 없었기 때문일 것이다. 굳이 있다면 슬픔이나 우울 같은 것, 어둠이 아니라 행복이 본능이 되게 하라는 정도.

강철규는 주머니에 손을 넣고 다리를 심하게 떠는 증세가 있었는데, 책상 앞에서는 더욱 심해졌다. 어릴 적부터 틱장애를

겪어 왔고, 강박증이 한시도 자신을 놓아두지 않았으며, 심한 경우 스트레스 장염으로 살이 빠져 해골처럼 된 일도 있다고 한다. 현재는 정신과 치료도 받아 보는 중인데 근본적인 효과는 없고 다만 심한 정서불안 시 약을 복용하여 마음을 진정시킨다고 했다. 약이 주는 무력감이 싫었지만 달리 대안이 없기 때문이었다.

그는 섹스와 돈에 관심이 많았다. 살아 계시는 할머니가 유산 삼아 일찌감치 억대의 용돈을 주었는데도 돈을 집착적으로 모았으며 거의 안 쓴다 싶을 정도로 아껴 썼다. 매일같이 성적인 얘기를 하는 것을 좋아했으며, 스스로도 심할 정도로 야한 것을 좋아한다고 생각하고 있었다.

그즈음은 시험공부를 하느라 스트레스가 극에 달해, 본인이 시험 운이 없다는 것에 대해 이상스레 집착하고 있었다. 지금까지 집안의 장남으로서 제사도 열심히 지냈는데 조상들이 자신을 도와주지 않는다고 매일 저주했다.

그 자신이 생각하는 틱장애 역사는 이러했다.

초등학교에 들어가기 전에 먼저 피아노학원에 다녔는데, 그곳은 생각만 해도 싫은 곳이었다. 피아니스트가 꿈도 아니고 정서적으로 좋다니까 부모님이 보내서 할 수 없이 갔는데, 오히려 그로 인해 정서불안이 시작되었다고 한다.

사실 그는 어려서부터 그림 그리는 것을 좋아하여 지금도 노트에 스스로도 이해하지 못하는 이런저런 그림들을 그리는 사람이다. 어린 시절 어느 날 구름 위에서 중세풍의 분홍색 성을 보았는데, 그 기억이 강렬했는지 지금까지도 자주 그 얘기를 하곤 했다.

초등학교란 곳에 들어가니 피아노 학원과는 완전히 급이 다른 새로운 스트레스가 시작됐다. 학교 자체가 끔찍하게 싫었는데 틱장애 증상이 나타난 것도 이때부터다. 충격을 받은 부모님의 태도는 그를 더욱 힘들게 하였다. 아버지는 전문 직업인이었고 어머니는 남들이 1, 2년 걸려서도 겨우 딴다는 자격증 시험을 한 달 만에 붙는 분이었다. 하지만 두 분은 그저 그의 증상을 나쁜 버릇이라고만 명명하고 스스로 극복하기를 바랐다. 심지어 아버지는 자주 구박까지 해서 그에겐 일찌감치 열등감이 뿌리 깊게 자리 잡게 되었다. 커 가면서도 이 증세가 계속 나타났는데도 부모님을 비롯한 집안 어른들은 그저 나쁜 버릇이라고 혼만 내고 인격적으로 모독을 많이 주어 매우 힘들었다고 한다.

그런 판에 중학교에 가니 삶이 무시무시하게 여겨졌다. 지옥의 불구덩이, 하루하루 도살장에 끌려가는 소 기분이었다고 한다. 수업이란 게 선생님이라는 어떤 나이 많은 어른들이 애들 앞에서 금붕어처럼 입만 뻐끔대는 놀이 같았고, 배운 거라곤 복종뿐 기억나는 것도 없었다. 자신감은 점점 줄어들고 기를 못 편 어깨는 갈수록 좁아졌다. 강박증이 자기 안에 완전히 자리 잡고는 한시도 가만두는 법이 없었다. 학생의 본분인 공부를 전혀 할 수 없었는데, 그나마 친구의 도움을 받아 부정행위로 시험을 쳐서 간신히 성적을 유지했다.

중학교 때와 전혀 다를 바 없는 고등학교 때는 더욱 심해진 스트레스로 장염을 얻고 살이 쭉쭉 빠져 몰골이 해골처럼 변한 적도 있었다. 그럭저럭 대학교에 들어가긴 했지만 공부에는 관심 없고 술 마시고 여자들과 놀기 바빴다. 그래도 그때 같이 있어 주던 여자 친구 덕분에 힘든 군대 생활도 이겨 내고 그럭저럭 여기까지 오게 되었노라고 했다.

"군대는 어디?" 물었더니 "해병대요." 한다.

지원해서 갔는데 길고 긴, 지루하고 바쁘면서도 할 일 없는, 목표 의식 없는 삶이었다고 한다. 그래도 어찌어찌 사고 없이 전역한 걸 보면 남자답고 건강한 청년인 데다 여자 친구 있지 노는 거 좋아하지 해서 모두들 괜찮은 사람이라고 생각하고 있었다. 본인은 자신의 증상 때문에 무척 힘들어하는지는 몰라도 줄곧 자기편인 여동생조차도 솔직히 자기로선 오빠가 그저 재미있는 사람이라고 한다.

"다른 사람들과는 좀 다른, 상식 밖의 이야기를 하거나 보통 사람들이 상상하기 싫어하는 것들까지 거리낌 없이 이야기해서 주위 사람들을 자주 놀라게 해요. 색다른 사고방식에 상당히 열려 있는 마음의 소유자랄까. 그래서 오빠가 재밌어요."

하지만 정작 본인은 무척 심각하다. 그가 정성껏 써서 내게 보낸 메일에 의하면,

"어디서부터 잘못되었을까? 언제부터 망가지기 시작한 걸까? 지금 나는 공부를 하지 않으면 살아갈 수 없는 한국에 살고 있다. 그러니까 나는 입구멍에 먹을 걸 집어넣기 위해선 공

부를 해야 한다. 여태까지 나는 마치 공부가 하기 싫어서 스트레스도 받고 강박증도 생긴 것 같다. 다른 이유는 그다지 기억나지 않으니까. 하지만 그게 진짜 공부 때문일까? 심해지는 강박증과 어른이 되어서도 나타나는 틱장애. 공부를 쉬면 이 모든 게 편안해지는 것일까?"

그럴 즈음 여동생을 통해 차크라 리딩이란 말을 듣고는 비상한 관심을 표했다. 메일을 통해 이렇게 얘기한다.

"동생을 통해 차크라 리딩에 대해 알게 되었다. 그저 하루하루 숨만 쉬면 살아가는 거라 생각했던 나에겐 새로운 충격이었다. 평소 모순투성이라 생각해 신의 존재를 믿지는 않았지만 몸에 흐르는 기, 사람들에게 주어졌다는 운명, 손금 등을 믿어왔던 나에겐 차크라는 새로운 문화라면 문화랄까? 처음 듣는 말이었지만 나에겐 친숙한 느낌이 들뿐만 아니라 마치 오래전부터 알아 온 것 같았다. 더군다나 누군가 나의 차크라를 읽고 나에 대해 알 수 있다는 사실에 더욱더 짜릿했다. 평소에 몸속 어딘가가 꽉 막혀 있다는 느낌을 받아 왔다. 그게 머리일 수도 있고 가슴일 수도 있고 배나 다리일 수도 있으나, 마치 기의 순환이 잘 되지 않는 걸 느껴왔다.

정신적으로도 문제가 있다는 걸 느끼고 있었고 그걸 이겨내기 위해 병원에도 다니고 있지만 효과는 그저 그럴 뿐. 그러나 기분 탓일까? 지푸라기라도 잡고 싶은 심정에서일까? 차크라 리딩과 명상 세션이 내 인생의 터닝 포인트가 될 것 같은 느낌이다. 그걸 통해 운명이 뒤집혀 바뀐다는 생각은 하지 않는다. 단지 막혔던 기운과 운이 뚫려 원하던 바를 이루고 싶은 심정이다.

나는 그저 새로운 걸 추구한다고 해 왔지만 거기서 거기인 우물 안 개구리 같은 삶을 살아왔다. 동생을 통해 알게 된 새로운 세계는 아무튼 그런 내 삶이 한 단계 업그레이드된 기분을 준다."

차크라 리딩과 명상 세션이 시작되었다.

리딩을 통해 드러난 그의 강박증의 원인은 다음 세 가지였다.

첫째, 어렸을 때 자신의 의지와는 무관한 감금 상황에 대한 공포와 유기 공포. 어딘가 처음 가 보는 곳에 갔다가 미아가 된 어린아이가 날카롭고 기나긴 비명을 지르며 절규를 하고 있다. 뭉크의 흑백 판화의 한 장면 같다. 그것은 수술 중 자각 증상처럼 고통은 있지만 표현이나 저항을 할 수 없는 상태에서 나오는 깊은 공포와도 같았다. 무척 처절하였다.

둘째, 전생의 어느 시기에 겪은 듯한 지진 공포. 어느 산간 마을에 지진이 덮쳐 마을이 몰락하는 끔찍한 재해 체험. 세상이 파멸할 때의 너무나 절박한 대혼돈의 공포.

셋째, 평화로운 종교적 삶을 살아가고자 했으나 정반대로 총을 들고 싸워야 했던 전사의 경험. 그리고 늙어 죽도록 외롭게 살아야 했던 삶의 경험 등이다.

처음부터 끝까지 인상적이었던 것은 수많은 생 동안 자신의 삶에 있어서 어떤 일관성이나 유기적인 연관성도 갖지 못했다는 것이다. 가장 중요할 수 있는 사항이었다. 왜냐하면 이런 경우 자신의 생명 에너지가 현실 생활에 발휘되는 방식도 그와 흡사해지기 때문이다.

명조상의 특징도 비슷해서 자신의 에너지를 한곳에 집중치 못하고 방황하기 쉬운 구조였으며 직업적 정착에 어려움이 있었다. 그렇지만 내적으로는 정신화창(精神和暢)하고 명랑하며 인정과 경애심도 많고 온화한 사람으로 나온다. 겉보기보다 내실이 있는 사람이기도 하다.

강철규는 내가 들려준 첫 번째 이야기에 "바로 그거예요!" 하며 강하게 긍정한다.

"어려서 그런 그림을 본 적이 있는데 왠지 낯설지가 않고 땡기더라구요. 근데 그게 뭉크 그림이었구나."

두 번째, 세 번째 이야기에 가서는 보다 적극적이고 탐구적으로 반응한다. 우리나라는 아닌 듯한 그 지형이나 풍경, 시대 모습 등을 얘기해 주었더니 진위 여부를 확인하기 위해 지진이나 전쟁과 관련한 각국의 정보 자료를 시대별로 열심히 수집 검토하고 연표와 대조해 보기도 한다. 결론은 '어떤 시기에 어떤 나라 어느 지역에서 그런 일이 진짜로 있었다.'로 나온다. 나는 전혀 모르는 이야기다. 전생을 따져 보는 것보다 현재의 마음 상태를 공감하는 것이 내가 하는 일에 있어서는 훨씬 중요하고 본질적이다.

명상 세션이 시작되었다. 에너지 바디 전체가 많이 얼어 있었다. 제어되지 않고 조절되지 않는 두려움과 상처 깊은 경험에서 오는 공포 에너지가 특히 태양신경총, 경부신경총, 정수리 차크라 부위에 강하게 뭉쳐 있었다.

매주 두 시간씩 하기로 하고 여러 명상 기법을 시행하였다. 처음에는 의지력과 통제 센터인 미간 차크라를 정화하고 활성화시켜 의지력을 강화하는 한편 가슴 차크라를 순화하여 마음의 불안을 안정시키는 작업이 주가 되었다. 한 달 정도 지나자 스스로 약을 끊고 이제껏 몰랐던 내부의 에너지 통로를 자신이 느낄 수 있을 정도가 된다. 정수리와 미간 차크라에 강하게 몰려 있는 부정적 에너지와 중독 현상의 일부분을 분해해 버렸기 때문이다. 그와 함께 미간 등에서 에너지 진동 현상을 지속적으로 느끼는 일이 많아졌는데 이것은 여느 에너지 테라피와는 다른 효과라고도 할 수 있다. 이런 현상이 일어나게 되면 테라피 세션이 끝난 뒤에도 본인 스스로 명상에 관심을 갖고 계속해 나갈 수 있기 때문이다. 어떤 명상 기법에 마음이 꽂혔는지 가족들에게 열심히 가르쳐 주기도 한다. 두 달이 흘러가자 본인이 종료 의사를 표시하므로 세션을 멈추었다.

그로부터 보름 정도 지나서 밤늦게 전화가 걸려 왔다. 여자친구와 여행을 가는 중인데 열차 안에서 또다시 예전과 같은 불안증과 강박증이 나타났다며 당황해한다. 본인의 에너지 바디가 각성되고 있기 때문에 외부의 탁기에 민감해져서 어지러운 기운들이 본인에게 전이된 현상이다. 전과 똑같은 상황에 처하거나 스트레스를 받아도 전처럼 반응하지 않고 스스로 해결할 수 있기 전의 과도기 같은 것이다. 자체 면역력이 생겨나는 과정이니 당황해하지 말고 전에 가르쳐 준 명상을 해 볼 것을 권유했다. 스트레스 받을 때 하듯이 그냥 술도 마시고 노래방도 가는 것이 좋다고 했다. 다음 날 자고 일어나니 멀쩡해졌다는 전화가 왔다. 그렇게 해서 세션이 끝이 났다. 그리고 얼마간 시간이 흐른 그해 겨울, 오빠가 취직도 하고 함께 여행 간 여자 친구와 결혼식도 올린다는 연락이 여동생에게서 왔다.

강철규의 이야기를 쓰다 보니 젊은 세대의 자화상 같기도 하다. 그가 겪은 강박증 속에는 현대인의 특징들—그들이 가진 단절감과 소외감, 불안과 공포, 허무와 절망감이 고스란히 들어 있다.

사실 많은 이들이 강박증 속에서, 강박증에 의해서 살아간다. 대부분의 부모들에서부터 선생님, 학교, 사회 자체가 그 강박증을 알게 모르게 열심히 강화시킨다. 그 속에서 자라난다. 종류는 달라도 그 감옥 안에서는 저마다 외롭다. 모두가 고립된 섬들이며 혼자 남은 미아이며, 아무리 불러 봐도 대답 없는, 철저하게 단절되고 무력한 존재들이다. 고통은 있으나 표현이나 저항을 할 수 없는 상태에서 나오는 깊은 공포. 끔찍한, 멈춰지지 않는 절규. 그들이 사는 이 세계는 이미 무너진 거나 다름없다. 돈과 섹스만이 겨우 숨구멍이 되어 준다.

심리적인 견지에서 보면 그의 차크라 리딩 중에 나타난 첫 번째 풍경은 처음 가 본 피아노 학원이나 학교에서의 감금 체험이나 유기 체험과 관련되어 있을 것이다. 지진 체험은 가장 가까운 부모나 주변 사람들로부터의 끔찍한 몰이해와 자기 거부 체험과, 전쟁터로 가는 군인 체험은 해병대 병영 생활과 관련 있을 것이다. 구름 위의 분홍빛 성채라는 것도 회화적 공상을 통한 심리적 도피의 반영물이라고도 할 수 있다. 하지만 왜 하나의 체험이나 상처들이 굳이 그런 식의, 그 사람에게서만 볼 수 있는 풍경으로 나타나는가에 대해서는 숙고해 봐야 한다. 각각의 풍경은 그 사람만의 독특한 심리적·감정적 상태와 그 역사를 가감 없이 적나라하게 보여 주는 것이다.

명상 세션을 하다 보면 어떤 누구도, 어떤 감정도 같은 것은 없다는 걸 알게 된다. 어떤 사람이 찾아와서 "슬퍼요." "무기력해요." "우울증이에요."라고들 한다. 많은 사람들이 똑같은 단어를 적어 넣는다. 하지만 내 경험에 의하면 똑같은 슬픔은 없다. 어떤 사람이 마음 깊이 슬픔을 느끼고 있다면 그것은 오로지 그만의 슬픔이다. 누군가가 우울증에 걸려 있다면 그것은 그만의 색깔을 지닌 우울증인 것이다. 백만 가지의 슬픔이 있고 천만 가지의 고통이 있을 뿐, 말만 같지 어떤 누구도 똑같은 슬픔, 똑같은 가슴의 고통, 그런 걸 가진 사람은 한 사람도 없다. 모든 사람의 고통은 모든 이들이 저마다 독특하다는 사실을 보여 줄 뿐이다. 그 점을 이해하는 것, 그 사람만의 고통을 공감하고 그것에 표현을 주는 것이 명상 세션의 출발점이다. 곧 지하실에 케케묵은 채로 주목을 받지 못했던 것들이 의식과 자각의 빛 속으로 드러나도록 하는 것이다.

"어디서부터 잘못되었을까? 어디서부터 망가지기 시작한 걸까?" 하고 강철규는 물었다. 그리고 생전 처음 듣는 차크라나 전생의 자기 모습, 신비한 고대의 명상 비법, 그런 것에 비상한 관심을 갖기도 한다. 이것은 무엇을 뜻하나?

그의 내면 모습들 중에서 처음부터 끝까지 인상적이었던 것은 '수많은 생 동안 자신의 삶에 있어서 어떤 일관성이나 유기적인 연관성도 갖지 못했다는 것'이었다. 곧 자기 삶에 있어서 내적인 중심이 없다는 것, 이 세상과 자신의 내적인 연결감이 끊어졌다는 것, 이것은 중요하고 본질적인 문제다. 삶의 뿌리가 없다는 것이기 때문이다. 그래서 자신의 내적 뿌리가 약한 사람일수록 자신의 전생 이야기나 운명론에 관심이 많을 수밖에 없다. "당신은 틱장애인입니다."라는 식의, 제품 분류 방식과도 비슷한 그런 식의 건조하고 무뚝뚝한 진단과 처방은 무력감과 환멸감을 가중시킨다. 그들은 자신을 새롭게 정의해 주고 내적인 안정감을 심어 줄 그 무엇을 절실하게 필요로 한다.

리딩이 끝나고 명상 세션이 본격적으로 시작되기 전, 그들이 적은 동기나 문제의식을 한번 읽어 보고는 말해 준다.

"여기 적은 자신의 문제나 궁금증, 찾아온 동기 같은 건 명상 세션 좀 하다 보면 모두 없어집니다. 자기가 언제 이런 질문이나 문제의식을 가졌었는지 기억도 못 하는 사람이 많습니다. 그와 함께 당신의 마음이나 차크라 풍경도 바뀌어 버립니다. 이전의 풍경들은 거의 다 사라져 버립니다."

그것이 명상 세션의 목표나 효과라고 할 수 있다. 물론 또 다른 의문, 또 다른 풍경이 나타날 수 있다. 그것은 그만큼 그가 고통스러웠던 어떤 상황에서 벗어나 다른 상태에 들어갔기 때문에 생기는 것들이다.

명상은 모든 삶을 통해서 일관해 있는 존재, 그것만이 이 삶의 이전, 이후 그리고 바로 지금 여기의 삶의 주체인 것을 향해 들어가도록 도와주는 것이라고도 할 수 있다. 그에 비한다면 그 밖의 것은 지나가는 경험 세계의 잔상일 뿐이다. 한 계절 입고 지냈던 헌 옷, 사라지는 파도일 뿐이다. 파도가 되었든 태풍이 되었든 모든 의문들, 모든 마음의 풍경들이 사라질수록 원래의 당신이 드러난다. 그래서 내가 하는 명상 세션은 당신에게는 '무슨 무슨 문제가 있네요.'로부터 출발하지 않는다. 당신과 나, 아무 문제가 없다는 것에서 시작한다.

"당신이 문제라고 생각하는 것은 실제로는 아무 문제도 아닙니다."

"당신은 원래 아무 문제도 없는 존재였다는 것에서부터 시작하세요."

그러면 사람들은 "어떻게 그럴 수가 있습니까?" "내 안에 문제가 너무 많아서 힘들어 죽겠는데 그것들이 아무 문제도 아니고 원래 아무 문제도 없었다니 그게 말이 됩니까?" 되묻곤 한다. 당연하다. 우리들은 대부분 원래의 자신이 누구였는지 까맣게 잊어버리고 있기 때문이다. 자신에게로 되돌아가는 길은 더더욱 모르기 때문이다. 그런 것은 생각조차 해 보지 않고 살아왔기 때문이다. 오쇼 식으로 얘기하면 이렇다.

사람들이 나에게 와서 말한다.

"나는 이러이러한 정신 불안, 신경증으로 고통받고 있습니다."

나는 말한다.

"그런 것은 아무래도 좋다. 나는 그대의 불안을 치료할 생각이 없기 때문이다. 나는 그대 자신을 치료할 것이다. 나는 그대의 병에는 관심이 없다. 오직 그대 자신에게 관심이 있을 뿐이다. 병은 표면에 있는 것일 뿐, 그대 존재가 있는 곳에는 병이란 없다."*

그대 존재가 있는 곳, 내면의 중심에 뿌리내린 자에겐 그 모든 것은 그저 표면의 일에 불과하다. 아무도 그를 못나거나 잘나게 만들 수 없으며 아무도 그를 더 부자로도 가난한 사람으로도 만들 수 없다. 그는 어떤 것을 아무리 더해도 항상 그대로며 어떤 것을 아무리 빼내도 역시 그대로인 그곳, 내면의 광대한 바다, 지붕도 없고 벽도 없는 대우주의 집으로 돌아간 것이다. 우리는 모두 원래 그곳에서 나왔다. 다만, 까마득히 잊고 있을 뿐.

* 『도마복음 강의』(오쇼 지음, 류시화 옮김, 청아출판사, 2008)

투명 물고기

그 소녀는 매일같이 울었다.
달동네 월세방에 살고 있는 소녀였다.
동네 꼬마들이 먹고 있던 과자를 빼앗아 가면 울고,
그만 울려고 하는데 주인집 애들이 공연히 한 대씩
쥐어박았기 때문에 할 수 없이 또 울고,
자기 아버지가 술 먹고 할머니에게 행패를 부리면 울고,
아버지가 부수고 간 얼마 되지 않은 세간을
할머니가 다시금 "에이, 이놈의 살림." 하며 장도리를 들고
밤새 호두 깨듯 하나씩 바수고 있노라면
그 옆에 앉아 역시 밤새 울곤 하였다.
아버지는 얼굴 하나는 번듯한 전과 6범이었고,
엄마는 오래전에 도망을 가서 나타나지 않는 터였다.
그래서인지 울어도 한 번도 엄마 아빠를 찾지 않았다.
할머니도 찾지 않았다.
울음소리엔 언제나 힘이 없었다.
누구를 원망하는 빛도 없었다.
그다지 슬픈 기색도 없었다.
하루에 몇 차례씩 에- 하고 그냥 울었다.
마치 애들이 놀다 사라진 자리에 빈 과자 봉지나 부서진 싸구려
장난감 따위가 바람결에 휘리릭 저만치 날려 가다 멈추다 하듯이
그 소녀는 대개 혼자 남아 울고 또 울었던 것이다.
소녀는 웃을 때도 더러 있었다.
소꿉장난이나 고무줄놀이를 할 때였다.

만사가 여유 있어 보이는 뚱뚱한 아줌마가 잠시 멈춰 서서 말했다.
"아유, 쟤 봐라, 쟤. 웃을 줄도 아네. 어쩜, 웃어도 아주
예쁘게도 웃는 걸. 저걸 그래…… 쯧쯧."

소녀는 학교에 들어갔다.
우리나라 사람의 주식이 라면인 줄 알았는데,
그게 아니라는 걸 알았다.
부잣집 아이들이 그렇게 많이 있다는 것도 처음 알았다.
처음에는 함께 잘 놀았지만 차차 자기와는
놀아 주지 않는다는 것도 알게 되었다.
혼자 남을 때마다 소녀는 그림을 그리곤 하였다.
그러던 어느 날 야외에서 그림 대회가 열렸다.
소녀는 외딴 길가에 앉아 쓰레기통을 그렸다.
옆에서 캔버스에 그림을 그리던 한 할아버지 화가가
소녀의 그림을 보더니 말을 걸어 왔다.
"얘야, 우리 집은 저쪽에 있는데 언제고 한번 놀러 오너라."
할아버지는 가지고 온 물과 먹을거리도 소녀에게 나눠 주며
소녀의 그림을 칭찬해 주었다.
선생님께 갖다 주니 선생님은 소녀의 그림을
휴지통에 처박아 넣으며 말했다.
"얘야, 이건 안 된다. 꽃과 나무, 하늘을 그려야지."

하루는 선생님이,
"어린이 여러분. 여러분이 돈이 이만큼 많이 생긴다면
사고 싶은 것 세 가지만 써 보세요."
소녀가 적었다.

하느님. 부처님. 예수님

선생님이 물었다.

"얘야, 이걸 사서 무얼 하려구?"

"제 경호원이에요. 아무도, 어떤 것도 저를 건드릴 수 없을 거예요. 그리고 어떤 물건도 필요가 없을 거예요."

선생님은 소녀의 머리를 한 대 쥐어박으며 말했다.

"이렇게 적어 넣어라. 자동차, 아파트, 결혼식."

하루는 백일장이 열렸다.

교실 어항에는 투명 물고기 몇 마리가 놀고 있었다.

소녀는 연필에 침을 발라가며 이런 시를 써서 선생님께 드렸다.

투명 물고기

선생님이 멋진 양복을 입고 오셨네.
아무것도 안 보이네.
투명한 물고기
내장이랑 똥까장 다 보이네.

이 시를 본 선생님은 기분이 묘했다.

다른 선생님들도 그 시를 알게 되었고

교장 선생님까지 직접 읽어 보고 말았다.

담임선생님은 소녀를 부르더니,

"얘야. 너는 참 특이하구나. 왜 그런 글을 썼니?"

소녀는 잘 대답하지 못했다. 선생님이 말해 줘야 할 것 같았다.

하지만 선생님이 자꾸 다그치기만 하는데

한쪽에서 지켜보던 교장 선생님이 껄껄 웃으며,
"하하. 이봐요, 박 선생. 아이들이란 게 특별한 게 없더라구.
한 5학년쯤 되면 다들 비슷비슷해지니까."
"아, 그렇죠, 예 예, 맞는 말씀이십니다."
두 어른의 대화는 소녀에게 이상한 충격을 주었다.
학교라는 곳이 그런 곳이로구나 하는 — 실은 5학년이 될 때까지 모든
아이를 비슷하게 만드는 곳 — 막연한 어떤 생각이 어린 마음에 스쳐 갔다.
그런 얘기를 게시판에 올렸더니 전보다 더욱 문제가 커져 버렸다.
이번에는 학부형들까지 뒤엉켜 학교가 뒤집어졌다.
그해 가을 소녀는 소풍을 갈 수 없었다.
전세 버스에 자리가 없어서 몇 사람은 빠져야
한다는 것이 선생님의 해명이었다.
소녀는 점점 말이 없어졌다.
아르바이트를 하느라 친구들과 어울릴 시간도 없었다.
소녀는 대개 혼자 남아 외톨이가 되었지만
전처럼 울고 또 우는 일은 없었다. 대신 6학년이 되자
소녀는 장래 희망란에 이렇게 써넣었다.

아무것도 되고 싶은 것이 없음.

그 많던 천사와 어린 왕자들은 다 어디로 갔나?
왜,
이 세상에 찾아왔다가
머물렀던 날들의 어떤 축복도,
단 한 줄의 시도 남기지 않은 채
소리도 없이 사라지나.

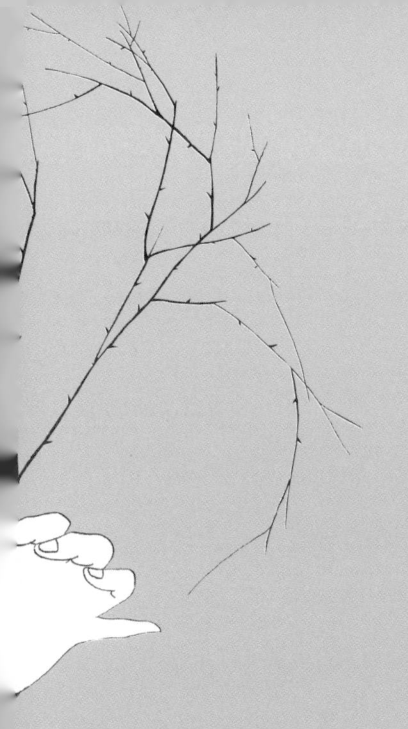

2부

고통은 어디서 오는가

1.
머리, 가슴, 성(性)의 빛과 어둠

과다성욕, 활동항진, 유방암, 내적 공허의 속사정

친구와 무명(無明) 중생

명상 센터에 자주 오시는 분이 자기 친구가 차크라 리딩을 받고 싶어 한다며 먼저 그 친구의 명리 분석을 부탁했다. 잠시 들여다보다가,

"어, 이분은 스스로 명상 센터에 오실 만한 그런 분은 아닌데요?" 하니 "그런 것도 나오나요?" 하며 친구의 명리 감정 내용을 궁금해했다.

"뭐, 물질적인 욕망의 힘이 가슴이나 머리에 비해서 강하다는 뜻이죠. 그것도 에너지니까 나쁜 건 아닌데 다만 남의 재물을 제 것처럼 여기거나 강탈해서 모으려는 성향이 어느 정도 있네요."

그분이 웃으며,

"맞아요, 맞아. 제가 학교 다닐 때 이 친구한테 삥도 뜯기고 했어요. 많은 건 아니고 쪼금. 하하하, 거 있잖아요, 주먹 좀 쓰고 그런 애들. 고등학교 동창인데 다 추억이죠. 지금은 열심히 살려고 노력하는 친구예요."

잊어먹을 만하니 그분의 고교 동창생이 마침내 찾아왔다.

차크라 리딩이 시작됐다.

> 아무것도 안 보인다. 그저 먹물 같은 어둠. 빈 칠판을 마주 보고 앉아 있는 듯한 시간이 계속된다. 얼마를 그러고 있었을까?
>
> 어둠으로 덮인 산자락 밑에서부터 산길을 올라가는 그의 모습이 보인다. 구불구불한 길을 오르고 또 오른다. 오르고 있는 건지 내려가고 있는 건지 모를, 맞는 건지 아닌 건지 알 수 없는 길을 아무튼 가고 또 간다. 그런 그는 행복한 것도 불행한 것도 없이 그저 위를 향해 올라가 보는데 좀체 지치지 않는다. 마침내 산성과 관문, 그곳 마을 사람들이 나타나고 저편으로는 성벽을 타고 길이 계속해서 나 있다. 그곳에서 나름대로 만족해하는 그의 모습이 보인다. 그저 남들처럼 되기 위해 열심히 살려고 하는 사람의 모습이다.

나중에 리딩을 의뢰한 분과 면담을 하니, 실은 동창생은 차크라 리딩이니 명상에 대해서는 별 관심이 없는데, 자기가 궁금한 것이 있고 해서 권유했다고 하였다. 최근에 신규 사업에 뛰어드느라 관리가 어려운 자신의 가게 하나를 동창에게 맡길까 하는데 어떻겠느냐는 것이었다.

"직원으로 쓰자면 원칙도 있고 명분도 중요시하는 윗사람 밑으로 들어가는 게 좋겠고, 책임자로서는 안 맞겠는데요." 하니 이미 가게를 맡겨 버렸단다. 얼마 전에 이혼한 친구가 현재 생활이 어려운 데다가 자기는 가게를 돌볼 시간이 없고 해서 저지르고 본 일이었다. "단점이 있긴 해도 손잡고 일을 하다 보면 명상에 관심도 갖고 새로운 사람이 될 수도 있지 않겠습니까?" 한다.

뭉클한 우정이다. 하지만 현실은 골치 아프게 벌어졌다. 제 몸뚱이 하나만 가지고 가게를 맡은 동창생은 주인이라도 되는 듯 직원도 맘대로 바꾸고 장부 조작과 횡령도 예사로 했다. 미지급금과 적자가 불어나 손을 뗄 것을 요구하니 오히려 손해배상을 받아야 할 사람은 자기라며 소유주인 친구를 겁박까지 하였다.

리딩 중의 풍경을 보면 뭐랄까 인기 많은 보스가 되고 싶어 하는 사람이라고나 할까? 여자들에게 인기도 많고 턱턱 호탕하게 돈도 잘 쓰고 하면서 우쭐해하고 싶은 사람. 하지만 그악스레 자기 욕심만 채우려는 사람은 아니었는지, 이렇게 저렇게 일이 되려니 결국 손을 떼고 나가게 되었다. 손해를 꽤 본 그분은 그래도 동창 걱정을 한다.

"사람이 참 모르겠어요. 지금도 사는 게 힘든 모양이던데 갠 왜 그럴까요?"

"뭐랄까, 차를 몰고 가면서 좌회전 우회전 깜빡이등은 한 번도 안 켜고 그냥 가기만 하는 사람? 고장 난 것도 아닌데 그런 게 있는 줄도 모르고 그냥 가기만 하는 거죠."

맞아 맞아 하면서 그분이 웃는다.

"활동적이긴 한데 빛이 없더라구요."

"빛이요?"

빛.

그저 어둠이었다. 먹물이었다. 삶에 대한 물음도 없고, 자신이 누구인가에 대한 탐색이나 자각도 없었다. 남들이 하는 걸 보고 괜찮다 싶으면 무조건 쫓아가고 보는 것, 이기려고 하는 것, 그것이 그가 알고 있는 삶의 방식이었다.

그런 사람이 자발적으로 명상 같은 것에 관심을 가지기는 좀 어렵다. 그런데 그런 것이 대부분 사람들이 지닌 내면의 모습이기도 하다. 당신 앞에 물이 가득 든 병이 하나 있다. 그 안에 무엇이 들어 있긴 한데 먹물이 가득 차서 좀체 알 수가 없다. 먹물 대신 맑은 물이 채워진 사람도 있고 좀 희미한 먹물로 채워진 사람도 있다. 대부분은 3분의 2 이상이 깜깜하거나 흐리멍덩한 먹물이다. 인간의 내면을 들여다볼 때 대부분 첫 번째로 마주하게 되는 것은 환한 빛이 아니라 어둠이다. 그것이 우리네 인간이다. 석가모니가 왜 '무명(無明)' 중생이라고 했는지 알 것 같았다. 우리는 대부분 어둠 속에 있는 것이다. 빛은 희미하고 어둠은 두껍고 길었다.

아내, 누구세요?

이건 뭐지?

나경숙의 마음속 풍경을 보고 있는데 좀 황당한 느낌이 든다.

처음 보는 입체적 구조물들이 기계적으로 번식하고 있다. 우주선에 사용되는 회로의 칩이나 정교한 부품 같은 것들이 염기 서열이나 분자 구조 모양으로 계속해서 펼쳐진다. 그것이 펼쳐지는 공간은 밤도 아니고 지하도 아니고 육체 안쪽도 아니고 저 먼 우주 밖도 아니고, 있긴 있는데 아무 생명체도 없고 아무 현실감도 없다.

'이게 뭔가? 내 앞에 있는 이 여자는 혹 외계인인가?'라는 생각마저 든다.

한동안 그 풍경들이 끝날 줄 모른다. 그러다가 갑자기 붕괴된 병원 수술실처럼 온갖 의료기기와 의료 쓰레기들이 무더기로 보인다. 그 속에는 탯줄이 잘린, 피가 조금 묻어 있는 태아도 들어 있다. 무너진 삼풍백화점 같은 그 풍경의 맨 밑에는 선홍빛 꽃잎이 말미잘처럼 움직이는 것이 보인다. 마치 말라 가는 웅덩이에 있는 금붕어처럼 입을 쉬지 않고 빠금대고 있다. 질식사를 하지 않기 위해 한 방울의 공기라도 마시려고 하는 것처럼 보인다.

이 풍경들은 다 무엇일까?

리딩을 끝내고 그녀에게 어릴 적 취미는 무엇인지, 혹 우주물리학 같은 걸 전공했다든지 외계문명에 관심이 많지는 않았는지 등을 물어보았다. 그녀는 뜻밖에도,

"전 철학박사예요." 한다.

독일에서 현상학 공부를 좀 하다가 결혼하면서 미국으로 건너가 학위를 받았다고 하였다.

그제야 이해가 됐다. 그 낯선, 지구의 냄새가 전혀 나지 않던 추상적 부품들의 분자 구조들과 계속되는 증식은 그녀가 공부한 철학의 이론들과 개념들, 논리 전개의 풍경이었던 것이다. 곧 그녀의 머리 센터에 관한 것이었다.

그다음 나온 무더기 의료기기는 몇 차례나 되는 그녀의 수술 경력을 보여 주고 있었다. 그녀는 이미 유방암 수술을 받아 한쪽을 도려냈고 낙태 수술도 몇 번이나 받은 터였다. 태아가 좀 생생해 보였던 게 마음에 걸렸다. 그것들은 주로 그녀의 가슴 센터와 관계된 것이었다. 빨간 금붕어, 쉼 없이 입을 벙긋대는 금붕어는 그녀의 성 센터와 관계된 것이었다.

"나이가 들면 줄어든다고 하는데 저는 오히려 갈수록 성욕이 많아져요. 그러니 이 문제도 은근히 심각해요."

남편과의 성생활은 나쁘지 않았지만 워낙 싸울 때가 많아 결과적으로는 그리 만족스럽지 못했다. 잠재된 성 욕구가 만만찮았는데 암 투병 중에는 전혀 성생활을 할 수 없었다. 수술하고 나서 몇 년 지나 무슨 무슨 치유법들을 받으면서 요행히 성

욕이 생기긴 했는데 이걸 점점 제어할 수 없게 되었다는 게 문제였다.

"남편과는 각자 애인을 만들기로 했어요. 말은 안 했지만 어느 순간 두 사람이 똑같이 마음속으로 그런 생각을 하고 있다는 걸 서로가 알게 되고 만 거죠."

어느 날 애인을 만들었는데 점차 그에게 익숙해져 다른 남자와의 잠자리는 상상도 할 수 없게 되었고, 그 남자의 몸을 너무 원하는 지경에 이르고 말았다고 한다.

나경숙은 약간 자조를 띠며,

"물론 난 그 남자의 여러 면 중에서도 몸을 가장 사랑해요. 반면에 그 남자는 내가 가진 여러 면 중에서 절대 내 몸을 가장 사랑하지는 않죠. 그러니까 그 남자는 나의 경제적인 면을 가장 사랑하는 거지요."

그녀는 부모님이 물려 준 재산이 상당했는데 그 자세한 내역은 알지도 못하고 관심도 별로 없어 보였다. 그녀는 그 남자에게 억대 외제 스포츠카를 선물로 사 주었고, 남자는 틈만 나면 이런저런 구실을 붙여 돈을 요구했다. 그래도 별로 개의치 않는다. 나랑 얘기 중에 핸드폰이 울리자 그녀는 밖에 나갔다가 한참 후에 돌아왔다.

"질투심은 많아서 의심이 들면 나 있는 데로 번개같이 찾아와요."

그 남자의 전화였다. 여기로 오겠다는 걸 겨우 말렸다면서,

"아무튼 지금도 저는 그 남자의 몸을 한없이 욕구하고 있거

든요."

그런데 문제는 직간접적으로 여러 번 의사표시를 했건만 그 남자도 역시 자신의 왕성한(?) 성욕을 채워 주지는 못하고 있다는 것이었다.

"그러니 이것도 저의 심각한 문제 중 하나지요."

정신분석이니 무슨 요법이니 명상이니 여러 군데를 다녀 보았지만 뾰족한 해답은 보이지 않았다.

머리엔 인간 냄새가 나지 않는 추상적인 회로도, 가슴엔 수술 장비들과 낙태아, 그리고 산소가 들어오는 유일한 통로인 듯 쉴 새 없이 빠끔대는 성 센터.

이 중 가슴 센터는 머리 센터와 성 센터 중간에 있다. 두뇌 기능에도 성 활동에도 동시에 작용한다. 그것은 그 둘을 매개한다. 지두 크리슈나무르티는 이런 말을 했다.

"성욕은 가슴에 있다."

이상한 말로 들릴지 모르겠지만 실제로 그러하다. 당신이 어느 정도 명상을 해 왔다면, 그래서 자신의 몸에 대해서 민감한 상태라면 쉽게 이해할 수 있을 것이다. 성욕을 느끼는 순간 가슴이 진동한다. 반대로 가슴을 진동시키는 순간 성욕이 일어난다. 혹은 무관심하다는 듯 축 늘어져 있던 성기가 벌떡 일어나기도 한다. 당신이 만약 성욕을 느낄 수 없다거나 발기부전 증세가 있다면 가슴이 막힌 것은 아닌지 점검해 보아야 한다.

남자들은 특히 그들의 가슴과 완전히 분리되어 있다. 따로 논다. 가슴은 슬퍼하는데 입으로는 정치판에 들어가야 하는 자신의 불우한(?) 처지나 가문의 오랜 숙원 따윌 얘기한다. 가슴은 질투로 까맣게 타들어 가는데 빛 수련이니 영혼의 초월이니 이런 말을 해 댄다. 그런 그들은 대체로 나이가 들면 성불능자가 되거나 변태가 된다. 가슴이 죽어 버린 성이 바로 변태다. 가슴이 살아날 때 죽어 가던 다른 것들도 살아나기 시작한다는 것을 아는 이는 드물다. 가슴에 쌓인 오랜 먼지와 상처를 흔들고 털어 내고 에너지를 통해 진동시키는 특정한 기법들이 있다는 것은 더욱 알 리가 없다.

내가 나경숙에게 가슴 치유 명상법을 설명해 줄 때의 일이다. 얘기를 들을 때 그녀는 눈을 반짝이며 누구보다도 총명하고 집중력이 있어 보였다. 그런데 실습이 끝나고 나서 하는 질문이,

"가슴으로 느끼면서 깊이 들이쉬고 내쉬고…… 이것이 무얼 어떻게 하라는 건지 아무리 해도 이해되지가 않아요."

놀랄 노 자였다. 현상학이니 촘스키의 변형생성문법이니 골치 아픈 학문을 전공하고 가르친다는 그녀가 "가슴으로 느끼면서 숨을 들이마시세요." 이 말을 이해할 수 없다는 것이다. 외국에서 태어나고 자란 것도 아닌데 어떻게 된 영문일까?

가슴이 자신을 느낄 수 없을 때, 자신의 가슴 에너지를 충분히 발휘하기 어려울 때 그 에너지는 성 센터로 가서 자신을 해소하게 된다. 그렇게 해서 색정증에 빠지거나 매춘계로 나가기도 한다. 성 센터가 여의치 않은 사람들은 에너지가 태양신경총 쪽으로 흘러간다. 거기서는 흔히 종교에 빠져 광신도가 되

거나 자선이나 성금, 진리 전파 등등 이타적 행동을 내세운 독재자가 된다. 양쪽 다 사랑을 그리워하지만 사랑이 끊어진 사람들이다. 가슴의 고동을 느낄 수 없게 될 때 그 가슴에서 종양이 자라기 시작한다. 가슴 뛰는 삶 대신 유방암의 삶이 펼쳐진다.

주변에서 유방암 수술을 했다거나 유방암을 앓고 있는 사람들의 특징은 항상 투덜댄다는 것이다. 남편이 잘나가는 게 보기 싫다고 투덜댄다. 엄마가 돌아가시면서 300억을 물려받고도 늘 투덜댄다. 동생이 자기보다 사업 수완이 좋다며 투덜대기도 한다.

내가 어느 암 환자 요양원을 방문했을 때의 일이다. 수려한 자연 속에서 지내는 그들은 무척 평화롭고 행복해 보이기까지 했다. 요양 환자나 그 가족들은 대부분 나이가 지긋해 보였는데 그중에 늘씬한 키에 뛰어난 미모의 한 젊은 여자가 섞여 있어서 그 사연이 궁금했다. 그런데 더 의아한 것은 그녀가 늘어놓는 얘기들이었다. 여기 요양원의 실질적인 주인은 알고 봤더니 누가 아니고 아무개더라, 근데 누구 밑에 있는 김과 박은 누구를 밀어내고 그 자리를 차지하려고 서로 싸우는데 아무개는 실은 제삼의 인물을 마음 찍고 있더라……. 이런 식의 얘길 저녁 식사 후 산책 시간에 쉴 새 없이 떠드는 것이었다. 더군다나 그녀는 이미 한쪽 유방을 제거한 말기 유방암 환자라고 하였다. 안타까운 일이었다. 저렇게 젊은 여자가 벌써 말기라니. 얼마나 마음 아팠으면 저런 얘기를 하면서 자신의 병든 가슴, 언제 죽을지 모르는 자기 신세를 가리고 있나. 아니, 그녀는 가슴의 일을 다른 일로 바꾸어 버린 것이리라. 정작 자기 가슴의 이야기를 듣지 않고 살았던 것이리라. 너무나 아픈 나머지 언제부턴가 그럴 수가 없게 된 것이리라.

산탐 디라지는 현대의 외과 수술의들이 가장 이해하지 못하는 분야가 유방(Breast)이라고 한다. 그에 따르면 "유방은 난소로부터 전기를 공급을 받는" 곳이다.

난소는 성적 욕구라는 기본적인 에너지에 의해 난자와 정자가 결합하여 인간이 탄생하게 되는 성기관이다. 그런데 성적 결합을 통한 오르가슴에 대한 과도한 열망과 욕구가 생기면서 우리가, 우리 자신에게, 노예가 된다는 게 문제다. 오르가즘에는 잘못된 게 없지만 그에 대한 갈망이 지나치게 되면 우리 신경계는 양극으로 찢어지고 유방, 즉 가슴이 그 희생자가 된다. 곧 사랑이 성의 노예가 되는 것이다.

성에 대한 욕구는 "우리를 묶고 있는 동물적인 구속"이다. 이러한 구속을 받아들이는 것은 최초의 두려움 곧 "혼자가 되는데 대한 두려움" 때문이다. 우리 마음에 두려움이 들어오면, 가슴의 기능을 뒤덮고, 사랑을 에고의 장치, 양극을 가진 장치로 변환시켜서 우리는 조건적으로 사랑하려고 하게 된다. 내부적으로는 가슴과 유방이 난소/고환의 노예가 되며 외부적으로는 자신을 '다른 사람'에게 종속시킨다. 이것은 "확실히 우리 옆에서 불만을 들어주고, 우리의 슬픔, 두려움, 우리가 다른 사람들에게 내보이지 않는 어두운 면들에 동의해 줄 누군가에게 자신을 종속"시키는 것이다.

이런 견해*는 나경숙이 왜 그렇게 애인에게, 그의 몸에 집착하는 이유를 어느 정도 설명해 주는 듯이 보인다.

그런데 디라지는 유방암 같은 "모든 가슴 종양은 한 남자의 이름을 그곳에 붙인 것이다. 그녀가 특별히 관계를 맺었던 그 누군가에 대해서 감정적으로 여전히 풀지를 못하고 관계에 집착을 갖고 있다. 이것이 그녀가 그 종양을 치료하지 못하는 이유다."라고 말한다.

달리 표현하면 "그러한 여자들은 우울하다. 한때 그랬던 것을 떠올리며 슬퍼한다. 그리고 현재와 불유쾌한 연결을 짓는다. 그리고 그 남자가 똑같은 그 남자라도, 이전의 그와 같이, 똑같은 식으로 반응하진 않는다." 디라지는 여자들에게는 이러한 것이 특히 난소 등의 성기관과 관계되어, 유방암과 연결된다고 한다.

나경숙은 늘 불만이 많은 자신에 대해 이렇게 말한다.

"참, 제 유방암 원인은 다분히 스트레스 때문인가 봐요. 의사가 얘기하는 유방암 잘 걸리는 인자가 열 몇 가지였는데 저는 하나도 해당 사항이 없었어요."

본인 스스로 우울증이 심하다는 판단하에 정신과에 가 본 것도 벌써 20여 년 전 일이었다. 그곳에서 얘기한 우울증 원인은 대략 세 가지였다.

* 샨탐 디라지의 『세상은 어디에서 왔는가』

- 사회적 성취를 이루지 못함.
- 남편과의 갈등.
- 자녀에 대한 불만.

최근에 받아 본 심리 결과를 요약하면,

- 불안과 긴장이 많고 사소한 스트레스에도 쉽게 과민해짐.
- 매우 의존적이며 정서적으로 미숙함. 자기경시적 태도와 뿌리 깊은 우울감.
- 성취동기가 강하고 자기 자신에 대한 높은 기대, 인정받기를 원하는 욕구가 크지만 목표를 이루지 못할 땐 자기 불만감과 죄책감, 열등감이 커질 수 있다.

그녀의 성취욕구나 열등감은 보통 사람의 입장에선 약간 어이가 없기도 하다. TV 뉴스 화면을 가리키며 하는 말이,

"재가 제 고등학교 동창이에요."

그즈음 유명세를 타고 있던 여성 장관이었다.

"동창생 중에 내각이나 청와대에 들어간 사람은 재 말고도 부지기수예요. 다들 최하가 정교수인데 나는 뭘 했는지 한심할 따름이죠."

나경숙은 그 때문에 정말 슬픈 사람 같다. 성공도 일차적으로는 생명 에너지의 문제다.

학자로서 교수로서 성공하지 못했다면 창조적이고 지적인 에

너지가 제대로 공급되지 않았다는 뜻이다. 혹은 지적 에너지가 다른 센터에서 소진되고 있기 때문이다.

머리에도 섹스 에너지가 흐른다. 머리까지 올라가야 할 에너지를 섹스 센터 같은 데서 다 써 버리는 사람도 있고 그 반대가 되어 섹스 에너지가 바닥나는 사람도 있다. 명상 세션을 받던 한 대학생은 독서광이기도 한데 이런 얘기를 털어놓았다.

"한 서점에서 마음에 드는 책을 발견했을 때의 일이에요. 가슴이 흥분되어 뛰기 시작했는데 마치 강한 마취제를 맞은 것 같았어요. 섹시한 여자들에게 무심코 눈이 돌아갈 때의 미묘한 전기적인 변화와 흥분, 그것과 꽤 오래 성욕에 주린 상태에서 여친의 벗은 몸에 막 올라갈 때의 흥분 사이의 중간 정도 되는 상태와도 비슷했습니다. 혹은 어렸을 적에 맛있는 과자를 아무도 몰래 혼자 냠냠거리고 먹을 때의 그 쾌감과도 닮은 것 같더라구요."

곧 지적인 욕망이나 에너지라는 것도 섹스 에너지와 관계가 있다. 명상적으로 보면 하단전인 배꼽 부위와 상단전인 미간은 바로 연결되어 있다. 미간은 한층 높은 지성인 직관과 의지력, 명령과 통제의 고차적인 센터다. 자기가 마음먹은 것은 일생을 통해 어떤 식으로든 실현하는 사람들이 있는데 그들은 이곳이 발달한 사람이다. 무언가를 골똘히 생각할 때 미간이 찌푸려지듯이 집중력과 통찰력이 번뜩이는 곳이다. 그곳이 발달한 사람은 성에 대해 일찍 눈을 뜨며 민감하다. 작은 자극에도 쉽게 발기가 된다. 성 에너지가 가슴 이상으로 올라가지 않으면, 즉

목 부위까지 올라가지 않으면 창조적인 능력을 발휘하기 어렵다. 작가는 창작의 불꽃이 일어나지 않고 저술가는 정체 어린 글을 쓸 수 없으며 예술가는 만든 작품마다 그저 그렇고 학생은 수업 진도를 따라가기 어렵다.

학생들 중에는 학업에 애를 먹고 있다고 호소하기도 한다. 대부분 가슴이나 목 부위에 마음의 고통과 부정적 에너지가 뭉쳐 있어서 정서적으로 심하게 위축되어 있고, 그로 인한 집중력 부족 등으로 학업을 못 쫓아가 힘들어하는 경우였다. 가슴이나 목 부위의 정체가 어느 정도 해소되면 그 학생의 머리 쪽으로 움직이는 에너지가 활발해진다. 이 학생은,

"요즘은 공부가 재밌어졌어요. 머릿속이 늘 뿌연 것 같더니 지금은 머리가 가장 생생하던 고교 시절로 돌아간 것 같아요. 두꺼운 책을 읽어도 착착 달라붙고 공부가 너무 재밌어요."

평소에 한 시간 이상 책을 못 읽는다는 사람이 서너 시간 거뜬히 읽는다거나 늦은 나이에 학교 다닐 때도 안 하던 공부에 열중하기도 한다. 명상을 통해 순화된 에너지가 가슴을 지나 머리까지 잘 순환되는 경우다.

유전적으로 결정되는 지능지수와 지적 훈련이 사람을 지성적으로 만드는 것은 아니다. 욕망이 단순한 욕망으로만 남아 있지 않을 때, 감정이 단지 그 물속에 익사당하여 감정의 노예가 되는 차원의 것이 아닐 때, 이성이 단지 권력에의 의지만은 아닐 때, 이 모든 것이 소유욕의 또 다른 표현만이 아닐 때 의식의 질은 변하고 거기에서 나오는 사랑과 빛이 지성이라고 할

수 있다. 명상은 그것을 자연스럽게 만든다.

"한때는 저도 정말 명상 열심히 했었거든요." 하고 그녀는 말했다.

"명상을 통해서 뭔가 제 인생이 바뀌기를 바라기도 했었죠. 근데 전생에 쌓아 놓은 것이 별로 없어서 그런지 어쩐지, 기대가 크면 실망이 커서 그런지 어쩐지 명상도 저한테는 별로 효과가 없더라구요."

그녀가 말하는 명상이 무엇인지, 어떻게 실천했는지는 미처 듣지 못했다. 하지만 누구라도 가슴이 정화되지 않고는, 가슴이 살아나지 않고는 어떤 명상도 소용없다. 머리 따로, 성욕 따로 놀기 때문이다. 이런 경우 "불안과 긴장이 많고 사소한 스트레스에도 쉽게 과민해"진다. "매우 의존적이며 정서적으로 미숙하고 자기경시적 태도와 뿌리 깊은 우울감"이 체질화된다. 이런 것들이 가슴에 상처가 많고 폐색된 사람들의 특징이기도 하다. 어떤 사람들은 모든 것을 두려워하고 의심하는 나머지 성의 문도 완전히 닫고 만다. 그들은 쉽게 분노하며, 분노는 제어가 되지 않는다. 한번 생긴 분노는 끈질기게 사라지지 않는다. 그래서 그들 자신도 매우 고통스러워한다. 디라지가 표현한 것처럼,

"가슴에 종양이 생긴 어떤 여인들은 종양과 관련된 고통을 제거하기보다는 그들의 가슴이 제거되길 원한다! 우리는 고통을 그토록이나 즐겨서 그것이 없다면 차라리 죽는 편이 낫다. 놀랍지 않은가."

디라지는 가슴의 종양을 성이나 사랑의 상실과 많은 관련을 짓는다. 디라지의 통찰과 노력, 자비심은 매우 가치 있고 보기 드문 것이지만, 해석하기에 따라선 성과 사랑에 개방적이었던 미국인의 특성을 많이 가지고 있는 것도 사실이다.*

그러나 진정한 명상가는 국가와 이념, 성별차, 종교적 제약을 벗어나 있다. 그들은 심리학의 피안에서, 존재의 중심에서 이야기를 들려준다, 들려주고자 한다. 명상이나 명상 치유에 있어서 인간은 누구나 그 자체로 존엄하고 독특하며 이 우주 전체를 통해 유일무이한 존재들이다. 그의 성장과 변형을 돕기 위해선 의학의 성과든 심리학이나 인류학의 성과든 가치 있는 것은 모두 존중받아야 한다.

다만, 한 인간이 가슴이 아프다고 해서 가슴만이 아픈 것은 아니다. 유방암에 걸렸다고 해서 말하자면 가슴이 '독점하고 있는' 어떤 부정적 과정이나 상처 때문에 암에 걸렸다고 생각하는가? 그게 전부일까? 누군가 일생 동안 천 번은 울어야 하는데 한 번도 울지 못해서 병에 걸렸다고 하자. 만 번 이상 화가 났는데 고작 열 번도 제대로 내 본 적이 없어서 심한 병이 걸렸다고 치자. 그가 울기 시작한다. 그가 화를 내기 시작한다. 가슴만이 우는 것은 아니다. 머리, 팔, 목, 얼굴, 골반, 다리, 주먹, 턱, 이빨…… 전 신체가 운다. 온몸이 화를 낸다. 뇌세포 하

* 디라지를 비판하는 것이 아니라 어떤 이론이나 명상 테크닉의 도식적인 이해나 도식적인 적용과 그런 사람들을 경계하는 것이다. 예컨대 티베탄 펄싱이 가슴에 문제가 있다고 가슴만 작업하는 것은 아니다. 24장기를 전부 하는 경우도 있고 한 장기를 집중적으로 하는 경우도 있다.

나하나 미쳐 버린 것처럼 폭발해 버릴 듯이 울고 분노한다. 그런 것이 내가 하는 명상 치유의 현장 모습이다.

내가 지금까지 경험한 것을 한 가지 더 추가한다면 유방암을 비롯한 암 환자나 원인불명의 뇌 질환, 자궁 질환들을 가진 사람들의 특징은 뿌리 깊은 존재적 분열이다. 그들의 가슴은 가슴과 분리되어 있다. 그들의 유방은 유방과, 자궁은 자궁의 역할과 분리되어 있다. 자기가 아닌 다른 역할을 하고 있는 것이다. 장미꽃을 시금치처럼 대해 보라. 금방 죽어 버릴 것이다. 시금치를 장미처럼 대해도 마찬가지다. 기르던 강아지에게 갑자기 호랑이처럼 굴라고 때려 가며 훈련시키고 먹이를 주며 길러 보라. 강아지는 미쳐 버릴 것이다. 그 반대도 마찬가지다. 시름시름 암에 걸려 어느 날 썩은 채로 발견될 것이다. 우리는 특히 가슴에 그런 일을 많이 시킨다. 투쟁할 것을 요구한다. 증오하도록, 철저하게 냉정하도록 요구한다. 미운 것을 안 미운 척하라며 산다. 죽이고 싶은데 전혀 그런 적이 없는 것처럼 살아간다. 마음 깊이 열등감과 소외감을 느끼면서도 자기만의 인생철학과 기준을 가지고 남부럽지 않게 사는 사람처럼 살아간다. 그렇게 해서 뇌에는 독성 단백질이 증식*하고 자궁에는 이유를 알 수 없는 근종이 속수무책으로 자라나기 시작한다. 그들의 문제는 첫 번째로 자신의 마음에 일어난 일을 전혀 모르고 있다는 것이다. 더군다나 어떤 문제들은 이번 생이 아니라 지

* 베타아밀로이드가 축적해서 생기는 것으로 알려진 알츠하이머병을 의미한다.

난 생에서, 지지난 생에서 이월되며 그리고 남의 생으로부터도 전파되어 생긴다는 것이다!

마음에서 생기는 고통이나 불행은 마음이 그것을 자각하지 못하는 상태에서 발생하기 때문에 다른 누구도 아닌 마음 자신의 자각을 통해서만 해결이 시작된다. 그럴 때 어둠은 빛으로 바뀐다. 나경숙에게 행하게 했던 가슴 명상은 가슴의 고통을 치유하고 그것을 빛으로 바꾸어 주는 훌륭한 명상 방편이었다. 그런 것이 진정한 연금술이다.* 하지만 사람들은 회피나 집착을 통해 자기 안의 작은 빛마저 어둠으로 덮어 버리는 데 익숙하다. 10만 권의 책들과 1만 개의 공식과 복잡한 최신 사상이 빛은 아니다. 빛처럼 생각될 뿐이다. 성적 쾌락이 빛도 아니다. 어둠을 잠시 잊는 것뿐이다. 첨단 의학으로 가슴의 혹을 제거한다고 해서 어둠이 제거되는 것은 아니다. 빛은 대관절 어디에 있단 말인가?

남편의 모습

나경숙은 자신의 상태에 대해서 이렇게 얘기한다.

"저는 원래 몸이 약하게 태어났어요. 젊었을 때 남편 유학 생활 뒷바라지하면서 나도 남편 못지않게 공부하느라고 악다

* 석가모니 다음의 두 번째 부처라고도 칭해지는 티베트 고승 아티샤가 1000여 년 전에 전해 준 명상의 기적. 어둠을 느끼며 가슴으로 깊이 들이마시고 내쉴 때는 그와 반대로 지복과 사랑으로 내쉰다. 그러면 미움이 사랑으로, 부정적인 에너지가 긍정적인 에너지로, 혼돈이 차분함으로 바뀌어 간다. 자세한 내용은 오쇼가 지은 『명상, 처음이자 마지막 자유』 중 '아티샤의 가슴 명상'을 참조하라.

구니를 있는 대로 쓰며 지냈어요. 그러다 보니 기가 다 소진해 버린 것이 가장 큰 이유 같아요."

내가 보기엔 남편과 사랑을 해야지, 왜 하필 경쟁을 하게 되었는지가 더 문제다.

"그러게요. 저도 왜 남편하고 사이가 멀어졌는지 궁금해요. 지금도 겉으로는 아주 멀쩡하고 화목해 보이는 사이인데, 안쪽에선 워낙 다툼이 많아서 정이 점점 없어졌어요."

남편은 유학 시절에도 꼭 옷을 다려 주어야만 입는 사람이었는데 유독 와이셔츠를 즐겨 입어서 그런 것에 끌리기도 했다고 한다. 빳빳하게 다린 깨끗한 와이셔츠는 어떤 여자나 남자들에겐 일종의 로망이기도 하다. 내가,

"지배 보수 세력이 결속을 다지기 위해 일관시켜 온 패션 전략이라고도 하죠."

뭔가 아는 척을 했더니,

"네?"

"정장 패션 말예요."

볼프강 프리츠 하우크(Wolfgang Fritz Haug)라는 현대의 독일 철학자에 의하면, 부르주아 질서 내에 자발적으로 스스로를 종속시키는 주체들로서의 부르주아 계급 지배의 주체들이 보여주고 있는 신사 패션이란 '단결과 결속', 즉 부르주아 질서 내에 있는 내적 결속의 견고함을 드러내는 것으로서, 이런 의미에서 패션 능력은 이데올로기 능력이다.

그녀는 "아!" 하며 남편은 실은 가난한 집안은 아니지만 그

다지 부잣집 출신도 아니라서 자신이 처갓집 돈을 보고 결혼했다는 말을 듣지 않기 위해 강한 독립심으로 사는 사람이라고 설명했다. 대학교 교수이자 연구소 소장이었으며, 모 기업의 대주주였다. 남편에게도 차크리 리딩을 권해 보았지만 일언지하에 거절하더라고 했다.

남편과 자기 사이가 멀어진 또 다른 이유를 궁금해하기에 명상 센터에서 행해지곤 하던 '가족세우기 그룹'*을 추천했다. 그녀의 사정을 고려해 개인 세션식으로 열렸는데 나도 보조 스태프로 참가했다. 그 그룹에서 내게 가장 많이 돌아온 역할은 아버지나 남편이다. 그날도 역시 그녀의 남편 김귀남 역을 맡고 무대에 들어간다. 그러니까 나는 그녀의 실제 남편이 되어 아내와 멀어진 깊은 이유를 그룹 특유의 채널링 에너지를 통해 드러내 놓는 것이다. 나는 이내 주위를 들러보다가 방석을 발견하곤 앞에 늘어놓는다. 다른 보조 도우미가 거든다며 방석을

* '가족세우기(Family Constellation)'는 독일의 버트헬링거 박사가 창안한 심리치료 방법으로 심리적·신체적 어려움의 원인을 가족 역동에서 찾아 해결하는 방편으로 현재는 전 세계에서 전통적인 심리치료 방법의 대안으로 널리 이용되고 있다. 이를 오쇼 명상과 연결하여 영적 성장의 영역으로 확장시키고자 한 사람은 독일 산야신 스바기토 R. 리버마이스터다. 한국에도 꾸준히 방문한 바 있으며 『삶의 얽힘을 푸는 가족세우기』란 번역서가 나온 바도 있다. 센터에서 열리는 가족세우기는 모두 스바기토 계보다.
'가족세우기'에서는 개인에게 일어나는 대부분의 불행이나 질병은 가족 안에서 생긴 얽힘에서 유래한다고 본다. 가족세우기 세션을 통하여 이 얽힘이 생긴 곳을 내담자가 인식하고, 자신의 문제에 대한 통찰이 생기면 치유의 움직임이 일어나게 된다. 이 치유의 움직임은 가족과 집단 간의 화해를 가져오고 사랑의 질서를 회복시킨다. 가족세우기는 인간의 의식적인 부분이 아니라 무의식적인 부분을 다루기 때문에 삶의 보다 다양한 차원과 피할 수 없는 문제들에 대한 한층 깊고 유기적인 통찰과 변형을 얻을 수 있는 것으로 알려져 있다.

함부로, 조금 비뚤어 놓기에 내가 다시 잘 정돈해 놓는다. 그리고 그 방석들 앞에 아내를 끌고 와 나란히 앉게 한다. 그러고는 영문을 몰라 하는 그녀에게 정중한 예를 갖추어 방석들에 절을 올릴 것을 권한다. 함께 절을 올린다. 그 모습을 지켜본 진행자가 "이거네요." 하였다.

방석들은 아내가 낙태 수술한 태아들의 무덤이다. 딱히 대역을 맡기기가 어려워서 진행자의 동의 아래 방석으로 대신한 것이었다. 그러니까 그들 부부 사이가 멀어진 숨은 이유는 바로 떼어내 버린 배 속의 생명이었던 것이다.

유학 중에 생활하랴 학업하랴 힘이 부쳐서 아이를 뗀 적이 있었는데 남편이 첫 아이니 낳자고 하여 그때 매우 다퉜었다고 한다. 나중에 자녀를 낳긴 했지만 그 이후에도 낙태를 또 해서 남편이 충격을 받은 것 같았다. 남편은 낙태한 태아라도 생명으로 생각하고 있었다. 자신들이 그들을 죽인 거나 다름없으며, 부부 모두 죄인이라고 여긴 것이다. 낙태를 반복하는 아내를 받아들이기가 어려웠다. 게다가 '아내도 결국 어머니가 아닌가? 남자가 찬성하더라도 모성이 근본인 여자는 일단 반대해야 하는 것이 아닌가?' 하는 것이 남편의 속내였다.

가족세우기 그룹의 결과를 남편에게 들려주니 어쩐지 내가 하는 세션에 관심을 보이더라고 한다. 그는 그즈음 하고 있는 일들을 몇 가지 정리하고 새 인생을 설계하고 싶어 한다고도 했다. 하지만 워낙 바쁜 사람이라 마침 근처에 볼일이 있던 내가 그의 회사를 방문하기로 했다.

커다란 회의실에 단둘이 앉아 그녀의 남편인 김귀남과 리딩 세션을 시작한다. 이제껏 걸어온 그의 삶의 여정과 관련된 이런 저런 풍경이 나타난다. 아내 외의 여자와는 그저 그런 것 같다. 그러다가 갑자기 풍경이 바뀌어 버린다.

> 커다란 서재다. 버려진 집처럼 스산하다. 아니 서재가 속해 있는 집 전체가 황량하다. 굉장한 노고가 느껴지지만 그저 쓰레기를 채워서 정리해 놓은 곳 같다. 빼곡히 들어찬 책꽂이들은 키가 높아서 더욱 외로워 보이고 통로들 사이로는 원고나 문서들이 바람에 나부끼고 있다.
> 어린 시절을 보낸 고향이 그리워 가 보지만, 아무도 반겨 주는 이가 없다. 친하게 지내던 동갑내기 고모는 벌써 죽었고 형제들은 어디 갔는지 한 사람도 찾아볼 수가 없다. 털썩 앉고 보니 땅속 깊은 구덩이 속이다. 그는 망연자실하여 차가운 흙벽에 등을 기대고 앉아서 위를 본다. 밖으로 나가기에는 너무나 깊은 땅속이다. 무성한 나무 이파리 그늘 틈처럼 하늘조차 보일락 말락 한다.
> 그는 절망스러운 눈으로 주변을 둘러본다. 자기가 올라갈 수 없는 저 위 구멍 쪽을 바라보며 한줄기 구원의 빛이 자신에게 내리쬐기를 기다려 본다. 막연하다. 그것 이외에 그곳에서 할 수 있는 것은 없어서 그저 작은 희망의 끈을 만지작거린다. 빠져나올 수 없는 어둠의 공동에 갇힌 채 어딘가에서 내려올지도 모를 빛을 막연히 기다리고 있는 사람. 그것이 김귀남의 내면 풍경이었다. 대체로 일 중독에 빠져 사는 사람의 절망스런 풍경이라고 할 수 있다.

그는 썰렁한 회의실의 커다란 탁자 건너편에서 빈틈없는 표정으로 나를 바라보고 있다. 김귀남에게 나는 처음 접하는 세계에서 온 낯선 사람이다. 나름대로 최대한 예의를 갖추며 격식을 차리고 있는 그의 태도는 한편으로는 '당신의 얘기에 사실 크게 관심은 없어요.' 하고 말하는 듯하였다. 무슨 말을 기다리고 있는 그에게,

"당신 거라곤 아무것도 없군요."

김귀남은 잠시 말이 없더니 내게 물었다.

"그럼 당신은 무엇을 가졌소?"

썰렁함으로 되받아치는 듯했다. 그가 처음 보는 명상계 사람인 나.

"명상을 처음 시작하기 전 나는 10년 동안 하루도 자살을 생각해 보지 않고 지나간 적이 없었습니다. 그리고 명상을 시작한 후엔 한 번도 그런 건 생각하지 않게 되었죠. 왜 사는지, 사는 의미는 무엇인지 하는 질문 일체가 사라져 버렸습니다."

그 사람은 좀 호기심이 생기는 듯했다. "그건 무슨 뜻이오?" 하기에 "그런 질문들이 필요 없게 된 거죠." 하고 답했다. 내가 계속해서,

"내가 무엇을 가졌는지 무엇을 못 가졌는지 이런 의문이나 비교 역시도 한 번도 생기지 않았습니다."

그러자 그는 이번에는 조금 놀라우면서도 부럽다는 표정을 지었다.

"그러면 내가 당신의 명상 세션이란 걸 받게 되면 어떻게 됩

니까?"

"제가 보기에 모든 관점에는 결국 세 가지가 있더라구요. 긍정적인 관점, 부정적인 관점, 중도적인 관점. 이것들은 전체의 한 면인 고로, 즉 하나인 전체를 다른 각도에서 바라본 것이므로 나름대로의 진리와 통찰력을 보이고 있지요. 이것들은 아무튼 관점에 속합니다. 그런데 우리가 관점이라고 착각하기 쉬운 또 하나의 사이비 관점이 있는데, 그것이 곧 병적인 관점입니다. 그건 관점이 아닙니다. 단순히 병일뿐이지. 병적인 마음에서 벗어나 빛을 향해 가게 됩니다. 단순한 정신적 은유가 아니라 실제적으로 그걸 보게 되죠. 빛에 대해 평생 추리하고 상상하던 장님이 눈을 뜨고 빛을 보게 되는 것과도 같습니다."

명상을 알기 전 나는 한때 내 안의 어둠들을 더욱 깊게 만드는 데 열중하기도 했다. 빛이 존재하는 것과 마찬가지로 어둠 또한 존재하는 것이며, 그 어느 것도 실재에 있어서는 동등하다. 더욱이 빛을 향해 가는 것도 어둠을 향해 가는 것도 동등한 선택의 일부이며, 어느 것도 우연적이라는 점에서는 동일한 것으로 생각하고 있었다. 이렇게도 말했다.

악몽은 가장 길다. 길고 또 길다. 악몽은 대륙들보다도 무겁고 바다보다도 깊다. 그것은 어떠한 사상보다도 오래되었고 어떠한 주의보다도 오래되었다.

이 세상이 악몽이라는 것이 아니라 우리가 악몽을 꾸고 있다는 것이다.

그런데 한 번의 악몽은 영원한 악몽이다. 악몽 자체가 우연적이다. 왜냐면 악몽 자체가 필연적이어야 할 이유란 어디에도 없기 때문이다. 그렇다면 그것은 이런 것이다. 악몽은 단 한 번일지라도 이미 영원한 무엇이다. 왜냐하면 당신은 다시 또 그 속에 빠져들 수가 있기 때문이다. 당신은 언제든지 그 속에 빠져들 준비가 이미 되어 있다. 그러므로 당신의 행복이란, 단지 하나의 악몽에서 또 다른 악몽으로 가기 위한 잠시의 휴식기, 짧은 유예 기간일 뿐이다.

"그렇지만 명상을 하면서 나는 생각을 바꾸게 되었습니다. 혹은 과거의 의문이나 생각들은 홀연히 떨어져 나갔습니다. 그리고 알게 되었죠. 어둠을 선택하는 것은 선택이 아니라 단지 어둠이 그렇게 선택하게 하였을 뿐이라는 것을. 내가 아니라 어둠이 시킨 일이었을 뿐이라는 것을. 어둠은 사실 아무것도 결정할 수 없고, 빛만이 무언가를 할 수 있다는 것을."

사실 내 안에는 여전히 많은 어둠이 남아 있다. 아픔도 있고 슬픔도 있고 상처도 있고 욕망도 있고 고독도 있다. 그러나 빛을 알기 전의 어둠과 빛을 안 이후의 어둠이란 완전히 다른 문제다. 어둠은 있지만 부정적인 것은 없다.

어둠 속에서는 어떤 것도 자기 재산이 될 수가 없다. 그러나 빛 속에서는 어둠마저도 자기 재산이 될 수가 있다. 일단 한 점의 빛이라도 있다면 그는 부자가 될 수밖에 없다. 어둠이 여전히 많아 남아 있다 해도 그럴수록 그가 그만큼 더 엄청난 거부가 될 것임을 말해 주는 것뿐이다.

"어둠 덩어리로 이루어진 커다란 산에 빛을 비추면 그 산 전체가 나의 영토가 되는 것과도 같죠. 그런 걸 도와주는 것이 명상입니다."

빛이 없을수록 어둠의 관점이 생길 수밖에 없다. 빛이 모자랄수록 어둠의 이야기가 길어질 수밖에 없다. 어둠의 이야기가 계속될 수밖에 없다. 가장 바람직하지 않은 것은 계속해서 병적인 관점에 집착하고 반복하고 강화하는 것이다. 결국은 나를 파괴하든지 남을 파괴한다.

"그런데 사람들은 어떻게 해서 빛이 없게 된 거요? 당신 말에 의하면 나도 빛이 없거나 부족한 사람일 텐데 처음부터 그런 걸 바라는 사람은 없지 않겠소?"

내가 얘기를 하나 하니 김귀남이 꽤나 흥미로워했다. 나도 오래전에 어디선가 읽은 거라서 기억이 가물가물하지만 이런 이야기다.

> 샴발라를 신봉하는 어떤 이들에 의하면, 이 우주는 최초에 '호아'(아이오드라고도 불리던가?)라고 불리는 전일한 우주 의식, 원초적 빛, 빛 자체로 충만하고 있었다. 그곳에는 악이나 무명, 무지, 탐욕, 불행과 같은 것은 존재하지 않았다.
>
> 그런데 그 우주의 끝, 우주 벽에는 아르르의 문이라고 불리는 금단의 문이 굳게 잠겨 있었는데 그 안에는 모든 어둠, 곧 네거티브한 에너지들이 몽땅 유폐되어 있었다. 아르르의 주님들이 그 문이 열리지 않도록 철통같이 방어하고 있었다. 이 주님들이 어느 날 시험 삼아 그 문을 잠깐 열어 보았다. 하지만 그 짧은 순간 문 안에 있던 엄청난 검은 세력들, 어둠 에너지, 네거티브

에너지가 우주 전체로 쏟아져 들어오고 말았다. 주님들이 황급히 문을 닫았지만, 이미 돌이킬 수 없는 일이 벌어졌다. 빛으로 충만한 이 우주에 비로소 어둠, 무명, 불행과 고통이 존재하게 되었던 것이다.

세상과 삶에 존재하는 어둠과 불행의 기원에 대한 그럴듯하고도 재밌는 상상력이다. 하지만 명상가의 입장에서 보기에는 의식이 도달할 수 있는 아주 높은 경지에서 나오는 설은 아니다. 무념을 종지로 삼는 선과 같은 최상승 공부의 견지에서 보면 옳다 그르다 좋다 나쁘다 하는 분별심이 지어낸 망상 세계다. "유무를 생각지 않고, 한계가 있음을 생각지 않고, 보리를 생각하지 않고, 열반을 생각지 않고 유무를 다 던져 버리고 중도도 역시 없는 것"*이라면 어디가 우주 끝이고 무엇이 빛이요 어둠인가? 분별심이 곧 지옥을 만드는 것이다. 절로 존경심이 가는 위대한 혜능이 말하기를 "사람의 본성은 그 스스로가 청정하고 그 스스로가 안정되어 있다. 다만 대상을 보고 대상을 생각하기 때문에 곧 흐트러지는 것이다."**

아무튼 이런 류 이야기의 신봉자들에 의하면, 전 우주가 최초의 무명과 암흑의 고통에 휩싸일 때 이를 겪지 않은 자유의 영혼들과 그들이 즉각적으로 건져 낸 신성한 혼들이 있다. 그

* 혜능의 『육조단경』 중 '무념무상무주의 종지' 주해에서 인용. 혜능의 법맥을 이어받은 신회가 『신회어록』에서 수행자에게 말하는 내용으로 되어 있다.(나카가와 다카 주해, 양기봉 옮김, 김영사, 1993)

** 위와 같은 책.

들이 네거티브 에너지에 물들어 도탄에 빠진 원래의 빛의 영혼들을 구하기 위해 우주 전체에 걸쳐 조직한 전 우주적 결사가 생겼는데 이름하여 '우주광명 동포단' 혹은 '대백색 형제단'이다.

혜능 같은 이도 '우주광명 동포단'의 일원이라고도 할 수 있다. 그리고 인도 푸나의 오쇼 명상 리조텔에 가면 매일 열리는 저녁 명상 모임을 '화이트 로브 부라더후드'라고 한다. 그 시간만큼은 모두가 하얀색 로브를 입고 명상 미팅을 갖는 것이다. 또 하나 재밌는 것은 신라시대 화랑의 기원이 예전부터 있었던 '불근누리(밝은 누리) 동포단의 제단을 지키는 무사들'이었다는 연구 기록도 있다는 것이다.*

사이비 스승이나 종교의 특징은 대개 말세에 어떤 구세주적 인물이 당신을 구원해 줄 것이다, 그러니 그를 절대적으로 믿고 따르라며 그럴듯한 이론과 허구를 주입시킨다. 하지만 진정한 스승들은 당신이 곧 진리다, 당신 안에 이미 신성, 불성이 존재하고 있다, 그것을 발견하라, 자신 안에 이미 있는 그것을 일깨우라며 어떻게든 자극과 용기를 준다. 또 그들은 사람들의 근기에 맞추어 이해하기 쉬운 우화나 비유 형태의 이야기도 많이 한다. 적어도 열한 살 이전에 대각을 한 것으로 추정되는 인도의 대사상가이자 성자인 아디 상카라는 『비베카 츄다마니』, '깨달음의 보석'이란 뜻의 책에서 다음과 같이 말한다.

* 『한국문화사대계-정치경제사』(고려대학교민족문화연구소, 1970)

진아라는 목표를 조금이라도, 단 한 순간도 놓치지 말라. 설령 깨달은 자라 하더라도 그의 에너지가 일단 외부를 향해 흐르기 시작한다면, 그리하여 대환력이 그를 싸서 가리기 시작한다면 그는 잘못된 이성에 지배되어 수많은 길들 속에서 어쩔 수 없이 갈피를 못 잡게 된다. …… 잘못된 이해와 실상에서의 탈선 …… 그는 마치 층계의 계단을 내려가는 공과 같이, 곧장 외부의 대상들로 달려가, 여기저기로 뛰어다니게 될 것이다. …… 이로써 그는 두 번 다시 일어서지 못할 깊고 깊은 심연으로 빠져들어 파괴될 것이다.

우리네 삶이 그와 같지 않은가?

층계의 계단을 통통거리며 굴러가는 공과 같이 여기저기로 뛰어다니다 보면 어느새 또다시, 꼭 낯선 것만도 아닌, 죽음의 매표소 앞에 한층 가까이 다가가 있을 뿐. 천하게 태어나 귀하게 살기도 힘들거늘 사람들은 귀하게 태어나 천하게 죽는다.

내 얘기를 듣던 그가 불현듯 자신이 집에서도 할 수 있는 명상법을 가르쳐 달라기에 빛과 관계된 명상법을 일러 주었다. 내 안에 있는 마음의 빛과 우주에 있는 휘황한 빛을 부딪치게 해서 더욱 어마어마한 빛을 만들어 몸 안으로 받아들이는 도가 선법이다. 일명 여동빈 선법인데 도가 기공의 대표적인 정공법(靜功法)으로 정식 명칭은 '영보통지능내공술(靈普通知能內攻術)'이다.

여동빈은 당나라 시대의 도인으로 도교 팔선 중의 하나며 오쇼 같은 현대의 각자도 높이 평가한 전설적인 인물이다. 그의 가르침을 오쇼가 강의한 책이 한국에도 출간된 바 있는데 그는 이에 그치지 않고 여동빈 조사의 공법을 현대화시켜 '황금꽃 명상'이란 명상법을 만들기도 하였다. 내가 그에게 알려준 것은 잠에 들 때처럼 누워서 하는 수공(睡功)의 1식인 안신식(安神式)이다. 특히 머리를 많이 쓰고 신경계통에 장애가 있는 사람에게 좋은 방편이다. 대략 얘기하면,

편안하게 바로 누워 두 팔은 자연스럽게 펴서 옆에 놓고 입꼬리를 아주 살짝 올려 미소 짓듯 한다.

마음은 빛만 있는 것은 아니지만 환한 빛으로 많이 이루어져 있기도 하다. 이 마음의 빛을 온몸에 퍼트린다. 그런 뒤 온몸의 빛과 기운을 단전으로 모은 다음, 상체의 정가운데를 따라 미간을 통해 하늘 끝까지 내보낸다. 하늘과 통한다는 마음도 함께 내보낸다.

밖으로 나간 내 몸의 빛과 기운은 하늘 끝까지 가서 우주의 빛과 만난다. 마음과 우주, 빛과 빛끼리 부딪치자 엄청나게 밝은 스파크가 일어나며 어마어마한 빛이 만들어진다. 이 빛은 밝고 환하고 맑고 깨끗하며 부드럽고 따뜻하다.

그 빛을 다시 미간으로 받아들여 단전까지 내린다. 단전 가득 들어온 빛과 기운을 온몸 구석구석 모공 하나하나에까지 사방팔방으로 보낸 다음, 다시 저 우주 끝까지 내보내 빛끼리 스파크가 일어나고 그 빛을 단전으로 받아들이는 과정을 꾸준히 반복한다.

구체적으로 살펴보면 다음과 같다.

· **수공 1식 안신식**

1. 바로 눕는다. 베게는 머리와 목이 편안한 정도의 높이가 좋다.(등을 세우되 온몸에 긴장을 풀고 의자에 편안히 앉는다.)
2. 두 팔은 자연스럽게 펴서 옆에 놓는다. 팔을 똑바로 하는 것보다 팔꿈치를 약간 구부리면 편하다.
3. 손바닥(장심)은 바닥을 향하게 하고 몸 양쪽 옆에 둔다.
4. 양다리는 편안히 펴되, 양발 넓이는 주먹 하나 들어갈 정도로 벌린다.

· **의념**

1. 누운 상태에서 등 쪽은 땅과 통하고, 앞쪽은 하늘과 통하여 하늘과 땅 사이에 있다고 생각한다. 의자에 앉아 있는 경우 밑으로는 땅, 머리 위로는 하늘과 통한다고 의념한다. 그러면 땅의 기운과 하늘의 기운이 모두 몸 안에 들어와 통하게 된다.
2. 입 꼬리를 아주 살짝 올려 미소 짓듯 한다.
   마음은 빛만 있는 것은 아니지만 환한 빛으로 많이 이루어져 있기도 하다. 이 마음의 빛을 온몸에 퍼트린다. 마음이 몸, 의식과 하나가 된다고 생각한다.
3. 온몸의 빛과 기운을 단전으로 모은 다음, 상체의 정가운데를 따라 가슴, 목, 코, 미간까지 끌어올려 미간을 통해 하늘 끝까지 내보낸다.
4. 빛과 기운을 내보낼 때는 빛과 기운만 내보내지 말고 하늘과 통한다는 마음을 함께 내보낸다.
   마음으로 우주 밖을 보고 마음과 몸, 의식이 우주와 통한다고 생각한다. 이때 될 수 있으면 멀리 보는 것이 좋다. 마음과 몸, 의식이 우주와 통한다는 의념법은 여동빈 선법에 있는 것은 아니고 한국 고대의 전통 비전 삼진일신법의 수행법을 적용한 것이다.

5. 내 몸의 빛과 기운은 하늘 끝까지 가서 우주의 빛과 만나게 된다.
   이렇게 빛끼리 부딪치면 엄청나게 환한 스파크가 일어나면서 어마어마한 빛이 만들어진다. 이 빛, 밝고 환하고 맑고 깨끗하며 부드럽고 따뜻한 빛을 다시 미간으로 받아들여 단전까지 내린다.
   미간으로 빛을 받아들일 때 눈 감고 혀끝을 입천장에 살며시 갖다 댄다.
6. 단전에 가득히 들어온 빛과 기운을 온몸으로, 즉 머리부터 발끝까지 온몸의 세포, 모공 하나하나 사방팔방으로 보낸 다음 다시 하늘 끝까지 내보낸다.
7. 다시 스파크가 일어나고 그 빛과 기운을 온몸을 통해 단전으로 받아들인다.
8. 6번과 7번처럼 내보내고 받아들이기를 하루에 한 시간 이상 꾸준히 반복한다.

- **공효**

1. 신경계통의 질병에 매우 좋다. 머리를 많이 쓰는 사람은 정신적인 안정감과 차분함을 얻을 수 있다. 뇌가 맑아진다.
2. 육체가 허약하거나 만성피로가 있는 사람에게 좋다. 체력이 빨리 회복된다.
3. 정신을 깨어 있게 한다.
4. 마음이 하늘과 통하게 되어 자연의 이치를 깨닫게 된다.

명상에서 보면 빛은 전혀 추상적이지 않다. 오히려 빛이야말로 유일한 실재다. 빛의 기쁨, 빛의 명징성, 빛의 무제한성이야말로 유일한 실재다. 빛에 비한다면 다른 것들은 너무나 추상적이고 빈약하다. 빛이 곧 영혼의 실재이기 때문이다. 존재 자체가 그것이기 때문이다.

인체 에너지장을 연구하는 현대 과학자들은 빛이 없는 어둠의 색깔인 검정을 '에너지 활동이 아니라 모든 파장의 흡수'라고 한다. 죽음이나 괴저성 에너지, 세포가 죽기 시작하는 종양, 심각한 감정의 기복 상태나 부정적인 에너지가 강할 때 나타난다는 것이다. 무엇보다도 명상 치유의 경험으로 보면 어둠은 물질이다. 고통도 고통 물질이며 분노는 분노 물질, 사랑은 사랑 물질이다. 에너지다. 그것을 바꾸어 주는 것은 빛, 사랑의 에너지다.

오쇼는 '황금꽃 명상'을 함으로써 언젠가는 당신 자신이 황금빛으로 가득 차게 될 것이라고 말했고, 디라지는 자신을 '생체전기 기사'라고 칭하며 삶의 목적은 빛을 만드는 것이라고 강조했다. 빛은 생명 존재에 전기적으로 작용하며, 이 어둡고 광대한 우주에서 생명 존재만이 빛을 만들 수가 있다고도 한다.

내가 하는 명상 세션 중에는 실제로 빛이 번쩍하는 일이 발생한다. 두 사람 사이에 번갯불 같은 것이 천장에 번쩍하기도 하고, 강한 플래시가 터질 때처럼 밝은 섬광이 받는 이의 얼굴에서 방사되어 나오기도 한다. 이름을 뭐라 부르든 우리 안에 흐르는 생체전기 에너지 현상이다.

당신은 당신이 뭐라고 생각하는가? 무엇으로 이루어져 있다고 생각하는가?

"황금은 다른 광석과 혼합되더라도 근본적으로 바뀌는 것이 아니다."라고 명상의 현인들은 얘기한다. 우리의 본성 역시도 명상이란 추출과 정련 과정을 거쳐서 그 자체가 될 뿐이다.

밝고 환하고, 맑고 깨끗하고, 부드럽고 따뜻한 빛.

그것이 당신의 원래 모습이다.

그것이 마음의 본래 모습이다.

2.
저 강을 건너가면
누가 너이고 누가 나인가

실연증, 사랑,
남성성과
여성성에 대하여

어머니 한 분이 실연의 상처로 심하게 아파하는 아들을 데리고 왔다. 이름은 이안생, 이제 갓 고등학교에 입학한 소년이었다. 상급생들이 받던 과외 여선생님을 사랑했다고 한다. 초등학생 때부터였다. 중학생이 되자 부모를 졸라 집도 학교도 옮겨 가며 그 선생님의 과외를 본격적으로 받더니, 중3이 되어서는 데이트를 했으며 몇 차례 외박을 하는 날들도 있었다고 했다. 두어 달 전에는 선생님과 함께 단둘이 여행을 다녀왔단다. 그런데 그 얼마 후 선생님이 모든 연락을 끊고 감쪽같이 종적을 감추어 버린 것이다.

전혀 조숙해 보이지 않는, 곱상하고 앳된 소년이었다. 식음을 전폐하는 날들이 많아서 그런지 금방이라도 쓰러질 듯 비틀거렸으며 입술은 퍼렇고 얼굴빛은 창백했다.

먼저 리딩을 시작했다.

이안생 군의 가슴 풍경이 보인다.

> 불꽃보다도 더욱 뜨거워 보이는 벌건 불씨가 여기저기 타오르고 있는 잿더미의 모습. 나비의 입김보다도 더욱 가볍게 건드리기만 해도 비명이 터져 나올 것만 같다.

아무도 모르는 소년만의 고통. 이런 경우 경험 많은 심리치유사라도 손을 대기 어려울 것이다. 모락모락 고통의 불꽃이 타오르는 잿더미 심장을 지나 마음속 풍경 안으로 좀 더 들어가 본다. 뜻밖의 장면들이 펼쳐진다.

> 한 무리 유목민 부족 전사들이 말을 몰고 뿌연 먼지와 함께 돌진해 가고 있다. 다른 부족의 마을을 거침없이 침입해 약탈을 시작한다. 닥치는 대로 강탈하고 파괴한다. 부녀자들도 거리낌 없이 사냥한다. 한 사내가 노리던 아녀자가 도망을 치자 그녀를 찾아 미친 듯이 사방을 쑤시고 다닌다. 그의 에너지는 눈먼 분노와 파괴로 가득 차 있다. 저건 내 거야, 내 거, 내 거를 놓치면 안 돼! 길길이 날뛴다.

실연증을 앓고 있던 소년의 마음속은 뜻밖에도 약탈을 일삼던 유목민의 전투심과 탈취욕, 질투심이 가득하였다. 목표물을 놓친 약탈자는 분함을 참지 못하며 보는 대로 마구 부숴 버리고 가슴을 탕탕 치며 괴로움에 어쩔 줄 모르고 있었다.

이것이 내가 본 애달픈 실연의 내면 풍경이었다.

이런 것이 사춘기 소년의 첫사랑인가? 그 사랑과 어른이라는 사람들의 사랑은 다르다고 할 수 있는가?

"사랑은 모든 감정 중 가장 이기적이다. 따라서 사랑은 배반당할 때 가장 관대하지 못하다."라고 니체는 말했다. 좀 더 적나라하게 얘기하길 "사랑이란 그 방법에 있어서는 전쟁이요, 그 바탕에 있어서는 이성 간의 철저한 증오"다. 한국의 고등학교 1학년생의 마음 풍경이나 서구 지성사상 가장 뛰어난 철학자의 통찰이나 그다지 다를 바가 없다. 『쥬라기 공원』 같은 과학소설로 유명한 똘똘한 어느 미국 작가는 등장인물을 통해 이렇게도 말한다. "여자, 얻기 전의 수고에 비해서 막상 손안에 넣고 보면 늘 허망한 존재들." 이런 태도가 아마 교육받고 세련되었으며, 요즘 각광받고 있는 '쿨하다'는 그런 사람들의 사랑관일지 모른다.

한때의 나는 이안생과 같았을지 모르며 또 다른 한때의 나는 똘똘이 작가와 같은 생각이었는지도 모른다. 그것들을 지나면 사랑에 대해서 또 다른 관점이 생기는 것일까?

명상계에 들어오기 전에 나는 대략 2년에 한 번꼴로 좋아하는 여자가 바뀌었다. 그다지 특별한 이유는 떠오르지 않는다. 누군가에게 맘이 끌려 좋아하다가, 힘들어하다가, 잊고 있다가,

그러다가 다시 또 누군가를 좋아하는 식의 패턴이 2년을 주기로 되풀이되었을 뿐이다. 그리고 어느 시기가 되자 패턴이니 주기니 하는 것도 다 알 수 없게 되었다.

혼자 지내던 어느 일요일, 집 안 청소를 하다가 사귀던 여자의 사진들을 모두 쓰레기통에 던져 넣는다. 전화기를 통해 10여 분간 계속된 그녀의 수다가 갑자기 공허하게 들렸으므로.

그녀를 몇 년 전부터 알았었고 그리고 사랑했었다. 사랑? 2년 가까이 쫓아 다녔었다. 3년인지도 모른다. 그녀를 어떻게 그토록 사랑할 수 있었을까? 아니, 열중할 수 있었을까? 그렇게 힘들고 괴로워하며. 이제 다 끝났다. 꿈을 꾼 것 같다는 기분조차 들지 않는다.

실은 두 달 전쯤에 이미 끝이 나 있었다. 단지 "야, 이젠 '완전히' 끝이야."라는 말을 아직 안 했을 뿐. 즉 통보하지 않고 있었을 뿐이었다.

끝나 버린 관계는 그냥 치워야 하는 쓰레기다. 종량제 쓰레기봉투 속에 담아 꽁꽁 묶어 내놓듯 기억의 문밖에 내다 버리면 모르는 타인이 된다.

하지만 문득 이런 생각이 들 때도 있었다. 끝이란 게 과연 존재하는 것인가. 끝이란 과연 무엇인가. 여기서부터 저기까지가 끝인가, 연기가 솟아오르다가 하늘 어디쯤에서 슬며시 사라지고 말면 그것이 끝인가…….

언제부턴가 명상하는 친구들과 본격적으로 어울리게 되고 그러다가 명상에 관심이 많다는 한 여자도 알게 되었다.

그녀는 이 세상 누구보다도 나를 사랑하노라고 했다. 가을이 되면 결혼하기로 했다던 남자 친구와도 결별하고 좋은 혼처를 원하는 집안의 기대도 저버리기로 했다.

"태풍이 분 것처럼 아수라장이 되겠지. 하지만 난 태풍 속에 뛰어들어 헤쳐 나갈 준비가 됐어. 조금도 걱정 안 돼."

어느 날 내게 고백하기를 그동안 엄마 성화에 못 이겨 같이 유명하다는 점집을 몇 차례 가 본 적이 있는데, 그때마다 비슷한 내용이 나왔다고 한다.

"여섯 명의 유명한 점쟁이들이 한결같이 말했어. 내게는 세 명의 남자가 있다고. 하지만 나는 당신 말고는 어떤 남자도 생각할 수 없어. 그리고 설령 그들의 예언에 틀린 것이 없다고 하더라도 나는 나의 자유의지로서 그처럼 내가 생각할 수 있는 최악의 삶은 받아들이지 않을 거야. 그리고 실은 그들 모두 엉터리 아냐?"

그녀는 내가 직접 자기의 사주를 봐 주기를 청했다. 약간 귀찮아하다가 그녀의 명리를 들여다보곤 내가 말했다.

"그들의 말은 모두 맞다."

그녀가 약간 놀라워한다.

"왜……?"

그녀와 잘되길 바라는 마음도 있었지만 내 감정법으로 보면 솔직히 나는 그 세 명 안에도 못 드는 것 같았다. 그냥 스쳐가는 인연이나 그도 아니면 덤 정도랄까? 약간 씁쓸하기는 했지만 뭐 정해진 운명이라 해 봐야 어떻게 받아들일 것인지 최종 결정은 본인들이 하는 거고, 어쨌든 거짓말을 할 수는 없지 않은가? 이렇게 얘기해 준다.

“그런데 어떤 길도, 어떤 형태의 인생도 두 가지 가능성을 지니고 있다. 곧 그것을 통해서 성장하거나 정체되거나 둘 중 하나다. 때문에 어떤 인생이나 운명도 더 낫거나 더 나쁜 것은 아니다. 세 명의 남자들이란 네겐 각각 세 개의 다른 세상을 뜻한다. 서로 다른 그 세 개의 세상을 거치면서 네 삶은 성장할 것이다. 당신에게는 그 길 이외에는 없다. 당신의 정신과 영혼이 성장한다는 것이므로 좋은 운명이다.”

그해 겨울 그녀는 나보다 한 달 정도 먼저 인도의 푸나에 갔다. 그곳에는 세계 각국에서 온 멋진 남자들이 수두룩했지만 그녀는 조금도 눈을 돌리지 않았다. 그런데 내가 그곳에 도착하기 일주일 전 그녀는 갑자기 변심하고 말았다! 나도 놀랐지만 그녀와 알고 지내던 다른 이들도 하루아침에 어떻게 그렇게 변하게 되었는지 이유를 알 수 없었다.

내가 그곳에 도착한 첫날은 마침 그녀를 비롯해 구도에 입문하는 사람들을 위한 감동적인 축하식이 있었다. 그것이 끝난 뒤 나는 몇몇 친구들과 함께 인근의 호텔 만찬장으로 그녀와 새로운 남자 친구 — 외국인인데 정신과 의사라고 한다. — 를 초청해 한국식으로 뒤풀이 축하 파티를 해 주기로 했다. 자리에 앉은 그들을 보니 ‘아, 이들은 인연이 깊은 사람들이구나.’ 하는 느낌이 대번에 왔다. 그간의 모든 사정이 훤히 이해되는 듯하여 그냥 마음이 편해졌다. 어떤 의문도 생기지 않았다.

그곳의 어떤 친구들은 그날 내가 여자 친구의 새로운 남자 친구를 완전히 묵사발 만들거나 그 이후 상당히 농도 짙은 복수극, 이를테면 수많은 여러 나라 여자들과 보란 듯이 맞바람 연애전을 펼치리라고 예상했다고 한다. 다음 날에도, 그다음 날에도 내게 계속해서 "괜찮아요?" "괜찮아?" "괜찮아요?" "괜찮아?"를 연발했다. 그들 — 나의 전 여자 친구와 그녀의 새로운 남자 친구 — 의 애정 행각은 여기저기 눈에 띄었다. 기회가 될 때마다 그들은 우리가 얼마나 다정한 사이인가, 얼마나 우리는 서로를 사랑하고 행복해하는가 하는 애정 표현을 과시하며 다녔다. 그를 본 친구들이 물었다.

"정말 괜찮아?"

"한국 같으면 칼부림이든 뭐든 살인이라도 일어날 상황인데?"

"정말 멀쩡한 거야?"

하지만 나는 일주일 정도 지나 마음의 평온을 되찾고 있었다. 사람들은 여전히 믿지 못하거나 놀라워했다. 그것이 그냥 얻어진 것은 아니다. 나는 마음의 충격과 상처를 가라앉히기 위해 매일 열심히 명상을 했다.

그때 내가 매일 하던 명상 중에는 소리 명상도 있었다. 이 명상을 하면서 나의 내면에 쌓여 있는 온갖 상처와 슬픔과 한들을 실어 보냈다. 그것은 점점 내면으로의 깊은 탐색이 되고, 그를 통해 음울하고 기괴하기조차 한 내면의 덩어리들이 다양한 색깔이 되어 밖으로 끄집어내어지곤 하였다.

현재의 상처들뿐만 아니라, 아주 오래전에 받은 무의식의 상처들도 치유해 주는 매우 훌륭한 명상법이다. 하지만 감정과 무의식의 골짜기로 깊이 들어가 그 미세한 층들에 낀 먼지, 아픔과 상처들을 샅샅이 음미하고 그것들을 의식해야 한다. 자각해야 한다는 것, 그 점이 중요하다.

그 명상을 하는 어느 날 거기 슬픔을 치유하기 위해 명상을 하는 자는 없어졌다. 언제 어디서 슬픔을 느꼈던 그 사람, 사건, 과거 전체가 말소된 듯했다. 지구에서 있었던 일은, 아예 존재조차 하지 않는 그런 것이 되어 버렸다. 명상을 하고 있는 자, 어떤 과거를 가지고 있는 자 자체가 홀연히 사라져 버렸던 것이다. 그날 나는 수많은 사람들이 뒤섞인 식사 시간에 바로 내 코앞에서 음식을 담고 있는 그녀조차 못 알아볼 정도였다.

몇 년 뒤 이때의 명상과 경험은 내가 지금 하고 있는 명상 치유 세션의 중요한 방편이 되었다. 이때의 경험을 바탕으로 내 삶은 전혀 생각지 못한 새로운 세계로 흘러가기 시작했던 것이다.

몇 년 뒤 그녀가 그 정신과 의사와 헤어졌다는 소식이 들려왔다. 그녀가 남긴 표현에 의하면 "구멍 난 양말 벗어 돌돌 말아 구석에 던져 버리듯" 헤어졌다고 한다. 그런 뒤 한국에 돌아온 그녀는 얼마 뒤 세계 곳곳을 여행해야 하는 직업을 가졌고 또다시 새로운 연인을 만났다고 한다. 이번에는 같은 한국 사람이다. 그와 함께 전 외국인 남자 친구의 나라로 여행을 떠났다. 재미있는 것은 옛 친구가 그들의 여행을 안내해 주고 편의도 봐주었다는 것이다. 몇 개의 세상을 거쳐 가던 그녀도, 그의 옛 애인도 좀 더 열린 마음을 지니게 되었나 보다. 축하해 줄 일이다.

찾아오는 이들에게 나는 이렇게 얘기하곤 한다. “명상 치유의 목표는 인간의 성장을 돕는 것입니다.”

서로가 상대방의 참된 성장과 그를 통한 행복을 가로막고 방해한다는 것. 이것이 내가 접한 많은 이들이 불행한 이유였다. 소위 다 자란 사람들이 하는 일들은 대부분 그런 것이었다. 그리하여 우리 대부분은 이 사회와 한 인간이 성장하는 것을, 그를 통해 행복해지는 것을 허락하지 않게 된다.

> “자기 가슴 안에 눌러 놓은 온갖 감정들에 대한 두려움을 기꺼이 경험하려 하지 않는다면 사랑할 수 없다.”
>
> “우리 자신의 가슴이라는 거대한 실체를 경험하려 하지 않는다면 다른 사람에게도 그 자신의 가슴을 경험하지 못하도록 막게 마련이다.”
>
> — 네덜란드에 세워진 휴머니버시티의 ‘옴 명상 해설’ 중

> “우리들의 목표는 치유가 아닙니다. 그것은 부수적인 것입니다. 성장, 그것이 목표며 본질적인 것입니다. 성장이 일어나면 치유는 저절로 따라오게 됩니다.”
>
> — 샨탐 디라지

어느 날 문득 성장한 자신을 느껴 본 사람이라면 수긍하게 되는 그런 말이리라. 어두웠던 과거를 떠올리며 미소를 지어

본 사람이라면 이해할 수 있는 그런 이야기이리라.

상처를 치유하는 것은 시간이 아니라 성장이다. 불행이 빛을 발하는 것은 성공이 아니라 참다운 성장이 일어날 때다.

한국에 돌아온 나는 명상 월간지를 만든다든지 하였지만 여전히 지금 하고 있는 일 같은 것들에는 무관심했다.

어느 날 특별한 능력을 지닌 여자가 나타났다는 소문이 들려왔다. 우주적 심령 에너지라는 쿤달리니가 최후의 관문을 통과하여 모든 생명 에너지 센터가 열렸으며, 아름다운 외모에 사람들을 묘하게 사로잡는 마력을 지녔다고 하였다. 사람들의 마음을 꿰뚫어 보며 몸마음의 병을 치유하는 영적인 능력도 뛰어나다고 하였다. 어느 날 그녀가 나타난다는 명상 센터에 가 보았다. 그녀 때문인지 명상 센터엔 전보다 많은 사람들이 북적거렸다. 저만치에 있는 그녀와 눈이 마주치게 되어 가볍게 목례를 한 뒤 내가 불쑥,

"영적인 교만함의 기운이 온몸에 가득하시군요."

그 여자는 상냥하게 미소를 띠우며,

"그런가요? 그런 말은 아무도 해 주지 않았는데 고맙습니다."

그녀는 자신이 요가 사범을 한 적도 있는 요기(요가 수행자)라고 소개하였다.

얼마 뒤 나는 그녀의 명상 세션 모임에 참가하였다. 일요일인데도 사람들이 꽤 많았다. 내 차례가 되어 그녀와 단둘이 마주 앉는다. 그녀는 잠시 내 얼굴을 바라보더니,

"당신은 뛰어나 보여요. 어떻게 사셨나요?"

처음 받아 보는 질문이다. 잠시 생각해 보다가,

"남이 나를 미워해도 나는 그를 미워하지 않습니다. 절망이란 말이 무슨 뜻인지 모릅니다. 모든 사람이 이렇다 저렇다 말해도 먼저 나 스스로 확인해 보고 통찰하죠."

여자 요기는 조용히 미소를 지어 보였다.

"긍정적인 에너지가 넘치고 명석하시군요. 현실사에도 능소능대하며 머리까지 빛으로 가득 차 있어요. 그것은 나 같은 수행자도 올라가기 어려운 경지입니다. 게다가 상당한 재력가시군요. 거의 재벌급이시네요……. 돈이 그토록 많으시니 부디 좋은 일에 쓰십시오."

내가 그녀의 말을 정정해 주었다.

"나는 실은 부자가 아닙니다. 빈궁한 처지에 놓이더라도 가난을 느껴 본 일이 없었을 뿐이지요. 그것이 내가 부유해 보이는 이유일 겁니다."

여자 요기가 고개를 끄덕이며,

"그렇군요. 다른 일은 없는지 알아볼 수 있을까요?"

그녀는 내 양손을 붙잡고 눈을 감는다. 그녀의 손 기운은 그저 평범하게 느껴진다. 얼마 후 그녀가 여전히 눈을 감은 채,

"3년 전에 무슨 일이 있었죠?"

"글쎄……."

생각을 더듬어 보았다.

"아, 인도에 갔었습니다."

"그곳에서는 어떤 일이 있었나요?"

"푸나 아쉬람에서 여러 가지 명상을 했지요. 가끔 친구들과 파티를 하거나 맥주를 마시기도 하고, 재밌었어요."

"다시 한 번 생각해 보시죠. 다른 일은 없었나요?"

"아, 여자 친구가 다른 남자와 사랑에 빠졌습니다. 외국 남자였죠."

"그것뿐이었나요?"

"처음에는 마음이 아팠지만 곧 잊어버렸죠. 나는 나대로 명상을 하고 친구들과 어울리면서 행복하게 지냈습니다."

"그 여자는 어떻게 되었나요?"

"새 애인을 따라 그 남자의 나라로 갔어요."

"아!" 하고 그녀가 탄성을 내뱉었다.

"그녀는 바보입니다. 정말 바보예요. 그녀는 그곳에서 절대 행복하지 않아요."

"나도 알고 있습니다. 하지만 그것은 그녀가 선택한 일입니다. 스스로 알아서 하겠죠."

그녀는 내 손을 잡은 채 무언가가 더욱 또렷하게 보이는 듯 격한 억양으로 말했다.

"그렇지 않습니다! 게다가 그 남자는 정신병자예요. 저런! 얻어맞기까지 하고……."

나중에 알게 된 일이었지만 사실이었다. 정신과 의사였던 남자는 본인 스스로가 정신질환을 앓고 있었다. 요기가,

"그녀는 몹시 불행해서 얼마 후 죽을지도 몰라요. 아이를 두

번이나 뗐군요. 그것도 3개월, 6개월 된 아이를. 아아…… 그것 때문에 몹시 괴로워하고 있어요."

그쯤에서 나는 그녀의 말을 다시 정정해 주었다.

"그런 일은 일어나지 않았습니다. 그 여자는 나를 비롯해 두 명의 남자를 말하자면 '떼어 냈을' 뿐이지요. 그것이 당신에겐 그렇게 보여지고 있군요."

그녀는 결혼을 불과 몇 달 앞두고 나와 사랑에 빠졌고 결국 오랫동안 사귀던 그 남자와 결별한 터였다. 그리고 얼마 후 나까지 포함된 두 개의 결별, 힘들었을 것이다.

"중요한 건 그 여자도 당신을 못 잊고 있다는 것입니다. 왜 돌아오라고 하지 않나요?"

"하루는 꿈속에서 그녀가 새 남자 친구의 애를 밴 채 내 앞에 나타났습니다. 나는 아무런 질투나 미움도 없이 그녀에게 행복하게 잘 살라고 말하더군요. 잠재의식이 작동하는 꿈속에서 그렇게 이별하였는데 더 이상 무엇이 있겠습니까? 나머지는 그녀의 인생입니다."

"천만에요. 당신은 헤어진 여자가 행복하다면 쉽게 잊어버리지만, 그렇지 않다면 그녀를 잊어버릴 수가 없는 사람입니다. 돌아오라고 하세요. 그녀는 여전히 당신을 잊지 못하고 있어요."

"그것은 그녀가 선택해서 만든 상황입니다. 그러므로 다른 누구의 도움도 없이 그녀 스스로 헤쳐 나와야 합니다."

"왜 그래야 하죠? 왜 사랑한다, 못 잊고 있다, 너무 가슴이 아팠다, 다시 돌아오라, 그렇게 못하는 겁니까?"

"그러면 그녀는 지금의 불행에서 빠져나올 수도 있겠죠. 하지만 그것이 그녀에겐 영혼의 패턴이 될 수도 있습니다. 어려움에 빠지게 한 것은 자신의 선택인데 자꾸 다른 이의 도움을 기다리고 의지하려 하는 것이 습(習)이 될 수 있다는 말입니다. 설령 불행의 밑바닥까지 굴러떨어지더라도 그녀가 선택한 일이고 따라서 그녀 스스로 책임지는 것이 더 좋다고 봅니다."

그러자 그녀가 단호하게 말했다.

"모든 사람들이 당신과 같을 거라고는 생각지 마세요! 그녀의 입장에서 이해하세요. 그녀가 왜 당신을 버렸다고 생각하십니까?"

"일어날 일은 일어나고, 일어나지 않을 일은 아무리 해도 일어나지 않습니다."

"당신의 정신은 여러모로 훌륭합니다. 하지만 당신의 미덕들, 강함들, 뛰어남들, 그것들은 모두 당신을 보호하기 위한 것들입니다. 당신을 지키기에는 적합하지만 하나같이 사랑하는 상대를 도와주는 차원의 것은 아니죠. 그러므로 여자들이 당신을 떠난 것입니다. 당신은 전에도 여러 여자들과 헤어지지 않았나요?"

내가 웃으며 말했다.

"하하하. 맞습니다. 하지만 지금 내게 없는 것을 구하고 싶진 않습니다."

"없는 것이 아니라 그렇게 안 하고 있을 뿐입니다. 자, 오늘이라도 당장 전화를 하고 편지를 보내세요. 그녀가 돌아오든 안

오든 그것이 중요한 건 아닙니다. 하지만 사랑한다고, 나도 많이 아팠다고 그렇게 말해 주세요. 그러면 그녀는 지금의 불행, 계속되는 자살충동에서 벗어날 수 있을 겁니다. 그게 그렇게 어려운 일입니까?"

나는 방어적이 되느라 그랬는지 그쯤에서 좀 심한 말을 한다.

"스스로 죽는다 해도 그것이 자발적인 선택이라면 존중해 주고 싶습니다. 성장이란 결단을 통해서 이루어지니까요."

요기의 세션은 그 정도로 끝이 났다.

그리고 며칠 후 그때의 대화가 생각났다.

그 여자 요기는 왜 그렇게 오랫동안 내게 이야기를 했을까? 내게 자꾸 자신의 오류를 지적당하면서도.

나는 가만히 누워 천장을 올려다보았다. 문득 자리에서 일어나더니 컴퓨터를 켜고 한 통의 편지를 쓰기 시작하였다. 무슨 생각이 들어서였을까…….

올바른 사람은 올바름에 집착하기 쉽다.

마음을 비운 자는 그 비움에 집착하기 쉽다.

무엇이 옳고 무엇이 그른가?

결국엔 내 생각 속의 일 아닌가?

사람은 누구나 자신의 존재를 자신의 마음과 육체 안에 한정시킴으로써 이미 온 세상과 삶의 절반을 잃어버린다. 당연한 듯 나와 너는 나누어져 있다. 그의 일이 좀처럼 나의 일이 되지 못한다. 고동치는 모든 가슴들이 한 가슴에서 나왔음은 더더욱 이해할 수 없다. 경허가 시를 짓기를,

누가 옳고 누가 그른가

모두가 꿈속의 일인 것을

저 강을 건너가면

누가 너이고 누가 나인가

너와 나. 그 가장 중요한 목록은 남자 대 여자다. 인간은 남성이거나 여성이다. 장 폴 사르트르는 『존재와 무』라는 지극히 철학자다운 책에서 우리는 타인을 보는 순간 "타인의 성별에 대한 원초적인 파악"을 가장 먼저 한다고 썼다. 곧 "나는 타인을 욕망함으로써 …… 타인의 '성별을 가진 존재'를 발견한다."

좀 더 들어가 보면 인간은 누구나 남자면서 여자고, 여자면서 남자다. 성적 욕망의 양극으로 분리되어 실존하는 것은 아니다. 당신은 지금 생에서는 남자지만 과거 생 어딘가에서는 여자였는지 모른다. 혹은 그 반대일 수도 있다. 그런데 남자와 여자는 싸우고, 또 자기 안의 남자와 여자가 서로 싸운다. 그것들은 늘 싸운다. 싸우고 또 싸운다.

요기는 나를 점검하면서 내 안의 남성성과 떠나간 여자 친구로 나타난 내 안의 여성성을 상기시켜 준 셈이다. 나를 사랑하던 내 안의 여성성은 말하자면 나를 지키던 남성다움 때문에 '떠나가 버린' 것이다. 그것은 특히 여성성이 억압된 남성 중심의 가부장제 사회에서 자주, 심하게 나타난다. 대부분의 여성들과 여성성 자체가 그 희생자다. 하지만 우리는 남자와 여자, 남성성과 여성성 그 모두다. 내면으로 들어갈수록 더욱 그렇다. 모두 다 그 강을 건너가리. 그곳에 도착하면, 너와 나란 한낱 꿈속의 일인 것을……

여자 요기와의 대화를 통해 배운 지혜가 있다면 이런 것이었다.

“남성성을 배우라. 하지만 여성성을 지켜라.”

옛말에 ‘고양불생 고음불성(孤陽不生 孤陰不成)’이란 게 있다. 남성적인 힘(양)만으로는 낳을 수 없고 여성적인 힘(음)만으로는 이룰 수 없다는 뜻이다.

대우주의 이법(理法) 안에서 보면 남녀, 음양은 원래 어느 한쪽이 일방으로 우세한 것도 아니며, 또 서로 반대되는 것처럼 보이지만 거리가 있는 게 아니다. 모두 그 조화 아닌가?

이것이 선현들의 관점이다.

그러므로 ‘여성성(음)과 남성성(양)이 함께 어우러진 것은 도를 이루나 음양 어느 한쪽으로 편중된 것은 질(疾)이 될 뿐 아무것도 낳지 않는다.’라고도 하였다. 겉보기엔 상반되는 것처럼 보이는 것들이 함께 조화를 이루면 그것이 전체의 진리와 부합되고 하나인 전체 속으로 합일되지만, 지나치게 한쪽으로 기울어 너무 왕성하거나 너무 수동적으로 폐쇄된 것은 설혹 일시적으로는 잘될지 모르나 오래 견디지 못하고 결국 패잔으로 이어진다는 것이다.

옛사람의 지혜가 자못 그러한데 여자와 남자, 하늘과 땅, 동양과 서양, 영혼과 육체, 부드러운 것과 강한 것, 시와 논리, 종교와 과학…… 무릇 세상사의 합당한 이치 역시 그와 같을 것이다.

사람들은 서로 자기 자신이기를 고집하면서 상대방을 움켜쥐려고 한다. 혹은 서로에게 상처를 주고받으며 피를 흘린다. 여자와 남자 사이에, 특히 연애 기간이나 결혼하고 몇 년간 그런 일이 빈번히 일어난다. 하지만 새를 쥐고 있는 손은 새도 손도 똑같이 자유롭지 않다. 전에 좋아하는 어떤 여자가 있어서 "그녀와 결혼할 수 있을까?" 하고 한 명상가에게 물었더니 인디언의 지혜가 말해 주는 것이라며 "부드러워져라."라는 예상 밖의 답변이 돌아온 적이 있었다. 생각해 보니 그때 역시도 여성성을 지킬 것을 충고해 준 것이다.

부드러워진다는 것, 그것은 머리나 욕망의 일이 아니라 가슴의 일이다. 가슴으로 돌아가는 것, 그것이 부드러움이다. 부드러움(여성적인 힘)은 한쪽의 독재를 포기하고 상대방을 있는 그대로 받아들인다.

가슴으로 돌아갈 때 내 안의 여자와 내 안의 남자가 그곳에서 서로 만난다고도 한다.

어느 것도 억압하지 마라. 그 남자와 여자, 반대로만 알고 있는 그 두 힘을 합쳐라. 조화를 이루어라. 그것이 더욱 중요한 결혼이다. 그것이 진정한 사랑이다.

부드러워진다는 건 그런 뜻을 지니고 있지 않았을까?

부드러워져라, 가슴으로 돌아가라.

3.
가슴은 감옥을 나와 다시 감옥으로 가다

남몰래 안고 사는
가슴 통증의
맛과 비밀

통증의 맛과 비밀

오래전, 어느 토요일 오후다.

유리창을 통해 오후 네 시경의 햇살이 책상 위로 떨어져 내리고 있었고, 조용한 사무실엔 나 혼자였다.

약속도 없어서 일에 몰두하고 있는데 급작스레 가슴에 대못을 박는 듯한 날카롭고 강력한 통증이 느껴져 당황스러웠다. 숨이 막혀 오고, 가슴이 빠개질 것처럼 아팠다. 가슴을 움켜쥐며 신음을 지르고, 식은땀을 흘리며 책상 위에 엎드려 있었다.

얼마나 시간이 흘렀을까?

대바늘을 콱 박아 넣는 듯한 처음의 통증에서 한 코 한 코씩 스웨터의 실이 풀리듯 아픔이 점차 빠져나갔다. 숨을 천천히 내쉬는 동안 나는 그 통증의 맛과 비밀을 음미해 볼 수 있었다.

아, 그것은 몸의 고통이 아니었다.

그것은 너무나 오래된 마음의 아픔, 가슴에 쌓이고 쌓인 고통의 합계였다.

일상의 평온 속에서 무심코 스쳐 가며 떨어져 내렸을 수많은 고통의 이삭들이 한 지게 가득 넘치면서 마침내 참지 못해 지르는 고막 터지는 소리였던 것이다.

사람들은 오래된 자신의 아픔을 얘기할 때는 종종 눈물을 흘리곤 하였다.

"그간의 나는 겉으로는 아무런 문제도 없어 보였습니다. 어떻게든 자기 인생을 살고 있는 사람이니까요. 하지만 무언가 보상할 수 없는 실패를 하고 있었는데 그것을 감춘 채 살고 있었던 거죠."

혹은 이렇게도 말했다.

"나 자신도 그 문제는 오래도록 방치하고 외면해 왔기에 마치 원래부터 없었다는 듯이 살아온 것 같습니다. 생각해 보니 그 얘기를 다른 사람들에게 전혀 할 수가 없었습니다. 얘기를 하더라도 다른 이들이 이해한다는 건 불가능하다고 생각하고 있었기 때문입니다."

그들은 이렇게 얘기하고 있는 듯이 보였다.

보라, 나는, 내가 속한 세계는 당신과는 달리 이처럼 무언가 가슴에 통증을 가지고 살아야 했었노라고. 당신들은, 그것을 알 수는 없노라고. 혹은 나는 그것을 차마 말하지 못했노라고.

그것들은 가슴 아픈 가정사일 수도 있고, 성과 사랑에 관한 해결 불가능했던 문제일 수도 있고, 이 사회가 만들어 놓은 차별의 여러 벽으로부터 받게 된 버림받음이나 자기 소외에 관한 것일 수도 있다. 그리하여 사람들의 가슴은 어디서부터인가 충치처럼 벌레가 먹기 시작하더니 마침내는 휑 뚫릴 것처럼 너덜너덜해지거나 뒤죽박죽으로 녹아 버리는 것이다. 저마다 안고 사는 가슴의 통증의 맛과 비밀은 무엇일까?

지옥에서 산다는 것

어느 날 가슴이 아파서 호흡이 불가능하다는 한 남자가 메일을 보내왔다. 감충현이라는 약간 특이한 이름을 쓰고 있었다. "누구나 다 마찬가지겠지만 저는 건강, 직장, 이성에 대해서 알고 싶습니다."라고 하였다.

그는 구체적으로는 만나서 얘기하겠지만 "가슴이 답답하여 편안한 호흡이 거의 불가능"하며 "목, 어깨, 등, 허리, 무릎 등의 관절이 항상 아픕니다."라고 하였다. 그리고 그 통증이 그를 우울하게 만들었고 무슨 일을 하든 힘이 없을뿐더러 "삶이 재미가 없습니다."라고 하였다. 30대 초반의 미혼남이다.

차크라 리딩을 시작하기 위해 그의 등 뒤에 앉으니 벌써부터 내 몸이 여기저기 아파 왔다. 그의 고통이 내게 전이된 것이다. 단순히 안 좋다는 표현 이상으로 몸과 마음이 심각한 상태였다. 내가 적어 놓기를 '엄청 고통스러움'. 그것들이 가슴 차크라,

목 차크라, 어깨 등에서 확연히 느껴졌다.

> 리딩을 통해 여러 가지 풍경이 나타난다. 그중 하나는 '황야의 이리'의 모습이다. 사회적으로 소외된 자라는 뜻이다. 건강, 직장, 이성 중에 한 가지만 문제가 있어도 황야의 이리가 되기 쉬운데 그는 세 가지 전부 문제다. 그래도 밝은 심성을 가지고 있다. 또 하나는 내면 탐구가 없다는 것이다. 잡다하게 떠오르기는 하지만 종잡을 수 없는 지리멸렬한 풍경들. 이런 경우 삶에 방향성이 없으며 그저 끌려가는 삶을 살기 쉽다. 이번 생에는 이랬다가 저번 생에는 저랬다가 삶의 모습들이 서로 별다른 연관성이 없다.
>
> 그리고 전쟁터에 끌려가 싸운 경험이 보인다. 인간애가 많은 사람이다. 한 가지 풍경이 인상적이다. 폭발 직전의 탱크. 그가 탱크 뚜껑을 열고 허겁지겁 빠져나온다. 안쪽에도 여러 명이 있다. 다급하게 모두들 빨리 탈출하라고 외치며 빠져나오느라 애쓰는데 순간 모든 장면이 꺼져 버린다.

리딩을 끝내고 얘기를 나눠 보니 그는 두어 해 전까지는 교도관이었다고 한다. 본인의 병약한 체질과 온순한 성격과는 안 맞을 것 같지만 리딩 중에 나온 폭발 직전의 탈출 모습을 떠올려 보면 고개가 끄덕여지는 직업이다. 위기 상황 속에 갇힌 자들을 구해 내야 한다는 책임감. 그런 자들을 돌봐야 한다는 부채 의식 같은 것이 직업 선택에 작용하지 않았을까?

가슴이 아픈 증세는 오래전부터 시작되었다. 시골에서 살다가 중2 때 서울로 전학을 왔는데 도시의 삭막함을 견디지 못해서일까. 어느 날 아침에 눈을 떴는데 가슴이 답답해지고 숨을 쉴 수 없었다고 한다. 이때가 첫 번째 호흡곤란의 경험이었다. 중3 때부터는 허리가 아프기 시작하더니 머리털까지 많이 빠지기 시작했다.

아침 일찍부터 밤늦도록 자율학습, 보충학습 등이 계속되는 고등학교에 진학하자 허리 통증은 등으로 올라가더니 등이 저리고 마비 증상이 왔다. 목과 어깨도 함께 아팠다. 목이 너무 아파서 밤에 잠을 못 자는 날도 있었다. 걸을 때마다 무릎도 삐거덕거리고 아프기 시작했다. 소화가 잘 안 되었으며 설사도 자주했는데 병원에 가 봐도 별다른 이상은 없다고 했다.

"하루하루가 정말 지옥의 순간이었습니다."

고3이 되자 두 번째 호흡곤란이 찾아왔다. 겁이 나서 부리나케 응급실을 찾아갔지만 역시 이상이 없다고 하였다. 하지만 호흡곤란은 약 한 달 정도 계속되었다. 공부를 하고 싶어도 놀고 싶어도 그럴 힘도 없었으며, 뭘 해도 재미가 없었다. 그래도 대학엔 들어갔다. 실력이 안 돼서 철학과를 지망했다고 하는데 무엇보다도 외동아들인 자신에 대한 부모님의 기대를 저버릴 수 없었다. 아버지는 막일꾼이었고, 어머니는 병약한 분이었다. 가진 것 없이 자식 교육을 위해 농촌에서 대도시로 흘러온 많은 도시 빈민 중 하나였다. 그들의 희망은 하나뿐인 아들을 어떻게든 가르쳐서 그들이 못 누려 본 어엿한 도시의 생활인으로 만들어 늙고 병들어 가는 자신들을 부양하게 하는 것이었다.

아무것도 안 하고 돌아온 자여

이 커다란 도시에서 가난한 집안에서 태어나 가난하게 살 수밖에 없다는 것은 그 자체로 가슴의 병을 지닌 자로 살아간다는 것과 다름없다.

자신을 둘러싸고 있는 가난을, 그것이 수시로 보내는 냉엄한 요구들을 귀담아듣지 않는 사람이라 하더라도 한편에서는 일상적인 것들에 대한 자신의 빈곤, 자신이 부자가 아니란 사실에 대해서 절망을 느낄 때가 있다. 아무리 아닌 척하더라도 그런 당신이 그다지 부자도 아니며 별로 자랑스러운 것도 없다는 걸 아주 철저히 깨닫고 있는 그런 일상적인 것들. 그것들은 그렇게 저편에서, 사람들이 무슨 짓을 하든 개의치 않고 우뚝 존재하고 있는 것이다.

감충현은 어떻게든 건강해지고만 싶었다. 그래야만 그의 가족 전체가 살아날 수 있었다. 본격적으로 몸을 고치기 위해 많은 곳을 찾아다녔다. 요가센터, 추나요법 한의원, 정형외과, 이소가이요법, 정체요법, 척추교정 전문 요가센터 등등. 약간의 효과는 있었지만 어디에도 답은 없었다.

27세가 되자 그간 훈련을 이겨 낼 자신이 없어서 입대를 미룬 병역의무를 그제야 이행한다. 굴욕적이고 힘들었던 군 생활을 그럭저럭 마친 뒤에는 곧바로 교도관 시험 준비를 한다. 그 또한 "실력이 그것뿐이 안 돼서요."라고는 하지만 다행히 1년 만에 합격해 ○○교도소로 배명을 받는다.

"거긴 신창원이가 수담되어 있던 데 아닌가요?"

"네, 그랬는데 나중에 다른 데로 이송되었어요."

기억나는 건 없냐고 하니 자기 담당이 아니라서 직접 본 적은 없다며 이런 얘기를 한다.

교도소에서 탈주한 신창원은 맨 먼저 자신을 괴롭힌 교도관에게 복수할 것을 다짐한다. 철창 밖으로 나온 신창원은 과연 원한에 사무친 그 교도관 집을 첫 번째로 찾아간다.

"하지만 그냥 아무것도 안 하고 돌아왔대요."

마침 그 교도관이 아침에 출근하는 중이었다. 집 대문 앞에서 그의 아내와 어린 아들이 "아빠 잘 다녀오세요." 하며 손을 흔들어 주고 있었다. 흐뭇한 표정으로 집을 떠나오는 그의 모습이 여느 가정의 평범한 아빠들과 다를 바가 없었다. 교도소에서 그가 자신에게 가했던 가혹한 행위들을 떠올리며 냉혹한 복수극을 실행하려 했지만 아무리 해도 되지 않았다. 교도소 안과는 달리 일상생활 속의 그는 너무나 보통 사람 그 자체였던 것이다. 신창원은 이런 말을 했다고 한다. "내가 가장 바라던 삶이 바로 그런 것이었거든요."

이 도시에서 가난한 자들이여. 남들처럼 그 평범한 세계로 들어갈 수 없었던 자들이여. 일상적인 것들 속의 자신의 빈곤, 자신이 무얼 하든 결국 그들이 아니란 사실에 대해서 얼마나 절망하고 있을 것인가?

감충현의 첫 번째 직업은 오래가지 못했다. 스트레스로 1년 만에 몸무게가 75킬로그램에서 55킬로그램까지 줄어들었다. 의지박약자는 되기 싫어서 버텨 보았지만 결국은 사표를 쓰고 말았다. 이듬해 다시 공무원직 필기시험에 합격하지만 면접에서 떨어진 뒤 명상 센터의 문을 두드린다.

감옥의 생태학

리딩이 끝나고 본격적인 치유 세션이 진행되었고 "회가 거듭될수록 몸이 좋아져 갔다."고 한다. 사람들에게 그 과정을 얘기하기를,

"이상한 일이다. 몸 안에 장막이 걷히는 게 느껴지기 시작했다. 몸 안에서 무언가 흐르는 게 느껴지기도 했다. 여러 가지 재미있는 현상들이 나타났다. 몸은 당연히 좋아졌다. 가슴이 답답하여 때로는 하트 차크라 호흡을 했다.

세션 막바지에 제3의 눈과 관련된 명상을 전혀 하지 않았음에도 불구하고 그곳에 자극이 심하게 오기도 했다. 쪼이기도 하고, 이마에서부터 눈썹 사이로 세로로 갈라지는 느낌도 들고, 뜨겁고 시원한 물이 흐르는 듯한 느낌도 들었다. 그리고 지하철을 기다리는 중에 백회 부분에서 진동이 오는 듯, 숨구멍이 열리는 듯한 체험도 일어났다. 명상 세션의 부산물인 것 같다. 이렇게 몸이 극적으로 좋아지고 있다. 여기에 척추운동도 함께 하니 더욱 좋은 것 같다."

그는 '결론'이라며 "20년간 해결하지 못한 육체의 통증과 질병을 일주일에 한두 번의 세션만으로 약 반년 만에 극적으로 풀어낸다."고 마무리 짓는다.

하지만 그 반년여의 기간이 한 바닥 정도 남긴 회고담처럼

간단하지는 않았다.

하트 차크라 호흡 명상이나 척추 운동은 명상 세션을 통해 함께 실행하거나 꾸준히 실행하도록 강하게 권유된 경우다. 그 이외에도 기공 수련을 몇 달간 같이 하기도 했다. 그보다도 내가 제일 먼저 충고한 것은,

"당신은 감정을 충분히 표현해야 합니다."였다. 그러자 "그래서 감충현이라고 지었습니다." 한다. 한 상담소에서 해 준 충고를 듣고 나서 지었다는 것이다

자신의 감정을 표현하지 못하는 것은 감정을 억압하고 있기 때문이다. 그것은 한쪽 발은 액셀러레이터를 누르고 다른 발로는 브레이크를 밟고 있는 것과도 같다. 당신의 차를 매일 그렇게 운전한다면 어떻게 될 것인가? 여기저기 찢어질 것이다. 예컨대 분노와 적개심으로 주먹으로 때려 주고 싶은 것을 자꾸 참다 보면 어느덧 어깨 부위에 찢어지는 듯한 통증이 정착하게 될 것이다.

혹은 당신의 몸 자체가 감옥이 된다. 명상 세션 중에는 종종 내담자의 어깨 부위를 이리저리 짚어 보거나 가볍게 눌러 보는 일이 있다. 네모난 몸뚱어리 안에 들어 있는 또 다른 네모 — 감옥의 얼개 — 를 찾기 위해서다. 자신의 감정과 생명에너지가 표현되지 못하도록, 못 나오도록 막고 있는 감옥 구조로서의 몸이 몸 안에 또 들어 있기 때문이다. 전혀 의식치 못했던 감옥의 한 접점 지역을 건드리는 순간, 혹은 발각되는 순간 손가락으로 가볍게 누르고 있을 뿐인데도 내담자는 까무

러칠 듯 비명을 지르며 고통을 호소하곤 한다. 억압들이 뭉치면 끔찍한 고통으로 변하는 것이다. 사각형의 감옥을 만들고 있는 어깨와 늑골, 그 안에 든 위장과 심장 그리고 바로 위에 통로처럼 붙어 있는 목과 머리, 여기저기 안 아플 리가 없다. 감옥이 무거워질수록 힘에 겨운 척추도 휘게 되고 그것을 들고 다니는 관절도 병들어 간다.

그런데 병든 자들은 건강한 사람이 부럽기도 하지만 증오스럽기도 하다. 일종의 '소외 트라우마'라고도 할 수 있다. 한번은 세션 중 안에 있는 것이 무엇이든 거침없이 쏟아 내라는 차원에서 내가 그의 뒤통수를 한 대 때린 적이 있었다. 자기도 모르게 속으로 내게 온갖 욕을 하던 중이었던 그는 크게 놀랐다고 한다. 그 이후로는 사석에서 나를 만나는 것을 매우 꺼렸다. 겉과는 다른 자기 마음이 내게 들통날까 봐 송구스러웠던 것이다. 하하하. 그가 욕하고 있는 사람은 내가 아니며 특정한 누구라 한들 그것이 중요한 일도 아니다. 억압이 심한 사람들은 자신들과 달라 보이는 존재들, 자유로운 존재에게 까닭 없는 원한을 가진다. '르상티망(Ressentiment)'이라는 거다. 억압에 더해 소외 의식이 심한 사람들에게서 볼 수 있는데 그 말을 처음 철학에서 사용한 니체처럼 복잡하게 생각할 건 없다. 긍정적으로 변환이 가능한 부정적인 에너지 덩어리일 뿐이다. 그의 목 센터에 가득 정체되어 있던 표현되지 못한 것들, 썩고 문드러져서 한데 섞어 녹여 버린 고철과 플라스틱 덩어리 같았던 그의 가슴 센터 등이 만들어 낸 내면의 생태계 풍경 중 하나일 뿐이다.

악취

감옥의 또 다른 특징은 악취다.

웃음 명상이나 울음 명상 등이 시작되기 전에 나는 한 우스개를 예로 들며 이렇게 말하곤 했다.

신학기가 되어 선생님이 첫인사 시간에 어린 학생들 이름을 불렀다.

모두들 네, 네 하는데 하지원, 김만해, 이건희 학생이 아무 대답이 없었다.

"하지원, 넌 왜 대답을 안 하니?"

선생님이 묻자 여자 어린이는,

"그건 제 이름이 아닌데요."

선생님이 어리둥절하며,

"그럼 네 이름이 뭐란 말이니?"

어린이가 말하기를,

"엄마 아빠는 저를 항상 '하지 마!'라고 불러요. 하지 마! 하지 마!"

김만해 어린이와 이건희 어린이도 똑같았다.

그들은 이름대로 불린 적이 한 번도 없었다.

언제나 "그만해!"였고, "이건 해! 저건 해!"였다.

이 사회가 그런 식으로 어려서부터 사람들의 자연스러운 감정을, 가슴을 억압하고 통제한다는 것은 매우 비극적이다. 그와 동시에 감정 표현의 첫 번째인 웃음과 울음도 실종되어 버린다. 부자연스럽게 변해 버린다.

당신이 웃고 싶을 때 웃지 못한 웃음과 울고 싶을 때 흘리지 못한 눈물은 다 어디로 갔을까? 그냥 사라져 버렸을까? 아니다. 그것은 암이나 원인 모를 병이 되든가 아니면 악취로 변한다. 웃지 못한 사람들에게는 악취가 난다. 이것은 나의 오랜 경험이다.

그런 얘기를 하니 처음 해 본다는 웃음 명상 시간에 열심히 웃던 여자분이 생각난다. 울지 못하고 웃지 못하며 가슴이 억압된 자들은 냄새가 난다. 감옥이 오래되고 견고할수록 악취는 심해진다. 그러지 않을 도리가 없다. 싱싱한 감정이라도 밀폐된 곳에 넣어 두면 점점 썩어 가면서 악취 이상의 악취를 풍긴다.

웃음이나 울음뿐만이 아니다. 모든 억압은 악취를 풍긴다. 표현되지 못한 모든 것이 그러하다. 현대인이 처한 육체적 심리적 상황을 면밀히 고려해 만들어진 오쇼 명상은 억압된 표현들을 분출하는 데 아주 유용하다. 누군가 명상을 통해 마음껏 소리 지르고 울고 웃고 분노하고 집어던지도록 내버려 두어 보라. 그럴 때의 그들은 그야말로 야수처럼 어디서 힘이 나는지 던지고 뛰고 외치고 미친 듯이 웃고 운다. 병원에서는 아무 이상이 없다고 하지만 그들의 눈과 귀는 보기 싫은 것 듣기 싫은 소리들의 감정 쓰레기로 가득 차 있다. 어떻게 이 많은 쓰레기를 몸 안에 지니고 살아올 수 있었을까 놀라울 정도다. 동시에 어마어마한 양의 악취가 쏟아져 나오는 사람도 있다. 잠깐 옆에 있다 보면 현기증이 날 정도다.

감충현이나 다른 사람도 마찬가지다. 세션 중 그들은 종종 자신에게서 변 냄새가 나거나 썩은 냄새, 비린 냄새, 역겨운 냄새가 난다고들 실토한다. 육식이나 술 담배, 해로운 음식을 섭취하는 몸에서도 고약한 냄새가 나지만 그것과는 다른 종류의 악취다. 곧 마음의 악취다. 의식과 에너지 세계의 악취다.

몸에서 이상한 냄새가 난다며 명상 세션을 통해 치유하러 왔는데 더욱 악취가 심해져서 깜짝 놀라 달아나는 분도 있다. 그것은 명상 세션 때문에 심해진 것이 아니다. 가득 괸 채로 있다가 조금씩 분비되어 나오던 것을 세션 작업이 풍선처럼 터트렸기 때문에 대량으로 방출되는 현상이다. 명상 세션이 계속될수록 그것들은 점점 엷어지다가 껌 냄새나 가벼운 화장품 냄새 같은 걸로 변하다가 나중에는 상쾌한 박하향이나 표현하기 어려운 향 내음, 생전 느껴보지 못한 기이한 향 내음으로도 변해 간다. 억압된 것이 풀리면서 부정적인 에너지가 긍정적인 에너지로 변이되면서 생기는 것이다.

불가나 도가 명상에서도 몸 마음의 정화 수행 도중에 나타나는 냄새에 대해 얘기한다. 향기나 단내, 시궁창 썩는 냄새, 시체 썩는 냄새 등등 다양한데 향내 같은 경우는 심장 차크라가 깨어났을 때 나는 냄새다. 장부마다 그곳의 병든 기운이 정화될 때 나는 냄새가 있어서 간은 노린내, 신장은 쩔은내, 심장은 단내, 폐는 매운내, 대장은 비린내, 비장과 위장은 악취 등이 난다.

울고 싶은데 눈물이 안 나와요. 웃고 싶은데 웃음이 안 나와요.

사람들은 종종 그렇게 하소연한다.

눈물을 흘리지 못하는 사람들, 마음껏 웃어 보지 못한 사람들은 깊은 마음 치유가 불가능하다. 오랫동안 열심히 명상을 붙잡고 있어 봐도 별다른 체험이 일어나지 않는다. 웃음과 눈물을 통과한 사람들만이, 가슴을 통과한 사람들만이 더 높은 경지와 기쁨의 세계에 다가갈 수 있다. 그렇지 않고는 제아무리 용맹정진 수행을 하더라도 기껏해야 박물관의 전시품 같은, 화석과 같은 인간이 될 뿐이다.

생각은 냄새를 풍긴다. 억압된 것들은 억압된 것들의 냄새를 풍긴다. 위대한 사상가나 예술가라 하더라도 니체의 감식안에 의하면 오히려 병자나 약자 신세가 되곤 하였다. 니체는 이런 말을 했다. "나의 천재는 나의 후각에 있다."

영혼에 관한 한 천재적인 영혼일수록 천재적인, 지상의 것을 초월한 냄새를 지닌다. 자유로운 영혼들은 유쾌한 냄새를, 신비주의 속으로 사라져 간 사람들은 신비의 냄새를 풍긴다. 한 전기에 의하면 헤르만 헤세는 죽기 전에 몸에서 전단향 냄새를 풍겼다고 한다. 오쇼를 깎아내리기 위해 책을 쓴 한 저자는 오쇼에게서 흘러나오는 신비의 냄새를 파헤치는 부분에 이르러 그만 오쇼를 진짜 비방하는 것인지 존경하는 것인지 모를 표현을 남발하곤 한다. 그의 강연이나 행적에 대해선 부정적인 잣대를 들이댈 수 있었는지 모르나 그에게서 나오는 마력 같은 향기에 대해선 그러기가 어려웠던 것이리라.

기이한 냄새. 그런 것이 내면의 생태학이다. 감옥이 천국으로 변할 수도 있다는 몸의 신비, 그런 것들이 사람들이 미처 깨닫지 못하고 있는 내면의 생태학이다.

전염

감충현이 내게 지닌 의문점도 있었다. 이를테면,

"나는 세션을 받으면 몸이 가볍고 좋아지는데 리아 님은 뒤에 가 누워서 끙끙 앓기만 한다."

사실이다. 명상 세션을 받는 다른 사람의 경우에도 정도의 차이가 있을 뿐 마찬가지다. 한 사람도 예외가 없다. 나는 그들의 증세를 일정 부분 앓는다. 그들의 마음 상태에 일정 부분 전염된다. 그렇게 해서 그들이 처리하지 못하고 있는 고통의 에너지 일부가 내게 옮겨 오고 나머지는 명상 세션의 에너지 작업을 통해 분해해 버리는 것이다.

세션 기버로서 명상 치유의 가장 첫 번째 장점이라면 나도 살리고 남도 살린다는 데에 있다. 상대를 살릴수록 나도 더욱 살아난다. 고통을 없애고 변형시키기 위해서는 더욱 많은 이해, 더욱 많은 삶의 에너지가 필요하기 때문이다.

그를 위해 제일 중요한 것은 사랑이며 테크닉은 두 번째다. 사랑의 지혜, 직관이 첫 번째고 기법은 자연스레 따라오게 되어 있다. '역전이'와 '공감'에 대해서는 충분히 이해해야 한다. '역전이'란 나의 존재 상태가 상대에게 고스란히 전달된다는 것, '공감'이란 그의 존재 상태가 고스란히 내게 전달된다는 것이다. 그럴 수만 있다면 모든 명상 기법은 치유 기법으로 변할 수 있다.

어떤 이들은 이렇게 말하곤 한다.

"오기 전까지는 머릿속에 질문이 엄청 많아서 무엇을 먼저 해야 할까 고민하고 있었는데, 막상 리아 님 앞에 앉으면 아무 질문도 떠오르지 않아요."

이것이 역전이 현상이다. 내게는 그 사람에 대해 궁금한 게 없기 때문이다. 말하자면 나는 거울처럼 그 앞에 앉아 있다. 혹은 무얼 어떻게 해야 할지 모르는 사람처럼 막막하게 앉아 있다.

공감으로 말하자면, 전염된 에너지 때문에 집에 돌아가 잠들기 전이나 새벽녘까지도 끙끙 앓는 때도 있다. 소인배 같은 분노로 가슴이 화닥거릴 때도 있고, 어수선한 혼란으로 머리가 지끈거릴 때도 있으며, 명치 밑으로 호흡이 곤란할 때도 있다. 평상시와는 다르게 사소한 일에도 심장이 떨리고 불안하거나 머리끝이 쭈뼛할 만큼 화가 날 때도 있다.

아니, 이건 뭐지? 생각을 굳게 먹고 평정을 회복하려 해 보지만 쉽게 되지가 않는다. 별일도 아닌데 유일한 동료라 할 수 있는 사난다에게 버럭 화를 내거나 생트집을 잡을 때도 있다. 그럴 때 그녀는 나를 가만히 내버려 두고 슬그머니 자리를 피한다. 아, 멈추고 싶어도 멈춰지지 않는 이 분노, 이 불안과 짜증, 이 심약함…… 이 애처로움을 도대체 어떻게 한단 말인가? 스스로도 어찌할 수 없을 만큼 자라난 이 불행 물질, 고통의 덩어리를 가지고 있는 이들은 얼마나 괴로울까? 그들도 자신의 의지와는 상관없이 혹은 자신도 모르게 그저 화를 내고, 화를 다스릴 수 없어 괴로워하는 것이다.

분노는 분노 물질이다. 분노의 에너지다. 그 분노 물질, 분노의 에너지는 전염된다. 뿐만 아니라 매우 강한 생존욕과 투쟁

심까지 가지고 있다. 그들 나름의 관성의 법칙과 메커니즘의 작용까지 있다. 어떻게 할 것인가?

우리가 고통스러운 상황에 처하게 되면 흔히 섹스가 그 도피처가 된다. 쾌락을 통해 잊고 싶은 것이다. 그런데 어떤 이와는 섹스를 하면 이상하게 피곤이 심해지는데, 다른 이와는 반대로 더욱 생기가 넘치게 된다고 하는 사람들이 있다. 심지어 그 사람이 명상을 하기 전에는 같이 있는 것조차 불편했는데, 그가 명상을 꾸준히 한 이후로는 마치 신혼 때와 같아졌다는 이도 있다. 이것이 인간의 성적 현실이다. 인간의 자기 마음 상태와 에너지 상태는 서로서로 전염되는 것이다.

누군가에 대한 사랑으로 가득 넘치는 경우도 있다.

"오, 당신은 가슴 말고 또 다른 가슴, 사랑보가 있네요."

세션을 하는 도중 심장 밑에 또 다른 심장 주머니 같은 것이 있는 게 보여서 내가 한 말이다. 그 말을 들은 여자분은 환하게 웃으며,

"맞아요. 나는 그 사람을 생각만 해도 가슴이 터질 것 같고 사랑이 넘쳐요. 너무너무 행복해요."

사랑보. 사랑은 사랑보가 있다. 마찬가지로 미움은 미움보가 있다. 그래서 어떻게 할 수가 없다. 사랑이 좋은 줄은 아는데 그것은 없고 미움보가 장기처럼 달려 있으니 말이다.

모든 악취는 전염된다. 악취를 내뿜는 부정적인 상념들과 부정적인 감정들, 부정적인 생명 에너지는 전염된다. 사람은 자기가 가지고 있는 것을 누군가에게 뿌려 대고 있다. 어딘가에 전

염시키고 있다. 도로의 자동차들이 매연을 뿜듯이 모든 인간 자동차들이 크건 적건 매연을 뿜고 있는 것이다. 사랑보가 늘어나고 기쁨보가 늘어나야 하는데 현실은 그렇지가 않다. 전에는 알지도 못한 이상한 주머니가 자꾸 생겨난다.

이보다 더욱 안타까운 일이 있다.

그것은, 상처받은 영혼일수록, 쓰레기를 많이 실은 영혼일수록, 이런저런 장난감과 화장품을 많이 지닌 영혼일수록, 또 중병이 심한 영혼일수록 자신을 진정으로 치유하는 일에는 그다지 적극적이지 않다는 것이다. 처음에는 어떻게든 치유해 보려고 노력하다가도 결국 자기의 부정적 카르마의 영향권 아래로 쉽게 끌려들어 가고 만다는 것이다.

부정적 카르마란 무엇인가?

우리가 쌓아 올린 쓰레기들과 우리가 애착하던 장난감들과 그리고 오랜 세월 동안 축적된 영혼의 상처와 그로 인한 중병들의 합산이고 그 에너지 파장들이다. 오랜 상처는 자발적으로 치유되지 않으며 갈수록 깊어 갈 뿐이다. 어떻게 영혼의 질곡과 쓰레기장과 중병에서 벗어나야 하겠는가?

오쇼 명상 같은 혁명적인 명상들이 나타나게 된 것은 이와 같은 현대인의 심각한 문제들을 밑바닥까지 통찰했기 때문이다. 그 명상들은 감정적·에너지적으로 극한까지 올라가 기존의 생명 에너지 패턴을 남김없이 부숴 버리는 것을 마다치 않으며, 과학적으로 계산된 신체적 움직임과 여러 카타르시스 과정을 명상의 필수 단계로 인식하고 다루고 있다. 그것의 중요한 특징

중의 하나는 모든 요법을 요법 자체로 독립적으로 취급하지 않고 명상으로 인도하기 위한 다리 역할로 다루면서 명상과 통합시킨다는 것이다. 이 점은 어떤 요법가들도, 어떤 명상가들도 시도하지 못했던 것이다.

원인 모를 깊은 공포로 고통스러워하는 사람과 작업할 때의 일이다. 그의 심장과 목 부분에 걸려 있는 공포 에너지를 정화하는데 한번은 그가 이렇게 말했다.

"오늘은 작업 도중에 제 안의 공포가 '나를 살려주세요, 제발 살려 주세요.' 하는 목소리가 들리더라구요."

공포라는 존재가 누군가 자기를 죽이려 한다고 제발 살려달라고 하는데, 귀신인 것 같기도 하고 사람 목소리 같기도 했다며 놀라워하며 묻는다.

"그건 도대체 어떤 이유에서입니까?"

"각각의 감정에 에고가 생겨서 그런 거지요. 내 안에 공포가 있다면 공포 에고가 생기고 그 에고는 공포와 더불어 살기 때문에 공포를 빼앗기기 싫어합니다. 많은 마음의 질환자나 정신병자들이 이와 비슷한 상황입니다."

고통스럽거나 유쾌하지 않은 것도 나의 에고가 된다. 나의 에고를 구성하는 중요한 부품이자 에너지 원천이 되는 것이다. 이 에고는 자기를 건드리는 모든 것에 대해서 방어적이 되거나 냉소적인 태도를 보이게 되고 이 점이 진정한 치유를 어렵게 만든다. 에고가 문제의 밑바닥에 있는 한 모든 테라피는 무용지물이 되기에 십상이다. 단기적인 응급조치에 그치기 쉽다.

바꿔 말하면 모든 명상은 에고를 지우는 작업이다. 마음의 번뇌를 뿌리에서부터 지우는, 그리고 건강한 생명으로 다시 태어나는 가장 정교하고 과학적인 방법이기도 하다. 마음의 병과 에고란 어떤 사이인가? 새끼줄을 걸치고 있는데 뱀에 감겨 있다고 화들짝 놀라는 것이 에고다. 종잇장에 명예, 부, 특권 같은 것을 적어 놓고는 점잖게 서로 주고받다가 수틀리면 서로 칼 들고 피를 뿌리며 싸우는 것이 에고다. 거울로 된 미로가 있다는 궁궐에 개 한 마리를 들여 보냈더니 미쳐 버려서는 다음날 두 눈과 입가에 피를 흘리며 죽어 있었다고 한다. 수많은 거울에 비친 자기 모습을 보고 으르렁거리고 짖고 물어뜯다가 미쳐서 죽어 버리는 개, 그것이 에고다. 마음의 병에 이르는 에고의 모습이다. "모든 테라피는 명상으로 이어져야 한다."는 오쇼의 혜안은 근본적으로 옳다.

에너지는 모든 죄를 불태워 버린다

감충현은 세션 막바지에 명상을 하지 않았음에도 불구하고 제3의 눈이 있는 미간에 심한 자극이 왔다고 한다. "이마에서부터 눈썹 사이로 세로로 갈라지는 느낌, 뜨겁고 시원한 물이 흐르는 듯한 느낌 그리고 백회 부분에서 진동이 오는 듯, 숨구멍이 열리는 듯한 체험도 일어났다."고 하며 "명상 세션의 부산물인 것 같다."는 의견을 표한다.

이는 그에게만 일어나는 일은 아니다. 어느 정도 회차가 넘어가면 대부분의 사람들에게 일어난다. 명상 세션의 부산물이라기보다는 빠질 수 없는 과정이며 그것의 부분적 현상이다. 모든 생명 현상은 기본적으로 생명 에너지 현상이다. 부정적인 에너지를 정화하기 위해선 새로운 에너지가 필요하다. 잠들어 있는 에너지의 원천을 일깨우고 그를 통해 에너지 신체가 스스로 성장하도록 도와주는 것이 명상 세션의 기본 목표다. 수많은 테라피들의 속사정을 들여다보지는 않았지만 아마 이 점이 여느 테라피와 다른 점이라고 할 수도 있겠다. 잠자고 있던 에너지 센터들이 각성되면 인간은 과거를 되풀이하지 않고 새로운 차원으로 경험과 의식의 세계를 넓혀 가게 된다.

명상을 통해 자신의 에너지 바디를 각성시키고 상위 에너지 원천에 접속할 수 있다면 다른 사람을 도울 수가 있다. 그들의 에너지와 마음 상태를 공감하고 그 상태 자체에 이미 들어 있는 해답에 따라 좋은 방향으로 사람들을 도와줄 수 있다.

오쇼는 "누군가 좀 더 앞서 나간 사람이 있다면 그대를 쉽게 열어 줄 수 있다. 그는 병따개와 같다."고 말한다. 다른 사람의 에너지 센터를 열어 주는 병따개 역할을 해 주는 것이다. 에너지가 활발해질수록 순화될수록 부정적인 에너지나 카르마들, 트라우마는 불타 없어진다.

자전거를 배울 때처럼 처음에는 누군가 뒤에서 잡아 주는 것이 도움이 된다. 어느 정도 타는 법을 익혔을 때 손을 놓아 버리면 혼자서도 잘 탈 수 있다. 마찬가지로, 혼자서도 깊은 명상 세계를 수시로 왕복할 수 있다. 명상 세션이 그와 같다. 혼자서도 잘해 나갈 수 있도록 약간 도움을 주는 것이다.

감충현의 경우는 본인의 생각과는 달리 그 시기가 좀 빠른 감이 있었다. 여러 현실적인 상황 때문에 끝을 내긴 했지만 아직 충분한 것은 아니었다. 사실 명상이란 말이 들어가는 한 어디가 끝이라고 말할 수는 없다. 우리의 내면세계가 무한한 것이고 그에 따라 탄생하는 인간의 미묘한 신체의 에너지 체계가 원래 끝이 없기도 하다.

그 속에서 좀 더 앞서 나간 사람들이란 일종의 통로, 이쪽의 것을 저쪽으로 이어 주는 매개체다. 계단의 저 위쪽에 존재하면서 사람들을 이끌어 올리는 존재가 아니라 각 계단을 밟을 때의 계단석이라 할 수 있다.

고독 범죄

감충현은 몸이 어느 정도 수습되자 다시 취업 시험에 응시한다. 그리고 얼마 전부터는 '가슴으로 사랑을 나누는 명상 모임'이란 곳에 나가기 시작했다고 한다. 가슴만으로 치유가 된다고 주장하는 모임이었다. 처음 모임에 나가니 다들 아무 말이 없었다. 대신 그 모임을 이끄는 한 여자를 보는 것만으로도 알 수 없는 눈물이 계속 흐르더라고 했다. 그 여자분을 보는 것만으로도 가슴이 열리고 충만해지더라고 했다. 그 모임에 계속 나가도 되는지 내게 묻는다. 모임의 인터넷 카페는 비공개 카페라고 한다. 등업 기준이나 글쓰기, 읽기 규정이 까다로웠으며 운영자를 만나기는 더욱 어려웠다. 운영자와 각 회원 간의 일대일 교류 방식이 채택되고 있었는데 결정권은 운영자에게 있었다.

"가슴에 치유 에너지가 있다는 것은 맞다. 하지만 가슴은 차별 없는 곳인데 그토록 차별을 고집하니 가슴 센터와는 맞지 않는 것 같다. 그렇지만 모든 것은 당신의 선택이다. 당신은 처음이나 지금이나 자유다."

감충현은 내게 작별 인사를 하고는 본격적으로 그곳에 나가기 시작했다. 얼마 후 그 카페 운영자 중 한 사람이 되었고, 명상 센터의 한 회원을 그곳 회원으로 만들기도 했다. 두 사람은 그 카페에서 한동안 열심히 활동하더니 무슨 일로 갈등이 생겨서 급격히 사이가 틀어지고 말았다. 얼마 후 그 모임의 상상하기 어려운 내막이 그들에게서 들려왔다.

모임의 최종 보스는 제3의 뜻밖의 인물이었는데 동업자들 사이에 복잡한 돈 문제, 성 문제가 얽혀 있었다고 한다. 그들 가운데 사기죄나 살인미수죄 등으로 복역한 적 있는 전과자들이 있다는 설도 있었다. 어디까지가 사실인지는 알 수 없으나 충격을 받은 감충현과 같은 순진한 사람들은 서둘러 그곳에서 빠져나오게 된다.

어떻게 이런 일이 벌어진 것일까? 나는 가끔 이런 얘길 한다.

"물질적인 에너지가 강한 세속적인 사람들이 가슴 센터가 발달한 사람을 보면 속으로 무슨 생각을 하는지 아세요? '어, 저건 내 밥인데?'라고 대번에 알아봅니다."

그것이 이 세상이다. 약육강식의 세계에서 가슴 센터가 발달한 사람들은 종종 가장 손쉬운 착취의 대상이다. 가장 이용해 먹기 쉬운 대상이다. 그들은 쉽게 거절하지 못하며 반항하지도 못한다. 또 이의를 제기해 봤자 그때뿐이기 때문이다.

앨빈 토플러의 『제3의 파도』에 보면 갈수록 '고독 산업'이 유망 사업이 될 거라는 얘기가 나온다. 고독한 사람들을 위한 여러 가지 사업을 말한다. 그러고 보면 '고독 범죄'라는 것도 있다. 고독한 자들을 대상으로 한 범죄다. 고독한 자, 소외된 자, 심약한 자들을 대상으로 하는 범죄 수법이다. 가슴이 상처받기 쉬운 사람들이 가장 큰 희생자들이다.

'가슴으로 사랑을 나누는 명상 모임'은 어땠을까? 먼저 아무것도 요구하지 않고 아무것도 이야기하지 않고 그저 가슴을 느끼게 만든다. 가슴을 움직여 그저 울게 만든다. 그들은 이런 식의 글들로 사람들을 유혹한다. "그리움, 가슴 아픈 그리움, 눈물을 흘리는 당신은 너무나 아름답습니다. 우리가 진정으로 얻고자 하는 것은 사랑입니다. 사랑은 가슴에 있으며 영적으로 열려야 합니다. 언제나 가슴을 품고 느끼며 순간적 감응으로 가슴의 느낌으로 사세요. 사랑합니다."

감성적인 단어와 문구들을 나열한 그저 그런 글이지만 얼핏 보기에 나쁜 말은 하나도 없으며 왠지 심오하게조차 들린다. 어떤 베스트셀러 작가는 자신의 성공 비결을 이렇게 얘기했다고 한다. "나는 글을 쓸 적에 중3 소녀가 이해하고 그들의 마음을 사로잡을 수 있는 문장을 기준으로 삼습니다."

대중적인 인기를 모으는 좋은 방법인데 이 카페의 홍보 비결도 이와 비슷한 수준 같다. 읽는 이의 마음을 그런 식으로 사로잡은 뒤에는 그들의 계획을 하나하나 실현해 가는 것이다.

감충현은 자신 같은 사람을 위해 존재하는 듯했던 가슴의 길을 가 보았지만 씁쓸한 소동을 뒤로하고 나온다. 사실 사람에게든 단체에게든 가슴을 먼저 주었다가 상처받는 것이 이 세상인지도 모른다. 그들이 나를 성장시켜 준다기보다는 내가 그 상처를 통해 성장을 해야 하는 일이 얼마나 많은가. 감충현은 다행히 얼마 후 합격 통보를 받고 자기가 원하는 곳에 배치되어 근무하고 있다. 전과 비슷한 직종이다.

그의 전생의 한 모습 혹은 무의식의 한 풍경을 떠올려 본다. 폭발 직전의 탱크 안에는 여러 명이 있다. 나와야 한다. 모두들 나와야 한다…… 어느 순간 모든 것이 깜깜하게 변하고…… 그의 몸은 그때 산산조각 나고 말았는지 혹은 겨우 목숨을 건져 평생 고통스럽게 살았는지는 알 수 없다. 하지만 더 이상 있으면 안 되는 곳에서 한시 빠져나와야 한다는 문제는 매우 중요했다. 그러니까 이번 생에서 그는 줄곧 '~에서 빠져나와야 한다'는 문제를 앞에 두고 절박하게 살아왔다는 것이다. 절체절명의 위기에서 함께 빠져나오는 것, 혹은 오갈 데 없이 갇힌 자들을 보살펴야 한다는 의무감.

그리고 그는 가슴이 그리웠다. 이 외로운 대도시에서 지독한 가슴의 통증을 안고 살았기에 가슴의 평화와 사랑의 세계, 조건 없는 나눔의 세계가 그리웠다. 황야의 이리들, 소외된 영혼들이 달콤한 가슴과 사랑과 언어에 매혹되는 것은 당연한 일이다. 하지만 어떻게 상처받지 않고, 모멸이나 기만, 착취를 당하지 않고 가슴의 진실 속으로 들어갈 수 있을까?

진실은 그 자체가 빛이지만 거짓은 그럴 수가 없다. 단지 빛이 있는 척, 진실보다도 더 휘황한 척할 뿐이다. 그래서 사람들은 무엇이 진실이고 무엇이 거짓인지 알 수가 없게 된다. 그런데 '어떻게?'라는 물음은 가슴의 방법이 아니다. 무엇이 거짓이고 무엇이 진실인가 분별하는 것도 가슴의 일이 아니다. 그런 것에는 관심도 없다. 가슴 안에는 무수한 보물이 있어서 어떤 이들이 그것들을 훔치고 또 훔쳐서는 나쁜 짓을 한다 해도 가슴은 아무런 관심도 없다. 왜냐면 가슴은 그 내면에 있어서 완전체이기 때문이다. 거기에 필요한 것은 아무것도 없다. 그 재산은 무한하기 때문에 아무리 훔쳐 가도 조금도 줄어드는 법이 없다. 가슴의 상처는 가슴의 실체로 들어가기 위한 자극이 되어 줄 뿐이다.

이러한 것들은 가슴에 대해서 생각한 것이 아니라 명상을 할 적에 나타나는 진실들이다. 그렇지 않고도 당신이 가슴의 상처를 받고 싶지 않다면 당신도 그들만큼 강해져야 한다. 예컨대 추진력이나 자기주장을 관철하는 힘과 관련 있는 제3센터인 마니푸라 차크라를 정화하고 활성화시켜야 한다. 그래야 가슴을 보호하고 당신의 삶의 주도권도 가질 수 있다.

가슴은 종종 느낌에 압도되거나 의존하는 습성이 있기 때문에 그 스스로의 지성이 있다는 것을 잊어 먹는다. 어떤 이들은 지성에 무관심한 것을 당연시하거나 자랑스러워한다. 하지만 진실을 알아보는 눈이 가슴에도 있다. 가슴의 지성이 있다.

그 가슴의 지성은 침묵 속에 있다. 가슴의 깊은 침묵 속에 있다. 침묵의 소리가 없는 사랑은 열정이다. 흥분이다. 섹스다. 침묵의 소리가 없는 가슴은 변덕이다. 감상이며 한때의 도취일 뿐이다. 가슴의 독재를 주장하거나 그 독재에 굴복할 뿐이다. 가슴이 침묵할 줄 알 때 존재의 있는 그대로의 소리가 들려올 것이다.

4.
아무도 내 병명조차 모른다

습관성 졸도,
히스테리성 경련,
악령 혹은 해로운 에너지

한금실은 일등을 독차지하면서 학창 시절을 보내기도 했던 미혼녀다. 학교생활이든 직장 생활이든 남들처럼 잘 보내다가도 아무런 이유 없이 갑작스레 혼절을 하는 바람에 커다란 문제를 겪고 있었다. 혼기가 훨씬 넘도록 결혼은커녕 연애 한 번 못 해 보았다고 한다.

갑작스러운 졸도 현상은 중학교 때부터 시작되어 갈수록 빈도가 높아졌다.

여러 곳에서 다양한 검사를 받아 보았는데 그 비용만도 수천만 원이 넘어갔다고 한다. 어떤 처방이나 치료책도 소용이 없었고, 그 정확한 원인이나 병명도 알지 못했다. 신체적으로도 면역력이 점점 약화되는 증상을 보이고 있었다.

가족들에게 들은 얘기를 정리해 보면,

그녀는 막내딸로 어려서는 많은 귀여움을 받고 자랐다.

어머니가 중학교 1학년 때 갑자기 지병으로 돌아가시고 아빠는 재혼을 했다. 새엄마는 별로 따뜻하게 대해 주지 않았고 나머지 형제들은 저마다 바빠서 막내에게는 별로 신경을 쓰지 못했다.

중1 때 소풍을 갔다가 이유 없이 쓰러져서 집으로 돌아온 적이 있고, 고등학교 때 학교 가는 길에 또 쓰러져서 병원에 입원했다. 병명이나 이유는 알 수 없었는데 무의식 상태로 중환자실에서 보름 정도를 지냈다.

검사를 다 했지만 별다른 문제는 나오지 않았고 학교를 졸업하고 취업하여 직장을 다니면서 가끔씩 그렇게 쓰러지는 일이 반복되었다. 쓰러지면 경련을 일으키기도 했는데 뇌파, CT, MRI 상으로도 간질파라든가 신경과적인 특별한 이상이 발견되지 않았다. 건강 때문에 직장도 여러 번 옮겼고, 지난 5월까지 다니던 직장도 병원에 또 입원하면서 그만두게 되었다. 병원에 가면 경기를 하게 되고 항경련제를 투입하면 잠이 들었으며, 작년에도 무의식 상태로 중환자실 신세를 진 적이 있었다. 사경을 헤매다 살아났으니 이제 한번 잘 살아 보리라 다짐하고는 얼마간 아프지도 않고 잘 지냈는데, 5월 말부터 또 계속 병원 신세를 지게 되었다.

약간의 건강염려증도 있는 것 같고 체질적으로 몸이 약하기도 한 듯한데, 현재는 모종의 희귀병이 의심되어 종합병원 내과에서 진료를 받고 있다. 그런데 늘 문제가 되는 것은 경기를 일으키는 것이었다. 가족들이 지켜본 바에 의하면, 그 경기가 신경과적인 것이 아니라 히스테리성 경련이란 생각도 들었다.

본인 자신은 가족들이 그렇게 생각하고 말하는 것을 싫어하였다. 정말 자기도 모르게 몸이 아프고 경기를 하고 있는데, 어떻게 일부러 한다고 생각하느냐는 것이었다. 물론 가족들은 자기 몸을 고의로 힘들게 한다고는 생각지는 않고, 그저 막내의 무의식 속에서 발현되는 현상이라고 짐작만 할 뿐이었다.

너무 오래 반복되다 보니 가족들도 많이 지쳐서 알게 모르게 막내에게, 서로에게 상처를 주고받고 있는 상황이었다. 막내가 어린 나이에 엄마를 잃고 심각한 애정결핍을 느낀 것 같은데 어느새 서른이 넘고 말았다. 스스로 극복해야 하지 않을까 하는 마음이 들지만 그걸 어떻게 해결해 주어야 할지 가족들 모두 난감해하고 있었다.

내 눈에 비친 한금실의 주요한 증상 특징은 다음과 같다.

> 내담자의 왼쪽 뇌 부분에 독사 새끼 모양의 시커먼 뱀들 수십 마리가 뒤얽힌 채 혀를 날름거리며 맹렬히 꿈틀거리는 듯한 끔찍한 모습이 보인다. 그것들을 처치해 보려고 몇 번 시도를 해 보다가 속이 메스꺼워져서 리딩을 그만둔다. 밖으로 나가 바람을 쐬는데 나의 왼쪽 뇌에 어지럼증이 느껴지면서 찰나지만 온 세상이 하얗게 변하는 듯했다.

잠시 후 상담 장소로 들어가 "병원에서 두뇌 촬영은 해 보았느냐, 뭐라고 하지 않더냐?"고 물었더니 CT 촬영, MRI 촬영 이것저것 해 보았는데 아무것도 나타나지 않았노라고 하였다.

그럼 내가 본 이 시커먼 뱀들은 무엇일까?

투시가들 사이엔 생체전기적 특이 장애물에 의한 심리 장애나 육체 장애는 그다지 낯선 것이 아니다. 이것은 심리적 원인이 아니라 외부의 해로운 에너지체의 침입과 그 감염에 의한 것으로서, '부정적 엘리멘탈(Elementals)' 혹은 '생체전기 기생충(Bio-Electrical-Parasite)'으로도 불린다. 이 에너지 기생충은 생존 유지를 위해 사람들의 부정적인 심적 에너지에 의존하며 그러한 상태를 요구하고 반복하게 만든다. 안 보이는 세계에서 자연적으로 발생한 하위 존재로서 대개는 쉽게 치료되곤 한다.

하지만 이 내담자의 경우는 아주 지독해서 그 자체가 살아 있는 생명체에 육박하고 있었으며, 끔찍하고 기괴한 모습을 띠고 있었다. 이것은 에너지 기생충의 범위를 넘어 악령과 해충의 중간 단계에 이를 정도로 강력했고, 그만큼 원인불명의 난치병의 원인이 되고 있었던 것이다.

그렇지만 이게 다일까? 이 혐오스러운 생체 에너지 괴물은 그저 우연히 이 내담자의 몸, 특히 그 뇌 속에 침입해 기생하고 있었던 것일까? 아니면 이러한 현상은 단순히 마음의 격렬한 긴장 상태를 보여 주고 있는 것일까?

이 내담자의 사주 명리도 흥미롭다.

명리 분석상 특별한 주목을 요하는 특수한 사주였다. 파도가 센 바다를 항해하는 배와도 같아서 사주의 균형이 무너져 있을 때는 모종의 흉명(凶命)은 피할 수 없다고 판단하는 것이다. 잘 풀리다가도 돌연 예기치 않은 재앙이 발생하기 쉽고, 일생 고독하며, 성질도 대개 한쪽으로 치우치고 자아의 발로가 강하다. 곧 인생의 여러 면에 걸쳐서 손해를 초래하고 상황이 나쁠 때는 반드시 '사기(邪氣)'가 넘쳐 나 자신과 삶을 무거운 질곡에 빠뜨린다.

또 다른 문제들도 있다.

차크라 리딩 결과를 전체적으로 해독해 보면 원인불명의 졸도 현상의 이유는 복합적인 양상을 보인다.

첫째는 사춘기 때 돌아가신 어머니를 '따라 죽기'다. 이것은 다음과 같은 풍경으로 나타난다.

풍경 1—행복한 가족이 승용차를 타고 해변으로 즐거운 여행을 떠난다. 자동차가 전복되고 불에 타서 안에 있는 사람들이 모두 죽는 참변이 발생한다. 불에 탄 차를 한 소녀가 절망적이고 공포스러운 눈으로 바라본다.

풍경 2—한 소녀가 물가를 보고 있다. '나도 죽자.' 하면서 뛰어내린다. 하지만 얼마 뒤 눈을 뜨고 살아난다. 다시 한번 뛰어든다. 그래도 살아난다. 물이 얕아서 자신이 익사하는 일은 절대 일어나지 않는다. 그걸 알고 난 이후에도 소녀는 몇 번이고 물에 뛰어든다. 잠시 죽었다가 다시 살아나는 것이다. 역시 안 죽네? 다시 뛰어내린다. 안 죽는 걸 알면서도 죽기로 하니 이것도 재밌네. 소녀는 물에 몸을 던지는 것이 습관이 된다.

의식의 이런 풍경들로 보면, 엄마를 잃은 상실감과 절망, 효심의 표현이 따라 죽기의 형태로서의 혼절이고, 이것이 이차적 이득(자신의 질병을 고치려고 하기보다는 그것을 유지함으로써 심리적 만족을 얻으려는 경향)과 연결되어 장기화된 형태다.

둘째는 성적 억압이다.

차크라 리딩 시 사춘기 때 은밀한 장소에서 성추행을 당한 경험이 나타난다. 나중에 대화를 나눠 보니 실제로 그런 일이 있었다고 먼저 고백한다.

또 전생의 모습으로는, 유교적 봉건 사회에서 남몰래 금지된 쾌락을 누리던 경험도 나타난다. 금실아 어디 가니, 금실아 어디 가니, 낮이건 밤이건 담을 넘어 어디로 가니……. 마음 한 구석에서 속삭이듯 들려오는 죄의식의 목소리를 뒤로하고 온 세상이 하얘지는 쾌락의 장소로 은밀하게 걸음을 옮겨 가는 것이다.

사회에서 용납되지 않은 일탈된 행위. 강렬한 성적 욕구와 그에 대한 죄의식 혹은 내재화된 윤리 규범 등의 강력한 억압과 경고들 사이에서 극심한 갈등이 일어나고, 그것이 수많은 뱀 모양의 부정적 상념체로 고착되어 자체 생존을 하고 있었다고 생각된다. 엑스터시나 '죽을 것 같음'으로 표현되는 성적 쾌감의 이중성을 생각해 보면 졸도는 그 갈등을 해결하는 도피

처이자 혹은 성적 대리 체험의 이중성을 띠고 있다고도 볼 수 있다.

셋째는 성적 본능의 억압만이 아닌 여성의 사회적 욕망에 대한 철저한 억압과 금제다. 이것은 내담자의 무의식 세계에서 궁중 생활 풍경을 통해 보이고 있다.

> 화려한 궁중 생활—부와 향연, 무소불위 권세와 질펀한 쾌락의 세계—이 있는 반면, 그 쾌락과 권력을 향한 음모와 배신, 흑마술이 동원된 피비린내 나는 살육과 잔혹하고 공포스러운 복수의 풍경들이 나타난다. 특권 유지를 위해 철저한 규율이 지배되는 궁중 사회, 그 특권을 누리고자 하는 욕망, 그 욕망에 철퇴를 가하는 각종 악랄한 고문과 보복, 무수한 차별과 금지를 통한 봉건 권력 내부의 억압 구조와 공포스러운 체험의 기억이 무의식 깊이 박혀 있다. 곧 '너는 그것을 아무리 맛보고 싶을지라도 절대 그래서는 안 된다. 그러한 시도는 곧 죽음이나 몸서리치는 고통으로 이어질 것이다.'라는 무언의 명령.

결코 현생에서는 없었던 이러한 궁중 풍경은 꼭 내담자의 전생과 관련된 것일까? 일차적으로 차크라 리딩을 통해 드러나는 모든 의식의 풍경은 '현재적'이다. 현재에 존재하고 있는 '그의 것'이며, 현재 그가 마음에 지니고 있는 어떤 태도를 반영하고 있고, 현재 그에게 작용하고 있는 어떤 것들이라는 뜻이다. 순수한 과거, 연대기적 과거의 사실적 기록과 같은 것은, 비록 그렇게 보이고 있을지라도 의식 속에는 존재하지 않는다. 어떤 식으로든 '지금의' 마음속의 어떤 움직임과 방향성, 색깔을 보여 준다.

그리고 현실의 체험들과는 완전히 동떨어진 어떤 의식의 풍경들이라 하더라도 전생의 것들이라기보다는 개인적인 심리사를 통해 만들어진 것일 수 있다. 금단의 쾌락을 찾아가는 전생의 모습이란 것도 자위행위와 관련된 마음의 풍경일 수 있다. 궁중 사회라든지 왕과 왕비라든지 하는 무의식의 인물들은 부모를 중심으로 한 가정사를 보여 주는 표상들인 경우가 많다. 자신들의 성생활과 애정 표현을 자녀들에게는 비밀에 부친 채 자기들만의 영역을 누리고 있는 한 집안의 가장과 엄마라는 존재는 접근이 금지된 궁중 생활을 하는 왕과 왕비인 것이다.

그녀의 가정사를 좀 더 살펴보면, 내담자의 아빠는 재혼을 하였는데 새엄마가 별로 따뜻하게 대해 주지 않았다. 이미 대학생이거나 고3이 된 형제들은 자신들의 학업으로 인해 동생에게는 별로 신경을 쓰지 못했고, 혼자 남은 사춘기의 그녀는 심한 소외감을 느꼈을 것이다. 게다가 새엄마는 그녀가 대학에 진학하는 걸 반대하기까지 하였다. 가족과의 갈등 끝에 아빠는 새엄마와 이혼을 하였지만 그 후 또 다른 여자를 만난다. 하지만 아빠는 새엄마와, 형제들은 할머니와 지내며 각자 떨어져 살았으며, 두 번째 새엄마는 아예 아빠의 자녀들을 돌보는 일을 하지 않았다고 한다. 이와 같은 상황 속에서 성장기를 보낸 여성의 심리 세계가 어떠할 것인지는 짐작되리라 생각한다.

그런데 이 모든 풍경들 속에 항상 들어 있는 이상한 인형 하나가 의문거리였다. 무언가 주술적인 분위기를 느끼게 하는 이 헝겊 인형은 빈방에서든 어디에서든 '나'를 저 위에서 지켜보고 있었던 것이다.

리딩이 끝나고 내담자와 대화를 하면서 나는 이 인형이 무엇을 뜻하는지를 알게 되었다. 내담자는 독실한 교인이었고, 이 인형은 '십자가'와도 같은 상징, 곧 의식의 내면에 들어와 나를 심판하고 억압하는 초자아의 법관이었던 것이다. 다시 말해 이 인형은 단순히 성적 금기를 의미하는 유교적·청교도적 윤리의 상징을 넘어서 욕망 그 자체에 대한 뿌리 깊은, 의식 깊은 곳에 침투하여 주술적인 힘을 지닐 정도로 내면화된 철저한 금제를 뜻하기도 하는 것이다.

성적 쾌락과 권력이나 지위 상승에 대한 나의 욕망과 그런 나를 언제나 지켜보고 있는 십자가형의 인형. 졸도는 그 갈등과 긴장을 해결하는 하나의 수단이었던 셈이다.

억압은 처벌에 의한 두려움으로 인해 강화되고 이때 자아—나 자신의 육체와 욕망—에 대한 부정적인 상념체가 고착된다. 생각과 느낌은 정신적 존재를 만드는데 이것을 상념체(Thought Entity)라고 한다. 이것은 실제적이고 살아 있는 존재로서 예컨대 공포증이란 트라우마의 공포 에너지 혹은 공포 상념체다. 억압된 트라우마의 경험(이 경우엔 전생으로까지 거슬러 올라가는), 현생에서도 반복되는 공포 관념, 강박, 폭력성, 자기 비하, 불안, 무가치함, 무관심 등등 부정적인 상념체는 강력한 억제력을 행사하여 비정상적인 행동을 반복하게 만든다. 이 부정적인 상념체의 고착과 외부의 해로운 에너지체의 침입, 그리고 지속되는 자기 억압 이 세 가지의 결합이 한금실 안에 악령적인 형태로 발전된 것이다.

그런데 악령이라고 해 봐야 하나의 생체 신경학적 에너지 덩어리일 뿐이다.

북미 인디언의 치유법 중에는 사람들이 쉽사리 납득하기 어려운 것들이 있다. 어떤 부족은 한 사람의 질병은 해로운 에너지체가 그 사람의 영에 들러붙어서 생긴 거라고 믿는다. 주술사는 그 해로운 영을 마치 빨대로 뽑듯이 뽑아내 그것을 배출하면 환자가 치유된다고 믿었다.

이것은 단순히 미신이나 주술이 아니다.

심리적 질병이란 에텔체 내부의 이상에 의한 것인데, 그 치료는 에텔체 내부의 불순한 에너지 암 덩어리를 뽑아내는 것이다. 곧 에너지 테라피를 통해 환자 내부의 기이하며 그 자체로 살아 있는 그러면서도 강력한 해로운 에너지체를 배출, 분쇄시키면서 명상 세션을 활용하면 해결할 수 있는 문제다.

그런데 한금실은 자신이 불치병 환자이며 어떤 누구도 자신의 병명조차 알 수 없다는 데 대해서 상당한 만족감을 느끼고도 있었다. 차크라 리딩만을 마친 채 그다음 과정에는 나타나지를 않는다. 오랜 질환으로 인한 이차적 이득 심리를 끊어 버리지 못했던 것이다.

이보다 더 끈질긴 것은 인형의 힘 — 이 또한 에고의 한 영역 — 이다. 언제 어디서든 나를 따라다니며 감시하는 주술적인 인형의 존재는 누구에게나 있다. 그것은 인간에게 죄와 벌을 강요하고 자신의 율법에 복종시킨다. 그것은 심판과 계율과 벌을 주는 일을 즐겨 하지만 명상 같은 것을 통해 자신을 무력화하고 무효화하는 일은 절대 하지 않는다. 왜냐면 명상이 이 인형을 쓰레기통에 치워 버릴 수 있으니까. 그럴지 모르니까.

인형은 인형일 뿐 그것이 주술적이든 하나님처럼 생각되든 어린 시절의 어떤 물건일 뿐이다. 누군가 우리에게 강요한 마음의 발명품, 에고의 부산물일 뿐이다.

태어난 건 공짜일지 모르지만 진정으로 사는 건 공짜가 아니다. 어떻게 무엇을 끝내고 어디로 갈 것인가?

불행은 행복보다 더 못하거나 가치가 없는 것은 아니다. 인간은 불행을 통해 단지 행복하기만 한 사람은 알 수 없는 아름다움과 기품을 터득한다. 다만 불행에서 빠져나오는 일에 좀 더 용감해져야 한다. 세월도 약이 되지 않고 주변의 사랑도 도움이 못 된다면 오직 스스로 한 발자국 나아가야 한다. 내면의 지혜와 치유의 길은 모두에게 열려 있다. 유일한 어려움은 그것을 시작하는 것뿐이다.

5.
내 안에 차가운 괴물이 살고 있어요

빙의는 아니지만
빙의의 형태로
우리 안에 살고 있는 것

박구도 씨는 기맥이 많이 열린 탓에 일상생활을 힘들어하는 분이었다. 사람들의 병들고 혼탁한 기운이 그대로 그에게 전달되어 몸 마음이 쉽게 피폐해졌던 것이다. 매일매일 만나야 하는 직장 동료 중에 특히 더 힘들게 하는 사람이 있었던 모양이다. 핸드폰으로 찍은 그 사람의 사진을 내게 보여 주기까지 하며 이 사람은 뭔가 더 특별하고 힘든 에너지를 내뿜는다고 몇 번이나 내 관심을 촉구시켰지만, 나는 대체로 무심했다.

탁한 에너지를 뿜는 사람으로 치면 어쩌다 몇몇 사람도 아니고 대부분이 그러할 텐데 어떻게 하긴 어떻게 해? 당신이 더욱 강해지는 수밖에 없지, 뭐 그런 기분이었을까?

어느 날 박구도 씨는 그 직장 동료와 바로 어제는 장시간 밀접하게 지냈는데 탁기의 강도가 대단해서 전에 없이 심한 후유증에 시달리고 있다며, 그 동료의 상태, 그 힘의 정체에 대해서 규명해 달라고 은연중에 부탁하였다. 그 동료가 끼친 기운의 영향이 지금도 자신 안에 잔뜩 남아 있는 것 같다 하여,

"알겠습니다. 저도 궁금해지네요."

하며 세션을 시작했다. 끝나고 내가 하는 말이,

"하하하. 흑룡이 땅속에서 길을 못 찾고 몸부림을 치고 있네요."

박구도 씨는 내 말뜻을 정확히 알지 못하여 약간 의아한 표정을 지어 보였다.

그러게, 무슨 뜻일까? 그 동료의 생명 에너지, 성적 에너지에 관한 것이었지만 구체적인 것은 나도 당사자를 직접 만나기 전에는 알 수는 없는 노릇이다.

그로부터 얼마가 지났을까. 박의 설득으로 그 동료분이 마침내 내 앞에 나타났다. 이은혜라는 30대 여자분이었다.

먼저 차크라 리딩을 시작하였다.

요점만 말하면 두 가지 커다란 특징을 지니고 있었다.

산으로 치면 커다란 돌기둥이 중턱을 콱 꿰찌르고 가로로 놓여 있는 모양이다.

에너지 흐름이 발끝에서 머리끝까지, 앞에서 뒤로 흐르지를 못하고 가슴 아래로, 가슴 위로 따로 놀고 있었다. 남과 북이 따로 놀고 있는 것에 더해 전라도 따로, 경상도 따로, 제주도 따로, 서울시 따로 있는 셈이었다. 물줄기로 따지면 강물이 벌판

을 가르며 유유히 흘러가는 것이 아니라 물이 있다가도 없는 듯하며 웅덩이들이 점의 형태로 이어져 있고 아주 끊어진 듯한 부분에서는 간헐적으로 분수처럼 물이 뿜어져 오르기도 하는 그런 형태.

생명 에너지 흐름이 그렇다는 말이다. 이러니 몸이 어디 하나 건강한 곳이 없었다. 손발은 차고 가슴은 답답하고 머리는 흐릿하고 늘 어지러우며, 장은 언제나 메스꺼우며 소화불량에 걸린 듯하고, 잠을 자고 나면 더욱 몸이 아프고, 어깨 무릎 관절 마디마디 아프지 않은 데가 없고……. 참 이런데도 불구하고 멀쩡하게 보이며 견디고 사는 걸 보면 인간이란 게 모질고 모진 거지.

또 한 가지.

이은혜 씨의 뱃속에는 무시무시한 괴물이 살고 있었다.

어둡고 음산한 지하 감옥 세계, 쇠로 만든 복잡한 기관 장치가 설치된 감옥에서 몇 겹의 쇠사슬에 묶인 채 오랜 세월 감금되어 살고 있는 괴력의 사나운 인간.

누굴까?

"맞아요, 맞아!"

이은혜 씨 자신도 그를 알고 있었다. 이렇게 말했다.

"가끔 밤에 잠자리에 누워 배에 손을 대고 있으면 그 안에 쇠로 만든 차가운 감옥이 있는 것 같아요. 그리고 그 안에는 아주 정교한 기계 장치 같은 것으로 꽁꽁 묶여 있는 어떤 알 수 없는 사람이 갇혀 있는 것 같았어요. 도대체 그것은 무엇일까요? 혹시 제가 빙의가 된 건 아닌가요?"

"빙의는 아닙니다."

하니 그녀가 약간 안심하는 듯하였다.

다시 여러 가지 묻기에 내가 말없이 그를 한동안 바라만 보다가 혀를 차고 말았다.

"참…… 지금은 다 말해 줄 수가 없네요. 말해 준다 한들 소용도 없을 거고. 다만 당신이 얼마만큼 성장을 하느냐 그에 따라서 하나둘씩 얘기해 줄 수는 있겠죠. 나도 사실 내가 본 것에 대해 궁금한 게 있답니다."

하니 그녀도 순순히 고개를 끄덕였다.

당장은 '몇 겹의 쇠사슬' 혹은 '아주 정교한 기계 장치에 묶여 있는' 이런 표현이 뜻하고 있는 것들을 말해 줄 순 없었다. 그것은 그녀의 머리 센터, 가슴 센터, 성 센터가 동시에 억압받고 있다는 것을 의미한다. 억압된 사고, 억압된 감정, 억압된 성 에너지를 뜻한다. 대다수의 사람들도 마찬가지다. 편협하고 주입된 생각들, 선입관, 가치관, 도덕관, 종교관…… 이런 것들이 우리의 머리, 머리 센터의 정상적인 에너지 흐름을 막고 있다. 우리의 가슴은 원래의 가슴과 따로 놀고 있다. 사랑을 줘야 할 때 사랑을 주지 못하고, 느껴야 할 것을 느끼지 않도록 억압받고 있다. 어떤 상황에 처하거나 누군가를 만났을 때 아름다움을 느끼기보다는 먼저 그것이 얼마나 도움이 될 것인지 생각하도록 훈련되고 있다. 성 센터로 말하면 그것처럼 위선적인 곳도 없을 것이다. 이 억압들이 쌓이고 쌓이면서 자연스러운 생명력

대신 얼음으로 채워진 무시무시한 괴물, 혹은 고름으로 썩어가는 영혼의 늪지대가 만들어진다.

성장이란 문제는 단순히 명상 세션 같은 것에 의해서가 아니라 이 모든 것의 변화와 더불어 오기에 나도 궁금하기도 했다.

세션이 시작되었다.

그녀는 자신이 최악의 상황에 처한 것도 아니며, 자신에 대한 희망적인 비전을 보았는지 첫날부터 많이 울었다. 한동안 순조롭게 진행되다가 갑자기 그녀가 세션을 중지하였다. 그리고 한 달인가 한 달 보름인가 지나 다시 나타나서는, 처음에는 내가 들려주는 말에 반신반의하기도 했는데 세션을 끊고 자기에게 일어나는 현상들과 사람들 속에서 그 말들을 적용하고 점검해 보니 그 말들이 점점 옳았다는 걸 깨닫게 되었다고 한다. 연락을 끊은 그 한 달여 동안 다른 사람들에게서 얼마나 부정적인 탁기가 나오는지, 그리고 자신이 그 탁기들을 얼마나 힘들어하는지, 그리고 자신도 전에는 그렇게 남을 힘들게 하였으리라는 것을 절감했다고도 하였다.

그러던 어느 날이다. 세션을 하던 중에 그녀의 몸이 격동하기 시작했다. 아니, 전부터 꿈틀거리며 조짐을 보였던 내적 생명 에너지가 폭발하고 있었던 것이다. 나는 아무것도 하지 않고 그녀를 내버려 두었다. 그녀는 걷잡을 수 없이 눈물을 흘리며 몸을 좌우로 흔들고 있었다. 얼마나 그러고 있었을까? 하염없이 흐르는 눈물을 내버려 둔 채 그녀가 이렇게 말했다.

"저에게 지금 무슨 일이 일어났습니다! 제 안에서 어떤 것이 끝나고 전혀 새로운 것이 일어났다고요. 저는 절대적으로 확신해요. 제가 과거의 제가 아니라는 것을요! 지금 이후부터는 절대 과거로 돌아가지 않는다는 것을요."

그녀는 자신이 새롭게 태어났다고 말했다. 몸 안에서 계속 에너지가 일어나고 있다고 하였다. 그녀는 눈을 감은 채 흔들리고 있었고, 나는 그런 그녀를 그냥 지켜만 보는 수밖에. 말하자면 흑룡이 마침내 지하를 벗어나 날아오를 수 있는 통로를 열었던 것이다.

그녀의 건강이 점차 좋아지기 시작했다.

사는 걸 너무나 힘들게 만들었던 가슴의 통증과 고통도 사라져 버렸다. 그 전에, 간혹 자신이나 주변인들도 놀라 마지않을 정도였던, 주변 사람들에 대한 무지막지한 폭력성도 자취를 감추어 버렸다. 대신 타인에 대한 아픔, 연민과 동정이 그 자리를 메꾸었다. 어떤 사람의 목소리만 들어도 그 사람의 아픔이 느껴지고 어떻게든 도와주고 싶어 자꾸 눈물이 났다.

"그런데요, 배 안에 있던 차가운 감옥과 그 괴인이 모두 없어졌어요. 어떻게 된 거죠? 이제는 아무리 느끼려고 해도 아무것도 만져지거나 느낄 수가 없어요. 그냥 홀연히 사라져 버렸어요."

"하하하. 분해되어 사라져 버린 거죠."

"그럼 다시는 나타나지 않는 건가요?"

"그렇죠. 흩어져 버렸으니까."

그게 뭐였냐고 묻기에 빙의는 아니지만 빙의의 형태로 고착된 그 자신의 억압되고 왜곡된 생명 에너지의 빙결체 같은 것이라고 말해 주었다.

"리아 님은 빙의된 사람들에겐 어떻게 하시나요?"

그 역시 외부로부터 유입되었다 뿐이지 에너지 응결체에 불과하므로 해체해서 선화시키는 거지 뭐, 하였더니 그게 가능하냐고 또다시 물었다.

"일반적으로 영력이 있는 무당이나 스님들이 천도식에서 하는 일이 그 영을 불러내 그 사람으로부터 분리시키는 겁니다."

"맞아요. 제 주변에 그런 분들을 꽤 보았는데 확실히 영을 불러내기는 하는데 해체하는 것까지는 아니던데요?"

"그렇죠. 또 그 영이 웬만하면 다시 돌아오거나 다른 영들이 기어들어 옵니다. 그러니 완전히 분해를 해서 허공중에 없어지게 하고 그런 다음엔 다시는 다른 영들이 못 들어오도록 에너지막을 튼튼히 하는 게 중요하지요."

거기까지는 그녀도 이해하게 되었지만 스스로도 아직 이해할 수 없는 사연들이 내면에는 남아 있었다.

이에 대해 오쇼의 말을 빌려 설명하자면 이렇다.

"상처가 있는 사람은 다른 사람에게 상처를 줄 것이다. 사랑이 있는 자는 다른 사람에게 사랑을 준다. 사람은 자신이 가진 것만을 다른 이에게 줄 수 있다."

사람들의 기질이나 에너지 상태, 카르마는 천차만별이다. 자신의 생명 에너지, 원초적인 성 에너지가 오랫동안 억압당하고 왜곡되어 출구를 찾지 못한 이무기나 흑룡 정도 되면 주변 사람들을 힘들게 하는 건 둘째 치고 결혼 생활도 어렵다. 마누라나 남편이 시름시름 앓는다든지 하여 가정이 깨지게 되니 말이다. 먼저 자신을 가두고 있던 사슬과 감옥을 부수고 빛이 들어오는 출구를 찾아야 한다. 그다음에야 인체의 모든 부분, 기맥과 에너지 센터를 정화하는 작업으로 들어갈 수 있다.

이은혜 씨는 많은 진전을 보았지만 한층 더 깊고 높은 세계로 나아가기 위해선 세션 말고 다른 한 가지가 더 필요했다. 다름 아닌 그 자신에게서 일어나는 내적인 성장이다. 지금도 에너지 현상들은 계속해서 전보다 더욱 강렬하게 일어나고 있다고 하지만 어떻게 더 한 차원 도약할 것인가? 그 자신의 내적 깨달음에 의한 의식의 확장 그것이 필요했다. 여자들에게 있어서 그것은 자기의 생명 안에 있는 지혜와 본성을 발견하고 연결되는 것으로도 이루어진다.

지방에 살던 그녀는 결혼한 후에도 남편의 동의를 받아 명상 세션을 계속 받겠다고 했다. 그런데 일도 생활도 바빠서인지 한동안 그녀를 보지 못했다. 신혼여행에서 돌아온 그녀가 다시 찾아왔다. 세션이 끝난 후 내가 말했다.

"몸이 예전과 현격하게 달라졌네요. 신경계건 호르몬계건 몸 전체가 엄마가 될 준비가 되어 있어요."

그녀는 어떻게 그런 걸 알 수 있냐고 놀라면서 임신한 지 몇 주 되었다고 하였다. 생명체를 잉태한 그녀의 몸은 전과 달리 호르몬이건 기운이건 태어날 아기를 위해, 말하자면 전력을 기울여 완전하게 조화로운 상태로 들어가 있었다. 전에는 세션을 통해서 조금씩 개선되고 있던 부정적인 에너지들과 기관들이 임신 하나로 모든 불협화를 중지하고 단숨에 평화 상태가 되어 있었다. 몸의 신비, 생명의 신비다. 거대한 신비다.

날이 차자 그녀는 딸을 낳았는데 그 아이는 지금도 무럭무럭 잘 자라고 있다. 보내 주는 사진을 보니 아이 모습이 천사가 따로 없다. 내 안에 있던 차갑고 음산한 감옥과 그곳에 갇혀 있던 무시무시한 괴물, 그곳은 실은 천사가 사는 곳이었던 것이다.

6.
죽음에 이르는 병

선천적 우울증,
잊어야 할 것,
잊어서는 안 되는
것들에 대하여

이꽃잎 양은 30대 초반에 미혼이다. 수수하면서도 후리후리한 미인인 데다가 겉보기에는 걱정거리가 없는 다정한 여자 같다.

그러나 실은 그렇지 않다. 그녀는 벌써 두 번이나 자살을 시도한 적이 있었다. 지금도 정신병원에 다니며 꾸준히 약을 복용하고 있었다.

나를 알고 있던 그녀의 여자 친구가 내게 부탁했다. 그녀가 지금 경제적으로 넉넉지 못하니 그녀에게는 비용을 조금만 받고 나머지는 자기가 대겠노라고. 하지만 이런 사정은 그녀에게는 비밀로 해 달라고 했다.

리딩을 시작하였다.

전생에 그녀는 남자다. 아주 깊은 오지의 평온한 마을에서 평화롭게 살던 순수한 청년이다. 그런 그가 갑자기 전쟁터에 끌려 나간다. 전쟁의 끔찍한 참상은 이루 말할 수가 없다. 전쟁이 끝나고 천신만고 끝에 불구자가 되어 그는 고향에 돌아온다. 그는 외롭고 밤마다 악몽에 시달린다. 가끔 산에 있는 석불에 올라가 혼자 기도를 하고 눈물짓기도 한다. 배고픔과 질병과 추위에 시달리다 그는 외롭게 죽어 간다. 마지막 죽는 장면이 인상적이다. 자기가 자기 시체에게 열심히 삽질을 하며 흙을 퍼 나른다. 시체 쪽에서도 같이 삽질을 하는 그에게 흙을 퍼 나른다. 현재는 과거를 완전히 매장시키고 싶어 하는데 과거는 여전히 현재를 매장하고 있는 모습이다. 한 영혼이 그 상황에서 어떻게든 빠져나오고 싶어 하는 것이다. 한 사람이 두 사람이 되어 등을 지고 서로에게 삽질을 하는 그들은, 똑같이 그리고 쉴 새 없이 이렇게 중얼거리고 있다.

"너는 나랑 모르는 사람이야. 너는 나랑 모르는 사람이야……."

뭐랄까? 가슴 아픈 이야기였다.

나는 이제 너를 잊기 위해 여자로 태어난다. '우리는, 전생의 나와 지금의 나는 서로 한 번도 안 적이 없는 사이다.'라는.

리딩이 끝나고 대화가 시작됐다.

정신과에서는 우울증이라며 긍정적으로 생각하며 살아 보라고 조언했단다.

그녀는 자신도 그러려고 노력하고 있다고 말했다. 또 자신의 우울증이 어린 시절 부모님이 맞벌이를 하느라 바쁘셔서 사랑

을 부족하게 받은 탓에 일찍부터 시작된 것 같노라고 하였다. 내가 그녀에게 말하기를,

“부모님이 맞벌이를 하느라 우울증에 걸리고 자살을 두 번씩 하게 됐다면 대한민국에는 그럴 사람이 너무나 많겠네요. 맞벌이 부모님을 뒀다고 모두가 우울증에 걸리고 자살을 시도하고 그런 건 아니잖아요?”

하지만 그 밖에 우울증의 원인이 될 만한 인생 사건은 없다고 한다. 그저 평범한 인생살이였다. 그러더니,

“저는 두 살 때부터 우울했던 것 같아요.” 하는 것이다.

내가 말했다.

“아마 태어날 때부터 그랬는지도 모르죠? 영화나 티브이 프로그램 중에는 어떤 걸 좋아하나요?”

그 나이 또래와 비슷한 평범한 대답이 돌아왔다. “싫어하는 영화는 없어요?”라고도 물으니 딱히 없다고 하였다.

“혹 전쟁 영화는 어땠나요?”

그러자 그녀는 소스라치듯 놀라며,

“제일 싫어해요. 너무너무 끔찍하잖아요!”

전쟁 영화 화면만 잠깐 봐도 꺼 버리거나 도망쳐 나온다는 것이었다.

“혹, 잠잘 때 악몽 같은 것은 꾸지 않나요?”

“악몽? 그런 건 잘 생각 안 나는데 자다가 벌떡 나도 모르게 소스라치며 일어날 때가 있어요. 혼자 있을 때도 그렇고. 하지만 왜 그런지 뚜렷하게 생각나는 건 없어요.”

그쯤에서 나는 내가 본 그녀의 전생 스토리를 일부 얘기해 주었다.

그녀는 말없이 듣고 있다가,

"그런 것 이외에 뭐 저한테 좋은 일은 없었나요?"

"네, 아주 좋은 친구가 그 전전생인가 있더군요. 지금도 그 모습을 생각하면 나도 기분이 좋아져요. 너무 다정하고 어디 신식 도관이나 학당 같은 데서 청춘의 밝은 꿈에 불타는 아주 훌륭한 친구의 모습이더군요. 너무나 행복한 모습이에요."

그러자 그녀도 보조개를 드러내며 생긋 웃는다. 아, 이렇게 예쁘고 때로는 생기도 넘치는 젊은 처자가 우울증으로 직장도 휴직하고 날마다 염세주의자가 되어야 한다니.

그녀는 꼬박꼬박 세션에 참가했다. 약도 끊기 시작한다고 했다. 그러다 어느 날 그녀가 나타나지 않았다. 급한 약속이 있어서 미안하다더니, 이틀 후 그녀가 왔다.

그런데 그날 세션을 하면서 나는 깜짝 놀라고 말았다.

그녀의 마음 풍경이 보였는데 이제껏 전혀 본 적이 없는 새로운 풍경—온통 곡소리 가득한 상여들, 원혼들, 시체들투성이였다.

도대체 하룻밤 사이에 이게 무슨 일인가?

"그저께 무슨 일 있었어요?" 하고 물으니 "네, 실은 남자를 만났어요." 한다.

정신병동에 입원했을 때 알게 된 남자 환자라고 하였다. 유부남에 박수무당인데 그 또한 심한 우울증으로 병원에 입원 치료 중이었다.

“그 남자와는 어디까지 사귄 건가요?”

그녀가 잠시 있다가,

“실은 그날 같이 잤어요.”

모든 것이 이해되었다.

“미안하지만 당신은 아직 명상 세션 중이고, 이때는 자신을 긍정적인 분위기나 긍정적인 사람들, 긍정적인 환경에서 지내는 것이 아주 중요합니다. 남녀 간의 사랑 문제에 관여할 생각은 없지만, 최소한 당신이 건강해져서 이 세션이 끝날 때까지는 그 남자를 만나지 않는 게 좋겠습니다.”

내가 당부하자 그녀도 그러겠다고 한다.

하지만 그 이후로 세션 날짜를 어기는 날이 많아졌다. 그녀는 한동안 연락이 끊겼다가 다시 나타났다. 지금 다니는 병원 의사의 소개로 한 정신병원을 인사차 찾아갔는데 그곳에서 강제 입원시키는 바람에 하마터면 몇 달씩이나 갇혀 있을 뻔했다는 것이다. 간신히 풀려나긴 했지만 그로 인해 받은 충격으로 우울증이 더욱 심해졌다고 한다. 그러고는 약을 다시 복용하고 있었다.

얼마 후 그녀는 아예 나타나지 않았다. 그녀가 사귀었던 박수무당도 크게 보면 1장에 나온 정신과 원장인 어머니와 비슷한 경우다. 그 또한 사람들이 그에게 가져오는 부정적인 마음의 상처와 덩어리들에 스스로 짓눌려 있었던 것이다. 일상적인 만남을 넘어 성적인 관계를 통해 그것들은 마치 도장을 꾸욱 찍어 누르듯 그녀에게로 깊이 옮아간 것이다.

한편으로 그녀가 내 조언을 무시하게 된 것도 이해는 되었다. 탄트라의 통찰에 의하면 성행위를 경험하는 에너지는 생식기에 제한되어 있지 않고 몸 전체에 걸쳐서 느낄 수 있다. 그것은 고통에서, 감정적인 아픔과 심리적 문제들에서 자신을 자유롭게 하기 위해 우리가 가진 가장 강력한 도구이기도 하다. 서로가 막다른 골목길에서 성적인 결합 이외에 별다른 출구를 못 찾고 있었다는 점에서 두 사람이 비슷한 입장이었으니 말이다.

그녀와의 마지막 만남은 어느 항구 도시의 한 카페에서였다. 그녀의 친구의 주선으로 나와 이꽃잎 양까지 세 사람이 모였다. 그날 과거에 잠깐 사귀었던 남자 친구와의 관계에 대해 극구 그 순수함을 변명하고 주장하던 그녀가 생각난다. 박수무당과의 잠자리는 아무렇지도 않게 얘기하면서 그날은 왜 그랬을까? 이 지상에 머무르는 동안 무언가 순수하고 깨끗한 꽃 한 송이는 남겨 두고 싶었던 것일까?

몇 달 후 그녀는 이 세상을 떠났다.

친구와 함께 그녀는 강릉 경포대에 놀러 간다. 남자 친구와 같이 온 자기 친구에게 혼자 동해 바다를 즐기고 싶다며 그들과 헤어져 거기에 남는다. 그리고 그날 밤 그녀는 그때까지 모은 약을 삼킨다. 유서에는 자기에게 다정하게 대해 준 친구에게 다음 생에서는 행복하게 지내자는 인사를 남겼고, 자기 이야기를 잘 들어준 내게도 정말 고맙다는 말을 전해 달라는 글을 남겼다.

그녀의 친구에게 이 소식을 들었을 때 문득 그 외의 대안은 없었을까 하는 생각이 들었다. 그렇게 하면 지금 생애에서는 감당할 수 없는 과거의 악몽의 짐을 덜고 그다음 생에서는 좀 더 가볍게 좀 더 행복하게 살 수 있는 것일까.

인간의 마음은 왜 병드는가?

그것은 낙원이 파괴되었기 때문이다. 사랑이 파괴되었기 때문이다.

그때 인간은 병들기 시작한다. 그리고 누군가가, 특히 가까운 누군가가 그것들에 전염되는 것이다. 어떻게 극복할 것인가?

새로운 심신의학을 암 치료 등에 적용하면서 '사랑의 의학'을 주창하게 된 버나드 시겔은 암 환자의 80퍼센트는 그들이 병원에 입원하면서 어떤 부류의 환자들과 친해지고 섞이느냐에 따라 호전될 것인지 악화되어 사망할 것인지 결정된다고 말한다. 긍정적인 생각과 건설적이고 주체적인 환자 그룹에 들어가느냐, 체념적이고 비관적인 환자들, 병을 고치기 위해 생활양식을 바꾸기보다는 수술 쪽 등을 선호하는 환자 그룹에 들어가느냐에 따라 결과는 다르다. 어둠 속을 헤쳐 나오고자 할 때 주변의 긍정적인 사람들, 긍정적인 환경만큼 중요한 것도 없다.

그녀가 명상 치유라는 새로운 방안을 스스로 선택하고 실행한 것이 아니라 친구의 도움에 의존하고 있었다는 점은 아쉬움으로 남는다. 왜냐면 마음 치유에 있어서 처음부터 끝까지 중요한 것 중의 하나는 본인의 의지이기 때문이다. 벗어나고자 하는 의지, 극복하고자 하는 투철한 의지 말이다.

언젠가 나는 몹시 고된 일을 한 뒤 갑자기 병이 생겨 앓아누운 적이 있었다. 한 달이 지나도록 어떤 약도 효과가 없었다. 제대로 숨 쉴 수조차 없었고, 걸을 수도 일어날 수도 없었다. 담 증세가 온몸에 돌아다니며 온다는 기담(氣痰)이라고 했다. 소의 쓸개를 어머니가 구해 주시면서 하는 말이,

"잔소리 말고 마셔. 원장 의사 말이 병원 약보다 이게 더 효력이 있다며 권하더라."

오죽하면 쓸개라고 했을까. 쓴 쓸개즙을 한 대접 다 들이켰다가 설사가 나서 20분도 안 되어 변기통에 모두 버렸다. 무슨 귀한 분으로 만들겠다고 소 쓸개까지 이 몸 안에 붓나.

독한 약을 어거지로 꼬박꼬박 복용해 봤지만 차도가 없었다. 오히려 신경만 한층 예민해져 갔다.

어느새 겨울은 가고 봄이 왔다.

일어나야지.

무조건 일어나야지 하고 마음먹었다. 지금부터 너는 절대 안 아픈 거야. 그런 일도 없었어.

두 발을 허공으로 박차며 벌떡 일어났다. 그 즉시로 담이 사라졌다. 비로소 예전의 자신으로 되돌아간 것 같았다. 어머니에게서 전화가 왔다. 지금 시장에 있는데 집에 누구 없느냐고 물으셨다. 시장으로 쫓아가 어머니가 산 배추 더미를 어깨에 지

고 집으로 돌아왔다.

무엇이 우리를 일으켜 세우는가?

아직 만나지 못한 당신 자신이다.

언젠가는 꼭 만나야만 하는 당신 자신이다.

이야기 나무 2

진짜

위대한 건축가가 있었다.
그는 오랜 수고와 열정을 기울여 일생일대의 아름다운 건축물을 만들었고, 사람들도 감탄과 칭찬을 아끼지 않았다.
그 나라의 위대한 시인과 예술가들조차도 그곳에서 하룻밤 머무를 수 있다면 행복하다며 진심 어린 찬사를 바쳤다.
하지만 그 아름다운 건축물은 1년도 안 돼 모두 불타 버리고 말았다.

범인을 밝히고 보니 뜻밖에도 그 건물의 공사 현장 책임자였다.
그는 몹시 불행한 사람이었다.
그가 말했다.
"당신들은 하룻밤 살다가 죽어도 좋을 것 같은 아름다운 공간을 만들어 사람들을 불러들이며 고상하게 살 수도 있겠죠.
하지만 어떤 사람들에게 그건 그림의 떡조차도 될 수 없습니다."
건축가는 그의 얘기를 듣고는,
"나의 잘못이다. 당신은 당신이 아는 모든 불행한 사람을 부르시오."

수많은 불행한 사람들이 공사 현장에 모여들어 다시 건축물을 짓기 시작했다. 전보다 두 배의 기간이 걸렸고,
전보다 더 아름다운 건물이 완성되었다.
불을 지른 그 사람조차도 너무나 감동받고 기쁜 나머지 제대로 바라볼 수조차 없을 정도였다.
하지만 그 건물 역시 1년도 되지 않아 불타 버리고 말았다.

그 아름다운 건물이 또 사라지다니!
사람들은 하늘의 신들이 시샘을 하여 불태워 버렸다며
신을 원망하였다. 그렇지만 범인을 잡고 보니 그는 또 다른
불행한 사람이었다. 건축가는 그의 사연을 듣고는,
"나의 잘못이다. 이번에는 이 세상의 불행한 모든
사람들을 공사 현장에 불러들여라."

다시 건축물을 짓기 시작했다. 전보다 두세 배의 기간이
걸렸다. 마침내 건축물이 완성되었다. 그 앞에선 이제 '아름답기
그지없다.'라는 말이 초라할 지경이었다. 세상에 존재하는
아름다움 이상의 무엇이 그 건축물에 들어 있었다.
그 건축물은 '어떤 불행한 사람이라도 하룻밤 머무르면
행복해지는 곳'이라고 불리게 되었다.
그곳에선 모두가 행복하였고,
그 건축물을 만든 이에게 모두가 존경과 감사를 표하였다.

훗날 건축가가 죽자 그의 묘비명에는 이렇게 새겨져 있었다.
'그는 진짜였도다.'

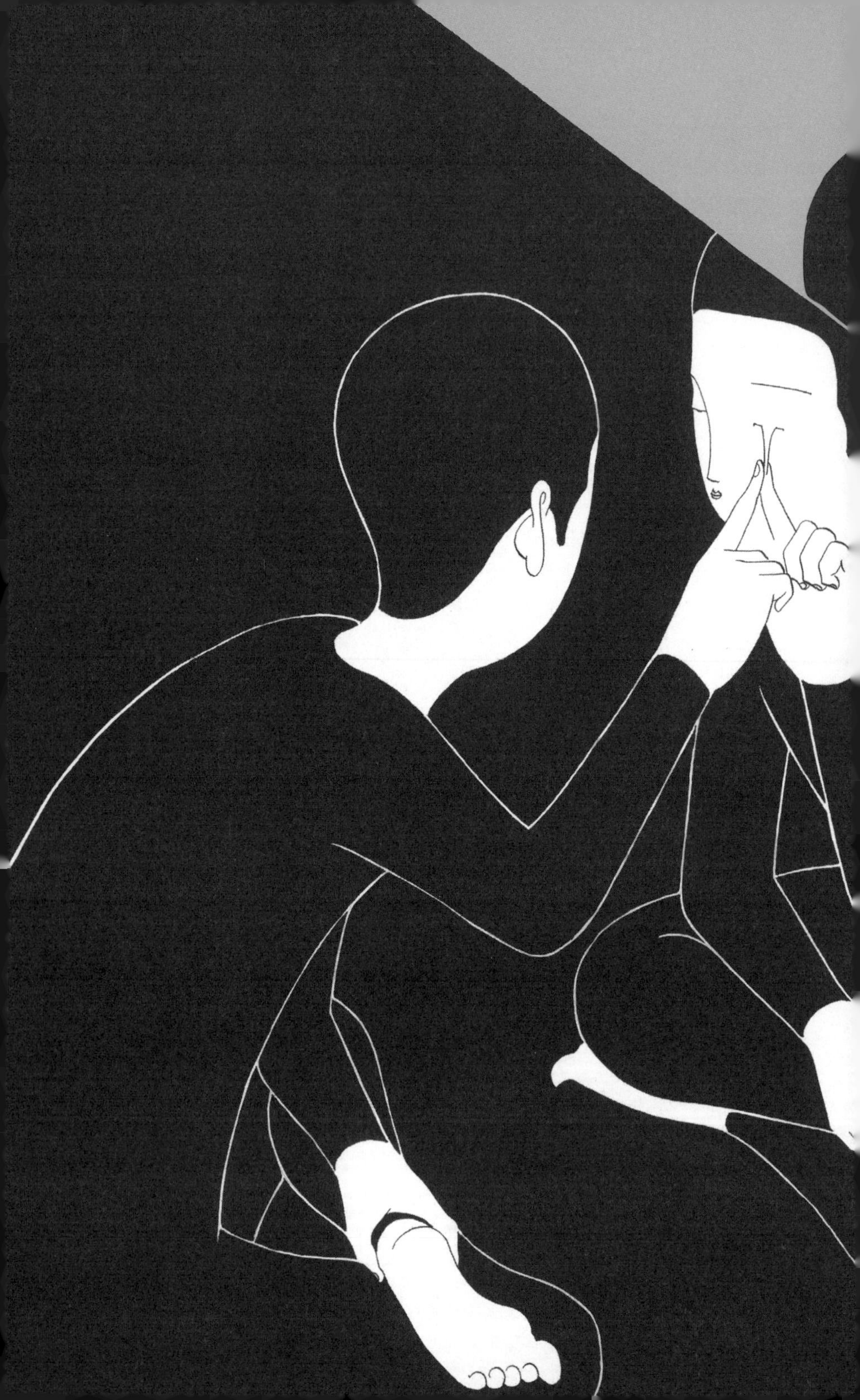

3부

의식은 진화한다

1.
인류가 겪은 모든 삶을 다시 여행하기

민화박물관의
조상령들부터
한국적 에너지의
세계까지

고구려 미인의 힘

지금이야 정도 많고 고마운 분이지만 한동안 조선민화박물관 관장께선 나를 좋아하지 않으셨다. 왠지 저 자식은 혼 좀 한번 내줘야겠는데 벼르고 있는 사람 같았다고나 할까. 과연 민화 축제 분위기가 한창 익어 가던 무렵, 나랑 맞닥뜨리더니 기어이 "이 빡빡이! 넌 뭐야?" 하며 내 얼굴에 술 한 사발 좌악 뿌려 대시는 것이었다. 글쎄, 누가 누구더라?

관장님의 사모님은 내가 매달 열고 있는 명상 캠프에 열심히 참가하고 있었다. 1년에 한 번 거를까 말까 할 정도로 열성적이었는데, 하필이면 명상 캠프에 참가하는 날이 박물관이 한창 바쁠 때와 겹치곤 해서 갈수록 관장님의 심기가 언짢아지셨던 듯했다. 사모님이 그 전에도 명상 수행을 한다며 전국 여기저기를 다니는 통에 호되게 쌈질을 벌인 적도 있었는데, 이번에는 아예 매달 출타를 하니 화가 치밀 만도 했다. 그렇게 해서 나는 보이지 않는 괘씸한 놈이 되어 있었던 것이다.

사모님은 그래도 관장님과 내가 친해지기를 전부터 학수고대하며 기회를 엿보다가 매년 열리는 민화 축제 자리에 나를 초대했다. 관장님도 "까짓거 잔칫집에 못 올 사람이 어딨어?" 하며 허락했다 하시고, 나 또한 그곳에서 무슨 일이 있어도 일절 사고를 치지 않기로 다짐을 하고서는 명상 회원 두 사람과 함께 그곳 축제엘 걸음 하게 되었다.

박물관은 영월 김삿갓 계곡 속에 있었다. 삼천리강산을 떠돌던 방랑 시인이 생애의 최후를 마감했다는 곳이라 그런지 백두대간 울창한 수림에 둘러싸인 주변 풍광이 무척 청정하고 아름다웠다. 인근 동네 백수나 절름발이 아저씨까지 하객들 틈으로 보이는 게 옛날 시골 잔치 풍경 같았다. 다행히, 내가 받은 막걸리 세례 말고는 별다른 사건은 일어나지 않았다.

예상 밖으로 판을 떠들썩하게 만든 이는 나랑 같이 갔던 명상 모임 회원들이었다. 한 사람은 검도 6단에 국제 심판이기도 한 화통한 성격의 늘씬한 미녀였다. 하얀 고무신 콧등에 쓰다 남은 립스틱으로 예쁜 꽃을 그려 넣어 신고 다닌다든지 고구려 벽화에서 봤다는 무사의 도포 같은 걸 손수 한 땀 한 땀 지어 입곤 했으니, 여기선 일단 '고구려 미인'이라고 해 두자. 다른 이는 한때 신내림을 받고 무당이 될 준비를 하기도 했던 젊은 처자인데 노래를 무척 잘 불렀다.

뒤풀이 시간이었다. 드럼도 치고 아코디언도 연주하는 풍각쟁이도 불렀겠다 흥이 난 두 사람이 노래하고 춤을 추니 술잔만 오고 가던 분위기가 점차 달아올랐다.

그런데 그 자리에는 좀체 신바람에 휩쓸리지 않는 일단의 마나님들이 있었다. 그들끼리 모여 앉아 고상한 분위기를 풍기는 것이 마치 조선 시대 사대부 마님들 같아 보였다. 그 지역 유지들이나 전현직 고위 공직자들의 부인, 비싼 그림에 관심 있는 강남 사모님들인가? 그렇건 말건 주흥이 갈수록 무르익자 발동이 제대로 걸린 고구려 미인께서 그들에게 다가가 나오라하는데 아무도 들은 척도 하지 않는다.

"자, 이럴 땐 나와서 춤도 추고 노래도 하고 그래야지!"

대뜸 반말도 하고, 안 나오면 한 대 쥐어박을 듯도 하며, 붙잡은 손에 힘을 확 줘서 엉거주춤 일으켜 세워 보기도 하지만 여전히 궁둥이를 붙이고는 '어머, 뭐 이런 게 다 있어?' 하는 표정들이다. 그래도 개의치 않고 고구려 미인과 젊은 처자가 몇 번이고 분위기를 띄우며 자자, 흥을 불어 넣어 보지만 다들 꿈쩍도 하지 않는다. 그쯤이면 한 사람이라도 나올 법도 하건만 여전히 벽을 쌓고는 무너질까 조심들 하는데 두 처자도 그만 기운이 빠지는 모습이다. 그래도 아무렇든지 그 마님 패거리 빼고는 다들 한창 신이 났다.

그런데 내가 소변도 볼 겸 밖으로 나갔다가 잠시 하늘의 별을 구경하고 나서 들어오니 이게 웬일이냐? 풍각쟁이는 전보다 신나게 연주를 하고 다들 자리에 일어나서 한바탕 얼쑤얼쑤 춤추며 돌아가는데 난리도 아니었다. 신명이 꺾이지 않은 두 여자가 기어이 다 잡아 끌어내어 덩실덩실 춤추고 노래하고 자지러지게 웃고 떠들며 함께 즐기게 만들었던 것이다. 얼마나 어울리기 어려운 분들인지는 몰라도 신명을 알고 풍류를 아는 두 미녀의 흥과 끼에는 신분이든 체면이든 다 팽개치고 놀자판에 다 같이 끼어들게 되었던 것이다.

나중에 이 일이 그녀와 밤샘 토론의 도화선이 된 일이 있다. 그러니까 한번은 고구려 미인이 얼마 전 일본에 갔다 온 이야기를 한다. 친선 검도 시합 행사에 심판 겸 시범을 보이러 간 것인데 갈 때마다 그곳 검도 풍토가 한국과 비교되어 한숨만 나온다고 하였다.

생계 수단이 안 되어도 몇 대에 걸쳐 검도를 가보처럼 수련하는 자세, 객석이 비어 있든 말든 검도 자체와 그 규칙을 더 중요시하며 몰입하는 태도, 행사 중 지나쳐도 좋은 사소한 사항들일지라도 최선을 다해 실천하는 모습들, 이런 집중된 마음가짐과 절제되고 공정한 모습들이 한국에서는 보기 어렵다는 것이다. 글쎄, 그녀의 시야에 잡힌 검도 세계가 그런지 몰라도 한국엔 '쟁이'들이라고 장인 정신을 가진 이들도 있다고 하며 내가,

"검도 실력은 그쪽과 비교하면 어떤데요?"

"뭐 그거야 사람마다 다르니까 이길 때도 있고 질 때도 있는 거죠." 하며 여전히 풀이 죽어 있기에 내가,

"한국이나 일본이나 각자 자기들의 특징이 있죠. 그런데 일본에는 없는 게 있더라구요."

적어도 쉽게 찾아볼 수는 없을 것이다.

"그게 뭐죠?"

"바로 당신 같은 사람입니다."

"네?"

동그랗게 눈을 뜬다.

"당신처럼 호탕하게 술도 마시고 신명 나서 함께 춤도 추고, 피리도 불고 검도도 열심히 하는 사람, 때로는 틀을 화악 깨 버리고 뛰쳐나오기도 하며 함께 즐기고 나눌 줄 아는 사람. 일본에서 혹 그런 사람 본 적 있어요?"

그녀는 일본 나들이를 꽤 했지만 살아 보지는 않아서 정확히는 모르겠다며,

"그거야…… 없는 것 같던데……." 한다.

풍류를 아는 도인 같은 사람들이나 최소한 그런 사람들을 닮아 가려고 하는 이들을 이따금 만나게 된다. 서울보다는 지방을 여행하다 보면 꽤 많이 볼 수 있었다.

어느 책에서 일본 선승 이큐(一休)를 소개하며 '일본 역사상 대자유인으로 살다간 유일한 인물'이라는 표현을 썼던 것이 기억난다. 한국 역사에서는 원효처럼 평지돌출 격으로 나타나 대각도 이루고 무애자재했던 인물, 그와 비슷하게 거리낌 없는 자유인들, 그런 기질을 주체할 수 없었던 인물들이 여러 분야에서 심심찮게 나타났던 것 같다. 영화로도 나온 장승업의 경우

도 예로 들다가 오래전 전시회에 꼭 가기로 했다가 놓쳐 버렸었던 단원 김홍도 이야기도 좀 했다.

정통 궁정화가였던 김홍도가 풍속화가로 이름이 있지만 「팔선도」 같은 초탈속적 걸작도 그리는 사람인 줄은 어려서는 까마득히 몰랐었다. 어떤 계기로 10대 때부터 꼭 직접 보고 싶어 하다가 한참이 지난 어느 날 박물관에서 김홍도의 신선 그림을 마주 보았는데, 꼭 살아 있는 사람보다도 더 살아 있는 사람처럼 보였다. 풍속화 그림들을 보면 마치 내가 그 안에 들어와 있는 듯한 착각이 든다. 이게 뭐냐? 그만큼 경지가 깊었기 때문이다. 근원, 진실에 가까운 이들일수록 경계가 없어지고 자유로워진다. 자유로운 이들일수록 근원에 가 닿아 있다. 중심에 닿아 있다. 진실에 가까울수록 자유롭다. 그게 우리나라 풍류도라는 거다.

어째서 풍류가 도와 관계가 깊은 것인지는 진리에 통하지 않고서는 알기 어려운 일이다. 심오한 불도에도 풍류가 있고 파격과 광기, 경쾌함이 있다.

오도(悟道)를 한 수행인이며 대가풍의 동양철학자이자 대만의 국사로도 불렸던 남회근의 대작 『불교 수행법 강의』* 중에는 높은 경지에 올랐던 고승들 가운데 도를 깨우친 후 일부러 미친 척하며 깽판을 일삼는 선사들 얘기가 나온다. 이런 의미다.

* 원제는 『如何佛法』. '현교와 밀교를 융회관통하는 수행의 차례(融會顯密圓通修證次第)'라는 제목으로 강의한 내용이다.(신원봉 옮김, 씨앗을 뿌리는 사람, 2003)

도를 다 닦아 죽은 얼굴처럼 되고 만다면
대관절 도는 왜 닦는 것이냐?
그런 인생에 대관절 무슨 재미가 있는 것이냐?
우주란 에너지의 유희. 심각한 건 절대 도가 아니다.

곧 진리의 경계란 생기발랄하며 말할 수 없이 가볍고 편안하다. 원래 부처님의 경계도 그러하였다. 해서 파격적인 고승들이 종종 나타나 미친 척하며 경직되고 심각한 분위기를 깨부수고자 했던 것이다. 단순히 개인적인 기질의 차원이 아니라 근본적인 진리에 대한 자각과 그로부터 자연스레 흘러나오는 창조적 삶의 표현이었던 것이다.

이런 것이 우리나라에는 오래전부터 있었다고 신라 시대의 최치원은 말한다. 유불선 중 어느 것 때문에 새로 생긴 게 아니고 그 모든 게 예전부터 우리나라에 있었던 것이라며 그걸 도, 풍류도라고 하지 않았던가?

당신도 그런 유전자를 지니고 있기에 검도도 하고 인도도 다녀오고 명상도 하고 술도 마시고, 예술도 하고 싶어 하고…… 그런 거 아니냐? 그녀에게 힘을 주기 위해 즉석에서 나온 얘기들이었지만 고구려 무사 여인의 눈이 반짝반짝 빛나며 밤늦도록 토론을 벌인 것이 생각난다.

한데 60년도부터 도를 닦았다는 어느 분이 얘기하기를 한국의 도맥이나 민족정기가 일제강점기, 6·25 시대, 그리고 박정희 군사독재 시대를 통해 세 번이나 단절되었다고 한다. 그래도 여전히 많은 사람들에게서 긍정적이든 부정적이든 한국적 유전자를 발견하게 되곤 한다. 아무튼 고구려 무사와 무당이 될 뻔한 처자 때문인지 다음 해, 그리고 그다음 해에는 더욱 많은 명상 친구들이 민화 축제에 가곤 했다. 또 그들이 한판 놀기 시작하면 좌중을 뒤집어 놓았는데 덩달아 신이 난 관장님과 사모님께선 아무 때라도 그들이 찾아오면 항상 정성을 다해 챙겨주곤 하였다. 그러던 차에 관장님도 내게 차크라 리딩을 받게 되었던 것이다.

민화와 관운장

그런데 매우 이상한 일이 벌어진다. 관장 뒤에 앉자마자 무언가 강력한 보호령의 힘 같은 것이 느껴진 것이다. 불보살의 에너지에 준할 정도로 강력하다고나 할까. 도대체 이것이 무얼까 알아내려는데 문득 아, 이 땅의 산하대지의 정기와도 같은 기운, 그 안에서 살아온 사람들의 얼이라고나 할 기운이다. 곧 있어 그들이 머물던 산천의 여기저기가 파헤쳐지고 잘려 나가고 시멘트로 포장되면서 자꾸 구석으로 쫓겨나는 모습이 보인다. 그중에는 불구자처럼 절뚝거리며 힘들어하는 조상령들의 찌그러진 얼굴들도 있다.

민화박물관 관장의 인생살이와 전생 모습, 그리고 그를 둘러싼 가족들의 내력들도 보인다. 그가 민화박물관 관장이 된 것은 스스로 선택했다기보다는 자꾸 설 자리를 잃어 가는 빛바랜 조상령들에게 가장 적합한 사람으로 택해진 것 같다. 그것도 다수결로 말이다. 서민적인 외모나 번거로운 격식을 싫어하는 성정머리, 그러면서도 실무에 능한 꼼꼼한 전직 공무원이라는 것, 돈이나 명예가 필요하긴 하지만 그것을 필요에 의해서 이용할 뿐인 집착 없는 소탈한 태도, 그리고 아무리 어려워도 어떤 유혹에도 한 점의 소장품도 팔지 않는 집념과 소신……. 이런 것들이 없었다면 지금의 민화박물관도 없었을 것이다.

그런데 좀 풀리지 않는 장면이 있다. 이것은 대관절 어떻게 봐야 하나? 리딩을 끝내고 이야기를 나누다가 내가 물었다.

"근데 말이죠. 이 사람이 누군지 모르겠어요. 아마 임진왜란과 관계가 있는 장군 같습니다. 그냥 훌륭한 장군 정도가 아니라 대단히 권위 있고 혁혁한 무공을 세운 그런 장군입니다. 그런데 이 사람이 임란도 끝나고 지금은 장군복이나 무인 복장 같은 건 입지 않고 평민 차림인데요. 기거하는 곳도 매우 평범한 곳인데 자신이 소홀하게 대접받고 있다는 것에 자존심이 상한 모습입니다. 조그만 방 같은 곳에 갇혀 흙이 옷에 튀고 그러는데 말로 표현은 안 하고 있지만 꽤 노여운 모습입니다."

내 얘기를 듣던 오석환 관장이 대뜸,

"그 장수는 관운장입니다." 한다.

"삼국지에 나오는 그 관운장이요?" 하니 그렇다고 한다.

"그 관우가 임진왜란과 무슨 관계가 있기에?"

관장께서 들려준 사연은 이러했다.

관운장은 중국에서는 재물의 신이자 전쟁의 승리의 신으로 추앙받는 인물이다. 전투가 벌어지면 관운장을 모신 사당에서

제를 지내고 승리를 기원하곤 한다는 것이다. 임진왜란 때 명나라에서 원군 파병을 결정했는데 그중 진린 장군*도 출정했다. 진린은 조선에서의 첫 전투에서 패배하고 부상을 입는다. 그러고는 관우를 모시는 개인 신상을 짓고는 날마다 치공을 드렸다. 그러면서 건강도 회복하고 다시 전장으로 나가 이순신과 합작하여 승승장구하였다. 이로 인해 선조는 종묘나 동묘를 비롯해 사대문 안은 물론 전국 몇 군데에 관우 사당을 만들어 제를 올리도록 했다고 한다. 이것이 한국에서의 관우 숭배의 시초가 되었다.

그리고 500년 왕조의 국운이 쇠퇴해 가던 구한말 고종은 어진(御眞) 작가 채용신에게 밀명을 내려 「삼국지연의도」를 그리게 한다. 그림에서 나오는 영험한 힘을 빌려 일제의 압박으로부터 벗어나고자 하는 의지였다. 8폭의 대작이었는데 전문가들에 의하면 1908년경에 시작되어 1912년쯤 완성된 것으로 추정되고 있다. 고종이 헤이그 등에 밀사를 파견하던 무렵에 밀지를 내린 셈이다.

이 그림들이 일본이나 기타 등지로 반출되려는 것을 관장께서 어렵사리 구입했다 한다. 최근에는 기획 전시전을 열려는 참인데 워낙 큰 그림이어서 전시회에 다 내놓지는 못하고 반 정도가 지하 수장고에 그냥 있다 보니 관우가 노여워하게 된

* 진린은 이순신 장군을 매우 존경하여 명 황제에게 이순신을 귀화시켜 높은 벼슬을 준다면 청나라의 침입 문제도 해결될 거라고 간언하던 장군으로 유명하기도 하다. 명이 멸망한 후 그 후손들이 조선으로 귀화하여 진린이 활동하던 곳을 중심으로 대가 이어져 내려오니, 광동 진씨의 시조다.

것이라고 한다.(채용신의 「삼국지연의도」를 나중에 보니 관우만을 따로 그린 그림은 없었다.) 관장의 마음 풍경 속에 나타난 평복의 퇴역 장군(?)에게 그런 내력이 있었으리라고는 꿈에도 몰랐지만 궁금증이 또 생겼다.

"그러면 그 그림에는 일종의 주술적인 힘이라든지 염력이 있다는 얘긴데 이건 어떻게 된 것이죠? 채용신이 그런 걸 배웠다든지 어떤 특이한 오컬트 매직을 그림 속에 주입했다든지 재료가 신이(神異)한 거라든지 그런 건가요?"

오 관장의 답이 더욱 뜻밖이다. 맨 앞의 얘기를 지적하며,

"바로 그것이 민화의 특징입니다."

민화 자체가 일종의 부적이나 신주처럼 신이한 힘과 작용을 목적으로 그려졌고 그렇기에 예전에는 웬만한 집에는 꼭 있게 된 것이라고 하였다.

"채용신은 종2품의 관직까지 받은 궁정 화가인데 그런 사람이 민화를 그린 건 어떻게 이해해야 하는 겁니까? 혜원이나 단원의 풍속화를 민화라고 하지는 않는데 말이죠?"

민화박물관에 보면 여느 동양화와 똑같아 보이는 그림들도 있었다. 그런데 그림의 의도나 제작 방식이 달랐다.

"민화는 감수성을 표현하는 예술적 의도가 아니라 처음부터 특정한 목적을 가지고 그립니다. 장수나 합격이나 기복, 전승이나 기타 등등. 또 민화는 그림을 그리기 전에 윤곽을 미리 그려 놓고 그 위에 색을 입혀 나가는 방식입니다. 일반적인 동양화는 붓으로 바로 그려 나가기 시작하죠."

호국을 목적으로 그려진 채용신의 그림 역시도 기법상 민화에 속한다고 하였다. 여러모로 새로운 얘기들이었는데 오 관장은 황송하게도 민화나 박물관이 발전하기 위해서는 어떻게 하면 좋겠느냐고 물어 왔다. 리딩을 통해 본 이야기를 들려주었다.

"거기서 보면 면면히 이어져 내려온 이 땅의 기운들과 조상의 얼들, 보호령들은 개발을 통해 자연이 훼손되면서 그들이 있을 곳이 자꾸 좁아지고 밀려나는 것을 힘겨워하더군요. 또 민족의 정기랄까 그런 것이 이 땅에서 점차 사라져 가는 것을 안타까워하고 있더군요. 그런데 그들은 아이들, 새로운 세대의 아이들을 아주 좋아하더라구요. 보고만 있어도 함지박만 한 웃음이 떠오른 얼굴들이었어요."

매년 한 차례씩은 이 산천대지의 정령들과 보호신들, 그리고 이 박물관 안의 모든 작품들과 그 안에 깃든 혼령을 위해 합동 제사 같은 것을 지내는 것도 바람직하겠다, 그 자리에는 어린이들을 동참시켜 함께 행사를 하거나 제를 지내면 좋겠다 하니 관장께선 해마다 열고 있는 어린이 민화전도 좀 더 활성화시킬 계획이었다고 한다. 손님들의 다양한 종교 선택을 고려하여 제사 같은 건 올리지 않았지만 아무튼 조선민화박물관이 주최하는 민화전은 갈수록 발전되었고, 박물관 내부에 어린이 민화들도 늘 전시되어 있는 걸 볼 수 있었다. 몇 년 후에는 전라도 강진에도 커다란 민화박물관이 지어져 성황을 이루는 통에 부부는 물론 아들딸까지 모두 바빠졌다. 민화 관련 기념품이나 아이디어 상품도 갈수록 늘어나는 걸 볼 수 있었는데 판매도 예전보다 잘 된다고 한다. 문득 예전의 어떤 일이 떠오른다.

한 기획사가 한반도 기(氣) 문화 및 역학 축제 같은 걸 코엑스에서 열려고 하는데 내게 운영위원 제의를 해 온 적이 있었다. 다리 역할을 한 친구의 끈질긴 부탁도 있고 해서 일을 대략 엮어 놓았더니 성사 직전에 새로운 기획사가 끼어들어 서로 싸우는 통에 무산되고 말았다. 그중 한 기획사 사장의 아이디어가 특이했다. 자신의 주력 아이템은 한국의 부적들을 카드처럼 만들어서 한국은 물론 일본이나 미국에도 대량 판매하는 것이라고 하였다. 코엑스 건이 무산된 것이 아쉬웠는지 그 후에도 나를 찾아와 자신의 사업의 타당성과 비전을 열심히 설명하며 함께 일하자고 제의해 왔다. 그 그림은 누가 그리느냐고 했더니 오래전부터 부적을 연구한 한 화가라고 한다. 우연찮게 신촌의 한 술집에서 소개를 받았는데 진작에 관심이 없었던 터라 이야기를 나눠 보지는 않았다. 말수가 없는 50대 초반가량의 수염을 기른 사내로 기억된다. 어느 날 미련을 못 버린 기획사 사장이 다시 찾아왔기에,

"근데 부적 같은 건 오컬트적인 힘의 세계인데 그거 잘못 건드리다가는 당사자들이 다치기 쉬워요. 그 세계는 일정한 법칙이 있어서 그것을 준수하는 사람들, 허락받은 사람들, 준비된 사람들만이 들어갈 수 있는 건데, 그렇지 않은 사람들이 어설프게 대들다가는 그 세계의 힘에 치여 버리거든요. 얼마 전에 똑똑하다던 교수 한 분도 기(氣)니 뭐니 책까지 쓰며 한동안 잘나가는 듯하더니 몇 년 만에 죽었거든요. 그 화가분은 잘 계시죠?"

듣고만 있던 사장은 그 화가분이 "작년에 갑자기 죽었다."고 말했다. 그러고는 유작들이 있긴 있는데 어쩌고저쩌고하더니 잠시 전화를 하고 돌아오겠다며 나가서는 다시는 내 앞에 나타나지 않았다. 자기 자신도 혹 해를 입지 않을까 하여 겁을 먹고는 그 자리에서 바로 줄행랑쳐 버린 것 같다.

부적 화가가 왜 죽었는지는 알 수 없지만 기획사 사장이 마음의 준비나 소양, 철학이 부족한 것 같다. 단순 부적도 아니고 한국의 한 문화로서의 부적을 팔아먹으려고 하니 자본주의 시장의 일개 장사꾼의 마음 크기로는 두려움이 앞서는 것도 당연할 것이다.

오 관장은 종종 명상 열심히 하는 마누라도 마누라지만 자기 역시 도인이며 명상 달인이라고 내세운다. 삶 자체가 명상이고 도(道)라는 것이다. 꼭 사야 하는 민화라면 뉴욕으로 나가는 것이든 일본에서 돌아다니는 것이든 어떻게든 구입했다. 돈은 있는 대로 쓰지만 항상 돈에 쪼들린다. 아무리 그래도 여태껏 한 점의 그림도 판 적이 없다. 그렇게 해서 사천 삼사백 점이나 된다. 민화에 관한 한 누구 못지않은 전문가라고 할 수 있지만 언제나 그쪽 전문가들을 접대하기 바쁘다. 그런데 남모를 마음 고생이라는 것이, 보통 사람은 실감하기 어려운 점이 있었다.

한번은 관장님 건강이 안 좋으니 영월로 놀러 온 김에 명상 치유 세션을 해 달라는 부탁을 받았다. 당일에는 큰 문제는 없어 보였는데 정작 서울로 돌아온 나는 밤새 앓았다. 그제야 관장이 겪고 있는 마음의 고통이나 육체적 아픔이 꽤 깊다는 것을 알게 되었다. 왜 세션 당시에는 잘 몰랐을까? 그곳 기운이 너무 좋기 때문이다. 관장은 매일 새벽 외씨버선길이라는 백두대간의 한 산길을 등반한다. 나도 몇 번 걸어 본 적이 있다. 관장은 남모르게 몸과 마음에 힘든 사정을 안고 사는 사람이었는데, 다른 사람이라면 벌써 어떻게 되었을 것이다. 그런데도 한 번도 쓰러지지 않고 버티고 있는 것은 주변 자연 환경의 기운이 좋기 때문이다. 나는 순간적으로 관장을 둘러싸고 있는 기운, 그가 매일처럼 호흡하는 자연의 기운에 주의를 빼앗긴 나머지 한 개인의 마음의 고뇌에서 들끓고 있는 병든 기운을 소홀히 하게 되었던 것이다.

백두대간 대자연의 기운이 있고 한 개인이 인생을 통해 발휘하는 기운, 쌓여 가는 상처의 기운도 있다. 민화의 기운도 있고 부적의 기운도 있다. 사실 관우의 그림이 지닌 현상도 신기한 것만은 아니다. 한편으로는 오 관장의 무의식 세계의 풍경이랄 수도 있지만 이차크 벤토프의 어떤 책에 의하면, 사람들의 숭배를 오랫동안 받다 보면 나무나 바위 등 우상들도 그로 인해 에고 의식이 생겨 나름대로의 이적 능력이 생긴다고 한다. 그런 우상 숭배의 영향 말고 자연과 그곳에서 살아온 사람들과의 교감에서 나오는 기운도 있고 그 조상들의 기운도 있다. 그러고 보면 민족정기나 조상의 혼, 예술가의 혼이나 시대정신, 문화 정신 이런 말들이 다 관념상의 단어들이 아니라 모두 자기 나름의 에너지 현상을 수반하고 있는 것들이다. 집단마다, 한 시대 한 문화마다 독특한 에너지가 있는 것이다.

위대한 유산

민화에 한정하지 말고 차원을 좀 더 넓혀 나아가 보면 어떻게 될까?

어느 날 한 부인이 찾아와서 차크라 리딩를 신청하였다.

첫 번째 보이는 의식의 풍경은 감옥 안이다. 감옥 안 풍경 속에는 감옥 밖의 풍경도 겹쳐서 보이지만 여전히 감옥이다. 여기저기 공사가 벌어진다. 새마을 운동이라든지 산업화가 한창인 유신 시대다. 전보다는 밝은 가난이다. 그 밖에 그 시절의 다른 풍경이 보인다. 부인의 내면에서 보면 슬그머니 창살이 없어지긴 했지만 여전히 감옥이다. 감옥 밖이나 감옥 안이나 감옥이긴 마찬가지다. 창살이 있으나 없으나 감옥이다.

더 깊이 들어가 본다.

문득 오빠 같은, 아버지라 하기엔 나이가 너무 젊은 어떤 사람이 보인다. 그는 일제강점기를 살아온 젊은 지식인 같다. 그가 무언가를 얘기하고 있다. 동생 혹은 후배들에게 무언가를 얘기하고 있다. 그는 거의 다 죽어 간다. 죽어 가기 전에 그는 살아남은 자들에게 무언가를 전해 주고 싶어 하는 것 같다. 무얼까?

문득 궁정 안 풍경이 보인다. 그러더니 갑자기 궁궐 안 한 벽에 걸려 있는 거대한 산수화 걸작이 나타난다. 경건한 감탄이 절로 일어난다. 백봉토무(白鳳吐霧). 한 사람의 정신의 수기(秀氣), 정제된 지력과 재능이 막힘없이 뿜어져 나올 때 쓰곤 하는 비유다. 하얗게 빛나는 봉황이 안개를 토해낸다고나 할까? 봉황의 입김 같은 신비한 예술혼의 안개가 뿜어져 나오는 그 그림은 세부까지 뚜렷이 떠올라 주지는 않지만 그 분위기와 정신만으로도 자꾸 감상하고 싶어진다.

갑자기 시대가 바뀐다. 그 지식인의 인생과 관련된 듯한 풍경이 몇 가지 나타나더니 숲 속으로 끌려가는 사람들이 보인다. 그들이 하나둘씩 머리에 사정없이 총을 맞고 죽어 간다. 끔찍하다. 참살의 공포. 끌려간 자들, 숨어서 지켜보아야 하는 자들, 도망치는 자들, 그것을 모면한 사람들에게도 참살의 공포 분위기가 만연하다. 그리고 오빠와 같던 혹은 누군지 모를 그 지식인 역시 죽음을 눈앞에 두고 있다. 역사의 질곡 속에서 참극을 당하는 그는 그럼에도 불구하고 살아 있는 자들에게 어떤 가르침을 주고 싶어 한다. 일제강점기나 남북 분단 시대 같은 시대적 현상이나 한계를 넘어가라는 어떤 가르침을 주려는 것 같다. 당신에게는 그것들보다 훨씬 위대하고 영원한 무엇이 흐르고 있다, 어떤 어려움 속에서도 좌절하지 말고 새로운 세상을 만나라, 두려워하지 말고 새로운 세상을 향해 나아가라, 그렇게 말하고 있는 듯이 보인다.

잠시 후엔 화려한 제복의 로마 장교 같은 사람이 백마를 타고 나타난다. 막 질주를 시작하는데 얼마 못 가 투구나 갑옷은 빈껍데기처럼 되어 해골만이 일부 담겨 있다가 사라져 버린다.

그 젊어 보이는 남자는 누구이고 어떻게 된 것일까? 백마를 타고 가는 껍데기 제복은 또 무엇일까? 내 이야기를 듣고 있던 부인이 문득 백마 타다가 없어진 그 사람이 아버지라고 한다.

아버지는 6·25가 나기 전까지 이북에서는 커다란 부자였다고 한다. 양조장을 했는데 인근에서 아버지 도움을 받지 않은 사람이 없었다. 사방 100리 안에 자기 땅이 아닌 곳이 없었을 정도인데 장가를 들 적에 백마를 타고 식을 올렸다는 것이다. 첫째 부인은 일찍 죽었고 6·25가 나자 아버지는 혈혈단신 빈손으로 월남한다. 그때까지 유일한 핏줄이던 아들 하나를 남겨두고서였다. 지금의 가족들은 그 아들에 대해선 아무것도 모른다. 아버지가 어떤 얘기도 해 주지 않았기 때문이다. 살림은 남한에서 만나 결혼한 어머니가 억척스레 하셨고 아버지는 평생 조용히 사셨다고 한다. 많이는 아니지만 술을 자주 드시긴 했는데 언제나 모든 것에 조심스러웠으며 말을 아꼈다고 하였다.

"일생 참살의 공포가 떠나가지 않은 분 같습니다." 하니 부인은 불현듯 어떤 생각이 떠올랐는지 망연한 모습으로 "그랬구나, 그랬구나……." 중얼거린다.

아버지는 죽기 몇 년 전부터 이북 오도 체육대회라든지 하는 월남민들 모임에 가면 갑자기 사람들을 향해 총으로 쏘는 시늉을 곧잘 해서 그때는 그저 치매 증세가 왔나 보다 생각했다고 한다. 그런데 내 말을 듣고 보니 이북에서 벌어졌던 무자비한 숙청 작업에 대한 공포였을 거라는 데 비로소 생각이 미친 것이다. 아버지가 이북에 남겨 놓고 온 아들에 대해서 한마디도 없었던 것도 아마 자기 자신과 아들을 위협하던 총살 공포와 그것을 면하지 못한 아들의 죽음에 대한 죄의식 때문이었을 것이다. 아버지에 대해 그런 생각이 미치자 부인은 서럽게 울기 시작한다.

"저희 집안은 어머니가 억척스레 일을 하셔서 일으키신 거나 다름없었어요. 10년 전에 돌아가셨는데 언니가 엄마를 많이 닮았어요. 대학 진로도 언니가 거기 가라고 해서 갔거든요. 하지만 나 자신은 왠지 조용하기만 했던 아버지의 영향을 더 많이 받은 것 같아요."

이분의 마음 세계를 전체적으로 보면 뜻도 좋고 바탕이나 안목도 괜찮은데 자신만의 삶이 없었다. 감옥 안의 삶이다. 그 또한 언니가 하라는 대로 하다 보니 지금은 대학교수였다. 예전에 예술가가 되고 싶은 생각은 없었느냐고 물으니 고등학교 때만 해도 신사임당처럼 되는 게 꿈이었단다. 창작을 좋아해서 지금도 마음 한편에는 그런 열망이 있지만, 막상 본격적으로 하자니 어디서부터 어떻게 시작할지를 몰라서 취미로 악기 연주나 그림 등을 그려 보곤 한다고 하였다.

그 외에 가장 보람도 느끼고 계속하고 싶은 것은 루게릭 환자의 자택을 방문하여 펼치는 자선 간호 활동이었다. 이상하게 애착이 가노라고 하였다. 생면부지의 배다른 오빠는 역사의 감옥 속에서 빠져나오지 못하고 생사를 알 수 없다. 아버지는 자신도 행여 총살당할까 봐 평생 언행을 자제하고 자기만의 감옥에서 남몰래 숨어 지내다가 돌아가셨다. 무의식적으로 전해진 이전 세대의 시대적 상처들이 딸에게는 육체의 감옥에 갇힌 환자들에 대한 본능적인 간호와 자선으로 이어진 것일까? 한편으론 일제강점기와 6·25 시대, 유신 시대, 곧 복종과 처단을 지배 수단으로 삼던 감옥의 시대를 용케 살아온 한 부르주아 집안의 트라우마를 엿본 느낌도 들었다. 아버지의 참살 공포가 그 절정에 있었던 셈이다.

"당신의 마음 세계를 총체적으로 정리하면, 넘지 못할 고비를 넘기고 싶어 하는 소망, 혹은 넘지 못할 선을 넘어가고 싶은 욕망입니다."

그것이 리딩이 보여 주는 메시지라고 말했더니 부인 또한 자신의 한계와 그것을 극복하고 싶은 마음, 그러지 못하고 있는 우유부단함 등을 이야기하였다.

"그 답은 이미 당신 안에 들어 있어요."

나는 그녀가 한 번도 보지 못한 어떤 '오빠'를 다시 상기시켰다.

"그 사람이 한 번도 보지 못한 오빠인지 아버지인지, 혹은 아버지에게 영향을 주었던 어떤 이인지는 모르겠으나 마치 임종 직전처럼 무슨 말을 남기려고 하더군요. 넘어가라고. 그는 비록 지금이 고난과 핍박으로 차 있을지라도 과거의 영광이나 위대함에 대해서도 알고 있는 사람 같았습니다. 그에게 들려왔던, 또 당신에게 깃든 과거로부터의 어떤 정신이 얘기합니다. 전혀 기가 죽을 필요가 없다, 당신에게는 찬란하고 위대한 과거가 뒤를 받치고 있다, 모두 넘어가라, 새로운 세상, 처음 대하는 세계와의 만남을 주저하지 말라, 그렇게 얘기하더군요."

나는 지금도 리딩 중에 그녀의 마음 세계에서 보았던 그 걸작이 생생하게 떠오른다. 적어도 그 분위기는 말이다. 아버지의 마음 어느 구석에서 흐르던 것인지 죽은 오빠의 의식 세계를 통해 이어져 온 것인지 알 수는 없지만, 조선의 예술 세계에 대해서는 거의 모르는 그녀의 마음속에도 걸려 있던 그 과거의 유산. 그 근처에 가기만 해도 어마어마함이 느껴지는 조선시대 예술혼의 정화라고나 할까. 부인과 헤어진 뒤에도 한동안 그 그림을 자꾸 보고 싶어졌다. 그 장면을 생각만 해도 마음이 경건해지고 시원해져 왔다.

사실, 내가 민화의 세계를 처음 알게 된 것은 10대 때 우연히 야나기 무네요시의 '조선 백자론'이니 '조선 민화론'이니 하는 글을 보고 나서다. 일제강점기의 일본인이지만 이런 사람도 있구나 했는데 시간이 좀 더 흐르자 국내 전문가나 식자들로부터 여러 각도에서 비판받는 것을 볼 수 있었다. 그중 "난 이 세상 어느 누구보다도 일본 작품을 많이 읽었습니다."라던 박경리 선생은 누구보다도 단호했다. 도올과의 대화에서 유종열(야나기 무네요시)을 숫제 "사쿠라 새끼"라고 부르며 "걔가 어떻게 조선의 위대함을 압니까?"라며 혹평한다.*

그 『토지』의 작가가 본 조선의 위대함은 어떤 것이었을까?

* "우리나라 사학자들이구 민속학자들이구 문인들이 무식하게 유종열(柳宗悅,1889~1961) 같은 사쿠라 새끼를 놓고 걔가 조선을 좀 칭찬했다구 숭배하는 꼬라지 좀 보세요. 이거 정말 너무 한심합니다. 아니 걔가 뭘 알아요. 조선에 대해서 뭘 알아요. 걔가 조선 칭찬하는 것은 조선에 대한 근본적 멸시를 깔고 있는 거예요. 걔가 어떻게 조선의 위대함을 압니까?" - 김용옥의 『도올세설』, '굼발이와 칼재비' 중

내가 한 평범한 주부의 마음속에서 본 그림만 해도 대단했는데 박경리 선생은 더했을 것이다.

물론 내가 본 것은 특정 화가의 작품은 아닌 것 같다. 한 시대 문화의 미적 이념과 예술성의 총화(蔥花) 내지 표상이라고나 할까?

위대한 것을 기억하는 것은 그것만으로도 자존심과 긍지를 살려 주고 현재의 난관에 굴복하거나 좌절하지 않도록 도와준다. 그런데 모든 위대한 것은 그 속에 붙들려 있는 것이 아니라 그것을 넘어가는 것, 현재의 어려움에 신음하지 않고 두려움 없이 전적으로 새로운 세계와 만날 적에 살아난다! 그것이 과거의 위대한 유산들이 주는, 그것들을 완성한 위대한 영혼들의 메시지다.

그것들은 정신적 소통의 내용물로서만이 아니라 역사적 전통에서 나오는 집단 아우라나 한 시대를 총체적으로 아우르는 응결된 기운으로서, 에너지적 실체로서 존재하며 실제로 인간의 몸 마음의 건강에도 관여한다.

사실 많은 역사적 작품들이나 한 시대의 생활상이 베인 골동품에서는 무형의 기운들이 나온다. 근 10여 년 동안 박물관 큐레이터로 직업 생활을 했다는 분과 명상 치유 세션 작업을 할 때의 일이다. 갑자기 수많은 전시물들이 내 눈앞에 뛰쳐나오며 각자가 지닌 기운을 정신없이 내뿜는 것이었다. 나중에 그 큐레이터의 얘기를 듣자 하니 "박물관 일을 하다 보면 빙의가 된 사람이 수두룩하다."고 한다. 그들이 이해하는 빙의가 구체적으로 어떤 것인지는 모르지만 그들이 박물관 전시물들이 뿜은 기운으로부터 말하자면 감염되는 것은 사실이었다. 해서 자기들은 자신들의 에너지 감염 문제를 치유해 줄 어떤 방법들을 이리저리 찾아다니고 있다는 것이다.

이 사례에서 보듯 박물관의 많은 전시물들에서는 무형의 기운들이 나온다. 한 시대의 정신들이 응축된 박물관의 세계는 유계, 정령계, 초험적인 힘들이 한데 뒤섞여 작용하고 있는 곳이라고나 할까?

그런데 한 시대를 살았던 물건이나 작품에서 오는 기운의 영향도 있지만 사람들은 역사적 사건이나 인물들과 관계된 일종의 집단 카르마의 영향을 자기도 모르게 받기도 한다. 이것은 박물관적 빙의보다도 훨씬 깊은 흔적을 인간의 의식 속에 남기고 삶의 행로에 영향을 미친다. 그것은 아주 깊은 무의식, 집단 무의식의 차원에 있는 것으로서 어지간한 수행으로도 벗겨지지 않는다.

고대의 비의를 찾아서

오랫동안 수행을 했다는 한 여자분이 남도 지방에서 올라온 일이 있었다.

리딩을 통해 보니 그녀는 산 것들보다 죽어 간 것들, 죽어 가는 것들에 대한 연민이나 감각이 더욱 깊은 사람이었다. 본인도 그렇다고 한다. 그녀는 남들은 지나쳐 버리는 곳곳에서 슬픔을 느끼고 있다. 그것은 어디서부터 시작된 것일까?

점점 깊이 리딩에 들어가는데 구한말 민비의 죽음과 관련된 장면이 잇따라 펼쳐진다. 모호한 영상들이 섞여 있긴 하지만 이런 풍경이다.

민비의 죽음으로 인해 모진 고난을 겪으며 무참히 망가진 한 여성이 보인다. 민비의 비극과 함께 잇따라 그녀의 집안도 몰락하고, 본인도 지독한 수난을 받다가 거의 미쳐 버린다. 실신한 그녀는 사람들의 도움으로 한 절에 옮겨져 겨우 목숨을 부지하게 된다.

민비의 인생에 관해선 일장도와 부적의 모습이 나타나더니 비참한 광경이 이어진다. 일장도는 그렇다 치고 부적은 무슨 사연일까?

한 신전 같은 곳이 보인다. 아주 옛적 고조선이나 고구려 시대의 모습 같은 것이 겹쳐진다. 그 당시의 무녀들이랄까 제녀들도 나타난다. 그들은 무슨 말을 하고 있는데, 새로운 것을 향해 가라고 하는 것 같다. 새로운 세상을 만나라고 하는 것 같다. 그러다가 이상한 장면들이 등장한다.

먼저, 길고 좁은 복도다. 이것은 리딩 중에 흔히 깊은 무의식의 세계로 들어가는 통로로 나타나는 것이다. 복도 저쪽에서 정장을 한 왕비—명성황후가 모습을 드러낸다. 그녀가 어디론가 행차를 하는 모양인지 갑자기 좁은 복도에서 수많은 궁녀들이 나타나 황망한 표정으로 그녀를 따라간다. 황후를 비롯한 그들은 이윽고 넓은 전각 안 같은 곳에 집결한다. 황후를 중심으로 정복을 입은 궁녀들이 일정한 대열을 갖추고 기립해 있다. 모종의 예식이 벌어진다.

황후는 비참하게 죽은 여인일 터인데 지금의 얼굴에는 추호도 그런 빛이 없다. 아니면 살았을 때의 일이었던 것일까? 아무튼 그녀가 예법을 지키며 걸음을 앞으로 옮기자 그 뒤쪽에 질서정연하면서도 넓게 대열을 갖추고 서 있던 궁녀들이 일사불란하게 움직인다. 비극적인 죽음을 당했지만 어떤 심경 변화도 터럭만큼 보이지 않는 평온하면서도 위엄 있는 황후의 모습이다.

그곳은 마치 구천지하에서 죽은 자들이 다시 만나 만든 또 다른 세상 같다. 하지만 그들은 어느 누구도 자신들이 죽었다고는 아예 생각조차 하지 않는 것 같다. 나라가 망했다거나 황후가 시해당했다는 것도 그곳에는 없다. 아니, 그런 것 자체가 존재하지 않는 공간 같았다. 그곳은 여전히 살아 있는 황후를 모시고 의식을 거행하는 현실적인 어떤 제식 장소였던 것이다.

이 장면처럼 며칠 동안 두고두고 마음이 왠지 모르게 슬퍼지는 풍경도 없었다. 그곳의 그들은 왕비와 궁녀들로서 전혀 멸망했다거나 치욕을 당했다거나 하는 사건이나 슬픔은 물론 삶과 죽음의 관념 자체도 없었던 것이다. 죽은 자가 가질 수 있는 회한이나 생전에 대한 어떤 추억도 전혀 없었다. 그것은 내 입장에서 보면 전혀 현실이 아니다. 하지만 그곳 그들에게는 그런 생각조차 아예 없는 것이었다.

이런 일들이—역사적인 현실이 아니지만 그 세계에 있어서는 절대적으로 현실인 세계—어떻게 가능할까? 도대체 이것은 무슨 뜻일까?

조금 더 그녀의 마음 세계로 들어가 본다. 구사일생으로 절에 들어가 숨어 지내던 그녀는 스님의 도움으로 몸을 회복하고 스스로 스님이 되어 살아간다. 그리고 죽은 자들을 위한 영가천도제를 지낸다. 평생 그렇게 지내다 숨진 듯하다. 그러니까 그녀는 멸망한 왕조, 그 비운의 왕비와 신하들을 위해 저 티끌 하나 없는 정토 세계에서 그렇게 장엄한 예식을 재건하고 재건하여 그들을 위로해 주었던 것일까?

민비의 모습들도 좀 더 구체적으로 보인다. 그녀는 마지막 순간에도 몸에 부적 같은 걸 지니고 있었던 것 같다. 그리고 그 부적의 힘을 매우 확신하고 있었던 듯하다. 비록 그것이 자신을 지켜 주지 못했지만 끝까지 그 부적의 영험함을 의심하지 않는다.

거기엔 또 다른 사연이 들어 있었다.

그녀는 민족의 아주 먼 과거, 고구려 시대나 그 이전의 시대까지 거슬러 올라가 무언가를 찾고 있었던 듯하다. 민족의 시원에서부터 내려온 순수한 가르침과 제례 의식의 원형, 거기에서 나오는 신성한 힘, 배달민족에게 부여된 천부적인 능력과 지혜 같은 것 말이다. 어떤 고난이나 외세의 침입에도 굴함이 없이 단합하여 스스로를 지켜 내던 고구려의 위기 극복 능력이나 국력의 원천도 그와 같은 민족 신앙이나 의식에서 비롯되었다고 믿고 있었거나 믿게 되었던 것 같다. 그녀는 여전히 어딘가에서 면면히 내려오고 있는 그 가르침과 의식의 계승자들로부터 모종의 계시나 가르침을 받고 그것을 굳게 확신하게 된다.

이런 것들이 민비가 죽기 전의 그 결연함과 불굴성, 부적을 소지하게 된 내력 등과 관련된 사연들이다.

나로선 전혀 알지 못하던 내용들이다. 무슨 의미가 있는 것일까? 민비의 일대기를 찾아보았더니 "만년에 명산대찰을 돌아다니며 굿판을 벌여 욕을 먹기도 하였다."라는 기록이 나온다. 그 구절을 본 순간 '아, 그랬군!' 하는 생각이 절로 들었다.

그러니까 고종은 헤이그에 밀사를 보낸다든지 혹은 채용신에게 밀지를 내려 임진왜란 시대까지 되돌아가 전쟁의 신을 그리게 한다든지 하면서 한편으로는 현실적인 힘을 빌리고 다른 한편으로 영험한 힘을 빌려 어떻게든 이씨 왕조를 구하려고 애쓴다. 왕비인 명성황후는 이민족의 침입에 굳건히 맞서 싸우거나 만주 벌판을 호령하던 고구려 시대와 그 이전의 고조선 시대까지 거슬러 올라간다. 여러 나라의 외교적 관계를 이용하는 한편 배달민족의 시조신이나 조상의 영들, 호국의 수호령들을 찾아다니며 제를 지내고 정성을 바쳐서 그들의 신령한 힘과 가호력을 기원하고 빌려서 주권을 지키고 독립자존의 기상을 유지하려 했던 것이다. 혹은 흔들리는 자신들의 권력과 부귀를 공고히 다지려고 한다.

고종도 죽고 나라도 잃은 채용신은 말년에는 우국지사나 유학자의 초상화를 그리는 데 몰두했다고 한다. 나라는 망했지만 어떻게든 그 얼과 기상만은 보존하고 싶었을 것이다. 비통하면서도 결연한 예술가의 정신세계가 느껴진다. 내가 만난 민비는 — 비록 현대의 어떤 이의 무의식의 세계를 통해서지만—그 꼿꼿한 기개와 자존감을 지켜 최후의 순간까지도, 그리고 죽고 나서도 조금도 손상되지 않은 채 보존하고 있었다.

일국의 왕비로서 구한말 조선보다도 더 커다란 위기에 수없이 직면하면서도 당당하게 극복해 낸 고구려 시대 등에 관심이 가는 것은 당연지사다. 나아가 그녀는 그 시대의 힘과 정신의 원천과 접촉하고 모종의 계시를 받고자 노력하면서 어떤 가르침에 감화되어 그를 굳게 믿게 된 것 같다. 역사적 기록으로 보면 그 과정에서 당시 그녀가 함께했던 무녀들이나 숨은 도사 승려들의 영향이 컸을 것으로 짐작된다.

고종이든 민비든 그들은 기본적으로 봉건적인 사고방식에 머문 통치계급의 일원들이다. 보통 사람들이 어려울 때가 되면 믿지도 않는 하느님이나 부처님을 찾듯이 위태로운 왕조도 자기 조상들에게 베풀어졌을지도 모를 어떤 신통력을 찾은 셈이다. 최근에 조선 삼악 중 유일하게 남아 있는 계룡산 중악단에서 조선 총독이 심은 일본 향나무가 제거되었다는 소식이 들려온다. 원래 태조 때부터 상악 묘향산, 중악 계룡산, 하악 지리산 등에서 국가 안위를 위해 제사를 지내던 곳들이 효종 때 폐단되었다가 1879년 명성왕후의 명으로 재건된 것을 보면 신령들에게 지내는 제사가 왕실의 오래된 관행이자 전통이었음을 알 수 있다.

하지만 관우 사당을 짓고 치공을 드리던 명나라 진린도 이순신 제독의 뛰어난 지휘력과 전투 준비가 결정적인 승리 요인이지 관우 때문에 전쟁에서 이겼다고 생각하지는 않았을 것이다. 외세의 침입을 막으려면 이순신을 어떻게든 귀화시키자고 황제에게 절절히 간언하기도 했지만 가뜩이나 전비 지출도 많은 판에 관우 사당을 더 많이 짓자고는 안 했을 것 아닌가? 백두대간의 기운도 좋긴 하지만 조선 민화에 일생을 건 박물관 관장의 건강을 마냥 지켜줄 수 없었던 것처럼 제아무리 신통한 민족의 정기나 수호신이라 한들 시대에 뒤처진 무능하고 부패한 왕조를 구해 내지는 않을 것이다.

물론 여기서 주된 문제는 한 개인의 의식의 세계를 발견하고 탐험하는 것이지 객관적 역사 사실의 진위나 평가에 대한 것은 아니다.

부인의 무의식 속에 나타난 '민비'는 그녀 자신의 내면의 현사실성에 대한 반영이다. 역사적으로는 비참하게 죽었지만 '정장을 한 지존의 왕비'의 모습이라는 것은 그녀 개인의 심리사 어딘가에 복종과 명령의 마비 상태나 심각한 위기 상황이 있었고, 이것이 악성화되지 않고 한국적 역사 세계로의 망명을 통해 재건된 경우라고 할 수 있다. '현실이 아니지만 그 세계에 있어서는 절대적으로 현실인 세계', '꼿꼿한 기개와 자존감을 지켜 최후의 순간까지도, 그리고 죽고 나서도 조금도 손상되지 않은 채 보존하고 있는 세계'는 곧 정신분석학자 에릭 에릭슨이 말한 "맹목적인 도덕성의 내면적 기관"으로서의 초자아의 세계와 같은 것이다.

'당신의 전생이 민비였다는 것은 아니다.'라는 내 말에 급격히 얼굴이 굳어지던 부인의 모습이 생각난다. 그 말은 곧 그녀의 도덕적 양심과 처벌의 기관인 초자아의 법정의 정통성을 폄하하는 것이기도 하므로 그녀의 역린(逆鱗)을 건드린 것인지 모른다. 때문에 그녀는 아마 자신의 '초자아의 관용성'을 회복하고 확대하기 전에는 나에 대한 긴장을 풀고 친근하게 대하기가 쉽지는 않을 것이다. 그런데 이 초자아의 영역이란 것을 명상과학에서 보면 에텔체 현상이라도 할 수 있다. 에텔체의 정보들이 다른 에텔체로 옮겨 가는 것이다.*

그런 점들을 염두에 둔다 해도 조선 민화에 깃든 정신과 얼의 주인공들이든, 조선 시대를 관통한 위대한 문화와 예술혼의 총화가 전해 주는 이야기든, 민비의 호국 신령제 이야기든 하나의 공통점이 있다. 그들은 한결같이 '새로운 것을 만나라.'고 한다는 것이다.

민화를 이루고 있는 힘의 주인공들은 그들이 박물관에서 박제된 상태로 구경거리가 되거나 취향적으로 소비되는 것을 원치 않는다. 그들은 새로운 세계와 뒤섞이고 통합되기를 원하는 것이다. 조선 예술혼의 총화라든지 하는 수백 년간 내려온 집약된 정신이나 민비가 만나고자 한 먼 과거에 존재했던 좀 더 원천적인 존재들은 어려움에 처한 '현재의' 후손들에게 이렇게 얘기한다. 새로운 것을 만나라. 한계를 넘어가라.

오석환 관장이 한번은 "많은 사립 박물관들이 적자투성이인데 조선민화박물관이 그중 재정 자립도가 성공적인 편이라서

* 오쇼에 의하면, 석가모니 부처가 2500년 후에 미륵불로 환생하는 것도 이 에텔체를 비롯한 보이지 않는 신체를 이용한 것이라고도 한다. 에텔체에 관해선 4부를 참조할 것.

직책이 늘어나고 할 일도 많아져서 힘들다."고 자랑 반 불평 반을 하였다. 학생들의 단체 관람, 현대 생활이나 새로운 세대와 접목할 수 있는 창의적인 기획이 갈수록 많아진 덕도 있었다. 루게릭 환자 간호 봉사활동을 낙으로 삼던 교수님은 이제껏의 틀에 박힌 세계를 벗어나 새로운 역할에 도전해 보겠다고 선언했다. 남도의 여자 수행자는 지금까지 해 온 불교 수행법을 벗어나 오쇼 명상법 등 현대적인 수행법을 찾아 내가 있는 명상센터 프로그램에 참여하며 깊은 관심을 보인다. 차크라 리딩을 통해 보면 이미 그들의 의식 속에 예고되어 있었던 것이다.

마음속에 존재하고 있는 것은 그것이 시간적으로 아주 오래된 일일지라도 언제나 지금 여기, 현재적이다. 다만 각자 내부에 깊게 쌓인 에고의 문제, 동일시의 문제는 철저한 자기 자각과 내적 중심, 수증(修增)의 길 이외에는 누구도 그 굴레에서 벗어날 수 없다.

근원, 명상

단순히 과거의 소리, 조상의 소리라고만 할 수 없는 어떤 차원들도 있다. 과거로부터의 소리, 시간적으로 사라져 버린 어떤 것의 목소리가 아니라 시공을 초월한 근원적인 것이 우리에게 보내는 목소리가 있다. 근원이란 모든 것이 그것에서 나오는 것이다. 삶과 죽음도 그것에서 나오고 절정과 몰락도 그것에서 나온다. 높은 의식에 올라간 시대에는 좀 더 깊이 들려오지만 천박한 시대에는 존재가 잊혀지는, 아니 그런 말을 사용조차 안 하게 되는 그런 소리다.

혹은 근원적인 것보다 더 오래된 것은 없다. 그것은 과거에도, 더 먼 과거에도, 더 더 먼 과거에도 존재해 왔던 것이기 때문이다. 그것은 가장 오래되었을 뿐만 아니라 항상 새롭다. 왜냐면 그것은 항상 이 순간에도 작용하고 있는 어떤 것이기 때문이다. 그런 것이 진리이고, 근원적인 것이고, 시대를 넘어 살아남는 것이다. 근원적인 것에서 보면, 현재란 어떤 영원이 타오르는 방식이다. 영원한 것, 근원적인 것, 불멸의 진리의 세계에 들어선 자들은 죽을지라도 영원의 세계를 잃지 않는다. 몸은 죽어 티끌로 사라지지만 그들의 혼과 의식은 불멸성의 세계로 들어간다.

이러한 경험은 명상적으로 보면 주로 정수리에 있는 제7차크라에서 일어난다. 제7차크라는 최고 중에서도 최고의 경험들이 일어나는 곳이고, 그런 능력들이 나타나는 곳이다. 그래서 '왕관 차크라'라고도 불린다.

어떤 분야에서 탁월한 위치에 있는 사람들 중에서도 한층 더 뛰어난 이들은 모두 이곳이 진화된 사람이다. 모든 것을 두루 잘하면서도 최고의 위치에 올라선 사람은 이곳이 발달한 사람이다. 예술 공연 같은 곳에서 생각지 못한 뛰어난 능력을 발휘하는 누군가에게 흔히 저 사람은 지금 '뚜껑이 열렸다!'라는 표현을 쓰곤 하는데 이것은 대개 이 제7차크라가 높은 수준으로 — 비록 지속적인 것은 아니라 하더라도 — 활성화된 상태를 두고 하는 말이다. 인간이 경험할 수 있는 영적 절정 체험들은 다 이 차크라와 관계가 있다. 고대의 샤먼들도 이곳을 통해 신적인 계시를 받고, 깨달음을 얻는 현대의 수행자도 여기를 통해 우주와 합일한다. 누군가 고대의 비의와 접촉한다면 그 역시 이곳을 통해서 어떤 식으로든 시공을 초월해 연결되었다고도 할 수 있다.

제7차크라에 속하는 경험은 한 특출한 인간 부류의 전유물이 아니다. 특정 민족이나 종교, 한 문화의 전유물은 더욱 아니다. 우리나라에만 있다고 할 수 없고, 어떤 나라에는 전혀 없다고 할 수 없다. 노자나 공자, 예수나 붓다, 마호메트, 이큐, 오쇼나 숭산 선사, 모두가 결국 한 근원에서 나온 존재들이다. 우리가 그들의 제자나 추종자가 된다고 하더라도 그들에게 속하는 것이 아니다. 그들이 속해 있는, 그들도 다 같이 그곳에서 나온 어떤 것에 속하는 것이다. 그럴 때 그는 한 종파가 아니라 그 종파보다 더 깊은 근원을 지향하게 된다. 이 점을 놓친다면 세상은 누군가의 신도나 추종자라는 하나만 가지고도 지옥 같은 분열과 반목, 투쟁이 끊임없이 일어날 수밖에 없다. 근원은 하나다. 아무리 많은 것들도 하나에서 나왔다가 하나로 돌아가네, 그런 것이 근원적인 것이다. 그리고 명상은 그 근원을 자기 속에서 찾아내 삶 속에서 실현하는 길이라고도 할 수 있다. 자기 속에 없는 근원은 그저 단어, 잠시 동안의 생각, 사고의 조작에 불과할 뿐이다.

어떤 그룹과 차크라 수련 명상을 할 때의 일이다. 제1차크라에서 제7차크라까지 정화하고 각성시키는 명상 수련이었다. 모두 끝나고 다들 자리에 앉아 좌정을 하는데 한 비구니 스님이 양손을 하늘을 향해 치켜들고는 그 자리에 우뚝 선 채 눈물을 비 오듯 흘리고 있었다. 한참을 그렇게 있다가 나중에 원래의 모습으로 돌아온 스님이 말하기를,

"저는 마지막 제7차크라 명상 수련을 하는데 너무나 커다란, 생전 처음 맛보는 기쁨이 밀려왔어요. 하늘나라에 올라와 있는 기분, 마치 내가 부처님이 된 것 같은 기분이 들었어요. 엄청난 희열, 법열이 올라와서 부처님이 이루었다는 대각과 법열이 이런 거구나 하는 생각조차 들었습니다."

그런데 최고의 것이 왕관처럼 빛을 내며 존재할 수 있는 것은 그 밑의 차크라들 역시도 모두 충족되어 있을 때다. 그것들이 뒷받침하고 있었을 때다. 그 반대도 마찬가지다. 상위 차크라가 각성되었다고 해서 그 밑의 차크라도 자동적으로 각성되는 것은 아니다. 예컨대 누군가 제7차크라를 통해 신비한 비전의 세계에 들어섰다 하더라도 나머지 제1, 제2…… 제6의 차크라가 여전히 비활성화되고 불균형을 이루고 있다면 그 자체를 지속적으로 지탱할 수도 없으며 더욱 높이 올라갈 수도 없다. 그는 여전히 성이나 명예, 고행 등과 싸우며 현실과 업보의 법칙 속에서 엎치락뒤치락하게 될 것이다. 낮에는 성자지만 밤에는 도둑놈이 될 수도 있다. 앞에서 보면 천사지만 뒤에서 보면 세상에 그런 추물이 없다는 생각이 들지도 모른다. 날개는 있지만 발모가지는 줄에 매여 있는 새와 같아서, 심장에 쥐가 매달린 어린 새와 같아서, 잠시 하늘을 나는 듯하다가 땅으로 곤

두박질치게 될 것이다.

우리 주변은 여러 차원의 높고 낮은 에너지계로 둘러싸여 있다.

『삼국지』 속에서나 존재하는 줄 알았던 관운장도 살아 있는 사람의 의식 속에서 화를 내고 권위를 요구한다. 무당이나 도사들은 모종의 제례와 접신술 같은 것으로 수천 년의 시공을 가로질러 국가 수호와 권력 투쟁에 바쁜 왕비에게 고대의 비전이나 주술의 힘과 연결해 주려고 한다. 박물관에서 일하는 어떤 큐레이터들은 골동품들의 영향을 받는 직업병의 두려움 속에서 원인 모를 증상에 시달린다. 우리는 저마다 사연과 에너지를 지닌 수많은 사람들, 다양한 환경과 관계를 맺는다. 그리고 각각의 차크라의 활성화와 오염 정도에 따라 모든 이들이 자신의 에너지를 뿜어내고 있다. 이러한 상황이 명상을 더욱 필요불가결한 것, 존재의 필수품으로 만들어 준다.

심해 속의 햇빛

앞서 나온 큐레이터로부터 소개받은 동창생 이야기다. 여류 미술 평론가였다.

그녀는 7년 동안 사귀던 남자 친구가 있었다. 고대 동양 예술과 문화의 영적인 상징이나 비의의 해석에 관심이 많았던 사학도였는데, 어느 날 자살을 하고 만다. 충격을 받은 그녀는 친구 소개로 내게 찾아와서 명상 세션을 받으며 상처를 회복한다. 얼마 후 다른 한 남자가 그녀에게 다가오자 교제를 시작한다.

그 남자가 자신의 예전 여자 친구에 대해 그녀에게 말하기를,

"그 여자도 7년간 사귄 남자 친구가 있었는데 어느 날 자살해 버렸대요. 나는 왜 계속해서 '7년 정도 사귀던 남자 친구들이 자살해 버린 여자'를 만나게 되는 걸까요?"

중국에서 건너온 그 남자는 내게 차크라 리딩을 받은 적도 있는데 전생에 미친 사람으로 살았던 사연을 지니고 있었다. 그뿐만 아니라 이번 생에서 일반 사람이라면 하기 어려운 광기와도 같은 사건도 있었다. 그 사건으로 인해, 그 어렵다는 중국의 한 명문대에 입학하자 기쁨이 하늘을 찌르던 그의 부모는 그가 실성했다고 판단하고 하나뿐인 아들을 제정신으로 되돌리기 위해 백방으로 노력을 했다고 한다. 스스로를 자유로운 영혼이라고 생각하는 그 청년은 그 모든 것을 한 편의 희극이라며 일소에 부치고는 한국으로 들어와 좀체 중국으로 돌아가려 하지 않았다.

그런 남자의 적극적인 구애에 넘어간 그녀는 처음에는 매우 이색적이면서도 운명적인 연애라고도 생각했지만 점점 자신이 미쳐 가고 있는 듯한 느낌을 받았다. 어느 날 한 타로이스트를 찾아가 자신들의 미래를 의뢰했더니, 점괘를 본 타로이스트는 이렇게 말했다.

"이건 미친 사랑이에요."

얼마 후 두 사람의 관계는 파국을 맞는다. 그리고 그녀는 엉망진창이 되어 다시 나를 찾아와 "지금이 인생에서 최악의 상태예요." 한다.

다시 명상 치유 세션이 시작되었다. 그 첫날 단 한 번의 세션으로 다른 일은 아무것도 할 수 없으리만큼 나의 상태는 엉망이 되고 말았다. 명상 세션 중에는 주변이 진동 에너지로 가득 차는데 그와 함께 배출되는 탁기는 일종의 마음의 오염 물질이나 독극물이기도 하다. 상처가 심한 사람들과의 명상 세션 초반부는 이러한 부정적 에너지가 강하게 나타난다. 그날 그곳에 있던 행운목 화분이 급격히 시들기 시작했다. 전에도 그런 적이 한 번 있었다. 매우 혼란스럽고 상처가 깊은 사람을 세션하고 나서였다. 그때도 무척 힘들었지만 지금은 그보다 더했다. 그때는 그럭저럭 다시 살아난 행운목이 이번에는 며칠 후 완전히 고사하고 말았다. 그녀의 상태는 그 정도로 최악이었던 것이다.

두 번째 세션을 하러 온 날 그녀는 말했다.

"저번에 세션을 받고 지난 일주일 동안 엄청나게 정화가 되면서 제게 믿을 수 없을 만큼의 변화가 일어났어요."

그때의 작업은 전에 받았던 세션의 연장선에서의 세션이었기 때문에 그렇게 빨리 변화가 일어날 수 있었던 것이다. 대개 명상 세션은 한동안 쉬더라도 일정한 수준에 올라가 있다면 좀처럼 퇴보하지는 않는다. 그 남자와 잠시 사귀었던 것이 자신의 내적 성장과 명상 여정에는 "신의 한 수"처럼 생각된다고 말했다. 최악의 상황이 전화위복으로 되어 전에는 상상하지 못했던 변화의 세계를 체험하게 되었다는 것이다. 그러면서 그간 그 남자와 있었던 일들을 자세히 털어놓았다. 듣고 있던 나는,

"지금 얘기들은 왠지 이미 알고 있는 얘기들 같아요."

하면서 예전에 그녀를 차크라 리딩하면서 적은 기록을 들춰보았다.

"이미 그때 나온 얘기들이네요."

지금의 남자는 자살한 남자 친구의 확장판과도 같은 것이었다. 우연이 아니라 내적인 필연성에 의해 만나게 된 것이다.

그녀는 내게 왔을 때도 어딘가에 있는 길을 묻고 있었으며, 밑바닥에서는 내가 누구인가 하는 자기의 정체성과 성적인 정체성 모두 혼란에 싸여 있었다. 사회에선 알려지지 않은 것을 보여 주려는 남자, 에너지는 강하지만 국외자들인 남자에 대한 애정과 관심이 남달랐다.

백인과 인디언 혼혈로서 백인에 가깝지만 백인 사회를 버리고 인디언과 어울려 산 전생이 보인다. 한때 비구니였지만 동성애에 대해 참회하는 전생도 보인다. 고통과 쾌락, 불만족과 마조히즘 사이 그녀의 내면엔 그녀가 욕하는 남자가 있었고, 한편으론 마초형 남자가 있었다.

중국에서 온 남자는 중국 공산당 치하의 신세대지만 마음 풍경 속에서 도교 문화와 관련된 중국적인 이미지들이 안개 속의 풍경처럼 흘러다니고 있었던 게 흥미롭기도 했다. 종잡을 수 없는 인생을 살고 있었다. 가장 뚜렷하게 나타난 전생은 격동기의 중국 청년이다. 중국 근세기의 부르주아 출신으로 국민당 군대에 장교로 복무한 지식인 청년이다. 전쟁과 관련된 온갖 악행과 부조리, 비리를 알고 있으며, 종종 음란 파티를 연다든지 술과 여자를 즐기는 부패한 군인이었다. 한때는 이상주의자의 심경으로 입대했지만 함께한 친구들이 하나둘씩 모두 죽고 나자 충격을 받는다. 그 이후 툭하면 부하를 비롯해 죄 없는 사람들 머리에 총을 겨누고 쏘는 시늉을 해서 쾌감을 느끼는 광증을 반복하며 점점 미쳐 버린다. 어느 날 그는 그 부분을 거론하며,

"생각해 보니 지금도 저는 사람들의 머리를 미쳐 버릴 만큼 어지럽게 만드는 버릇이 있는 것 같아요. 전생에 사람들 머리에 총을 쏘는 장난을 자주 했다고 하셨는데, 그게 장난이 아니라 광증이라는 거, 지금 하고 있는 것도 그것과 똑같은 일이라는 거, 그렇게 생각해요." 한다.

전생의 그는 모택동이 이끄는 공산당과의 내전에서 국민당 군대가 패전하자 대만으로 퇴각하여 그곳에서 광기와 신경증에 시달리다 죽는다. 한 여자가 평생 그런 그를 수발하고 사는 모습이 보인다. 그곳에서도 여전히 부유하게 살았는데 중국 본토에서 가져온 골동품이나 문화재 같은 것들이 집 안 곳곳에 꽤 많아 보였다.

본바탕은 매우 열린 사람으로 스케일도 크고 박애주의자며 세계 시민적이다. 전생에는 친한 외국인 친구들도 꽤 많았을 정도로 서구 문명의 세례를 받긴 했지만 멸망해 가는 중국의 부패한 부르주아로서 잃어버린 자신의 정체성의 끈을 찾기 위한 노력도 계속한다. 우연히 대륙에서 만난 한국 여자를 통해 자신이 잃어버린 것에 대한 아련한 향수 같은 것을 느끼며 그

가 찾고 있는 것의 본질 같은 것을 보고 있다. 한국에서의 그의 내면은 그런 것들의 영향과 더불어 도피주의와 죄의식, 콤플렉스가 범벅되어 있었다. 그녀와 헤어진 이후 그는 한국을 떠나 외국 여행 중이다.

두 사람 사이에 무엇이 있을까? 무엇이 있기에 천국과 지옥이 뒤섞인 한철을 함께 보내게 된 것일까?

생각하기 나름이다. 생각을 따라가면 끝이 없다. 그리고 생각은 내가 어떤 상태에 존재하느냐에 따라 달라진다. 달라져 가는 생각이 초점이 아니고 생각을 일으키고 생각이 일어나는 내 존재의 바탕, 변하지 않는 의식의 근원이 중요하다. 근원에 다가갈수록 어떤 일도 우연히 일어나지 않는다. 일어나야 할 일은 일어나며 일어나야 할 일은 언젠가는 꼭 일어나게 되어 있다. 갈수록 안정과 평화를 찾은 그녀는 네 번째 세션이 끝나자 그날의 느낌을 이렇게 이야기하였다.

"마치 깊은 심해에 햇볕이 들어와 비추고 있는 듯한 느낌이에요."

이런 것이 명상의 힘이다. 최악의 상황들도 최고의 기회로 만들어 준다. 악마의 복수극도 신의 한 수로 바꿀 수 있다. 그런 것이 근원을 향해 여행하는 자들에게 벌어지는 일이다. 근원으로 들어갈수록 깊은 어둠에도 빛이 들어온다. 인생을 살다 보면 알 수 없는 일들이 일어나기도 하고 전혀 모르는 에너지들에 휘둘리기도 한다. 인간의 마음 세계는 무한하여 자기가 속한 집단의 역사 속에 벌어진 온갖 일들뿐만 아니라 그동안 인류가 겪은 모든 삶이 깃들어 있다. 누구도 예외는 아니다. 다만 명상은 그것을 의식적으로 자각하고 재탐험하여 새로운 빛 속에 드러내면서 근원적인 지혜로 다가간다. 명상을 통해서 보면, 근원을 향해 여행을 하는 자에게 있어서 보면, 그 모든 것은 경이로운 세계의 일부다. 생각을 통해서 보면 하늘 아래 새로운 것은 아무것도 없다. 그러나 명상을 통해서 깨어난 자에게는 같은 것은 아무것도 없고 모든 것이 새롭다. 지금 현재가 곧 영원이다. 유일한 영원이 있다면 바로 지금 여기다.

2.
죽음과 환생 사이 잃어버린 시간을 찾아서

빙의 현상과
환생의 세계,
바르도 트라우마

개인적 빙의

한 아이가 깊은 물속을 내려다보며 나도 저기로 뛰어들어 죽을까 하며 유혹을 느끼는 장면이 보인다. 특별한 상처나 원망도 없어 보이는 평범한 소년인데 왜일까?

아이의 의식 속으로 더 깊이 들어가려 하자 갑자기 내 몸에 오싹 하는 차가운 전율이 일어나며, 아이의 것은 아닌 제3의 에너지 덩어리가 강력하게 나의 방문을 가로막는다. 아이의 몸에 기숙하고 있던 외부 심령 에너지체가 낯선 에너지의 침입에 반격하는 것이다. 영상으로 보니 할머니 영이다. 지하 세계 특유의 음산하고 살벌한 귀기를 풍기며 나를 협박한다. 자기가 사는 곳에 갑자기 난데없는 힘이 들어와 밀려날 처지가 되니 어림없다는 듯 적극 저항하는 것이다.

사연을 알아보니 할머니 영은 생전에 자신의 손자가 물속에서 익사당해 한이 맺혀 있다. 그것도 자손이 귀한 집안의 독자손이었다. 자신에게 빙의된 아이는 내 것이라고 우기며 언젠가는 자기가 데려갈 거라고 고집한다. 나는 내 침입을 방어하는 노한 할머니의 영과 힘으로 싸우는 한편, 달리는 선화시키기 위해 달래 보기도 하며 외부에서 들어온 심령 에너지체를 아이의 몸에서 해체하기 위해 노력한다. 할머니에게 아이는 이곳에서 행복하게 잘 지낼 것이다, 걱정 말고 편안히 잘 가시라, 행복한 세상에서 태어나시라, 거기서는 더욱 귀한 손자, 사랑하는 손자를 만날 것이니 그때 당신의 사랑을 듬뿍 주라…….

얼마 후 할머니 영이 신기루처럼 스르르 사라져 버린다. 가루처럼 분해되어 증발해 버린다.

이와 같은 리딩 내용을 가진 사람은 중학교 1학년 남학생이었다. 처음에는 ADHD(주의력결핍 과잉행동장애) 등 정서불안과 일탈성 돌발 행위 등으로 심리 상담 센터에 검사를 받으러 왔는데 결론을 내리기가 힘들어지자 내게 보내진 경우다. 리딩 결과를 보면 이 학생은 빙의에 걸려 있는 상태였으므로 일반적인 심리 검사로는 진단이 어려웠을 것이다.

심리치유 연구가들 사이에도 빙의 현상—인간의 마음이나 육체 어딘가에 거주하는 유령의 세계들—이 존재한다고 알려져 있고 또 그 방면의 전문가들도 생겨나고 있는데, 이것은 나로서는 아주 실체적인 것이다. 한 인간의 에너지체 속에 거주하며 영향력을 행사하는 그것들은 하나의 징후상의 존재, 진단상의 가설적 존재가 아니다. 오싹 소름이 돋기도 하는 생생하고 완강한 생체전기적 힘일 뿐만 아니라 우리가 한 인간에게 공감이나 두려움을 느끼는 것과 똑같은 정도의 강렬한 감정들과 사연을 지닌 존재로서 감각적·에너지적으로 부딪치는 존재들이라는 뜻이다.

그들은 나에게 공포 영화에서처럼 무시무시한 분위기와 특유의 살벌하고 차가운 에너지로 공격적이 되거나 협박을 가하고 혹은 필사적으로 저항하거나 교묘히 도주하기도 하는 것이다.

그러면 나 또한 어디서 배웠는지 알 수 없는 주술적인 형태의 힘이나 진리나 빛, 우주적 신성의 힘을 빌려 그들과 끝까지 맞서거나 협박을 물리치면서 대개는 그들의 사연과 한을 경청하고 공감하고 설득하고, 한층 선화되고 진보된 존재로 태어나길 당부하며 그렇게 되도록 빌어주는 것이다. 단순히 에너지 테라피의 역학이란 입장에서 보면 불필요한 에너지 덩어리를 그보다 더 강한 에너지를 통해 분쇄해 버리는 것이라도 할 수 있다.

아이는 차크라 리딩이 끝난 후 자신의 어머니에게 그간의 과정을 신이 나서 떠벌리며 보고한다. 내가 어머니를 만나 직접 경과를 얘기하니 신기하게도 당연하다는 듯 별 반응을 보이지 않았다. 가족들은 그전부터 아이가 그런 상태일 거라는 생각이 들어서 몇 차례 굿판도 벌였노라고 얘기한다. 아이는 평소에 어린 나이답지 않게 노회하고 교활한 행동을 종종 해서 별명이 '할머니'라고 하였다. 정상적인 모습을 보이다가도 갑작스레 이상한 일탈을 밥 먹듯이 하여 친구들과 어울리지 못했다는 것이다.

집중적인 빙의 치료가 필요하다는 얘기에 어머니는 남편과 의논하여 결정하겠다고 한다. 그런데 뜻밖에도 아이의 아버지 역시 빙의되었을 거라며 과연 치료를 하게 해 줄지 의문이라고 하였다. 이런 경우엔 더욱 아이는 재빙의의 위험이 있으므로 부자 모두 지속적인 치유가 필요했지만 그날 이후 아무런 연락이 없었다. 빙의의 힘이 우세하였던 것이다.

사실, 할머니 영은 그다지 강력한 힘을 가지지는 않았다. 아무리 그래 봐야 죽은 자의 영이다. 하지만 아이는 심신이 위축되거나 건강이 상한 어느 날 갑자기 물에 빠져 죽을 수 있는 것이다. 게다가 빙의는 그 아이의 가족처럼 종종 전염성을 가진 경우가 있다. 한 개인에게뿐만 아니라 주변 인물들에게도 예기치 않은 불행한 결과를 가져올 수 있다. 그런 것이 빙의의 위험이다. 게다가 가족이란 이를테면 일정한 가족 카르마 에너지와 같은 것을 공유한 집단이기도 하다. 많은 일들이 가족 관계에서 발생하지만 그만큼 끊어 버리기도 쉽지 않다.

부족 빙의

위 학생의 경우는 개인적인 한을 품은 영에 빙의된 경우지만 한 집단의 대표성을 지닌 영에게 빙의된 경우도 있다.

그래서 말하자면 더욱 물러나지 않으려고 하는 것이다.

40대 남자다. 오래전부터 몸이 안 좋은데 목 부위와 어깨 뒤쪽이 특히 심하다고 한다. 몇 가지 치유를 받아 보았지만 효과는 없었다.

차크라 리딩이 시작되고 얼마 되지 않아 남자에게 들어온 외부 영이 드세게 저항한다. 할머니 영의 경우와 비슷한 과정이다. 빙의된 사람의 경우 보통 차크라 리딩를 시작한 지 5분 내에 이와 같은 현상을 보인다.

한동안 힘겨루기가 계속되다가 외부의 영이 남자의 몸속 아주 깊이 숨어 버린다. 끝까지 따라 들어가 구슬려 보니 사연이 자못 비장하다. 우리나라 얘기는 아니고 어느 대륙 한 원주민 부락이 서양인들에 의해 완전히 몰락한 얘기인데, 지금의 영은 그 부락의 추장 정도 되는 것 같다. 부락민들의 죽음에 대한 슬픔도 말할 수 없이 크지만 특히 인생을 꽃피워 보지 못한 젊은이들에 대해서 더욱 비통해한다. 그들의 한을 조금이라도 풀어 주기까지는 결코 이 세상을 떠나지 않겠다는 것이 부락 촌장의 사연이었다. 자기 나름으로는 은밀한 구멍에 꼭꼭 숨어 있다가 잠깐 동안 정체를 조금 드러내며 거기까지 얘기하던 그 영은 내가 이리저리 설득을 하니 다시 숨어 버린다. 나는 그냥 내버려 둔 채 그와 죽은 부락민들을 위해 천도 과정을 마치고선 내담자와 상담으로 들어갔다.

"그냥 남들처럼 평범하게 살았다."는 내담자의 인생살이가 꼭 그렇지만도 않았다. 외국에서 대학 시절을 보낸 뒤 한국으로 돌아와서 직업은 이것저것 많이 바뀌었는데 주로 여기저기 출장을 가고 떠돌아야 하는 일들이 많았다. 하지만 어느 것 하나 성공한 분야는 없어서 이 일을 하다 망하면 다른 일을 벌이고 그 일이 또 망하면 또 다른 일을 시작하는 식의 직업 전전이 계속되고 있었다. 술을 좋아해서 한번 들이키면 엄청 마시는 폭주가였다. 본격적인 명상 세션을 권했더니 심각한 건 별로 없다며 같이 술이나 하자고 할 정도였다.

얼마 뒤 내담자에게 목이 몹시 아프다는 연락이 왔다. 외부의 영이 묵었다가 사라진 육체 부위가 재조정되는 과정 중에 일어나는 현상이다. 며칠 후 다시 괜찮아졌으며 전의 통증도 없어졌다고 한다. 그러면서 점검 차원에서 다시 한 번 리딩을 해 줄 것을 요청했다. 이번에는 그의 직장 사무실에서 하기로 한다.

리딩을 들어가니 전과는 달리 부락 촌장의 영은 보이지 않고 대신 우중충한 온갖 잡귀들이 여기저기 떠돌고 있었다. 리딩을 끝내고 내가 '사무실이 있는 이 건물은 전에 뭐하던 곳이었느냐?'고 물으니 자신이 입주하기 바로 전에는 치과 병원이 있었다가 망한 곳이라고 한다. 그 전에는 뭐였느냐고 물으니 공동묘지가 있던 달동네였는데 재개발되면서 모두 없어진 동네라고 하였다. 그의 에너지체 속에 떠돌던 잡귀들의 내력을 짐작하건대 예상했던 그대로의 대답이다.

외부의 영이 내 안으로 들어와 집을 짓고 살다가 제거되어도 그곳에 머문 흔적이 남아 있고, 그곳으로 쉽게 들어갈 수 있는 통로들도 남아 있다. 그것을 완전히 메우고 새살이 돋게 해서 다른 영들이 다시는 들어오지 않도록 하는 것이 중요하다. 전에 한 번 세션을 한 이후로 그대로 방치해 놓다 보니 그의 에너지체 속으로 갈 데 없는 영들이 들락날락거리며 뒤숭숭하게 부유하고 있었는데, 잡귀들이라 힘은 별로 없었다.

그렇다고 그의 인생이 전과 달리 빛을 발하기 시작한다거나 본인의 활동이 원기 왕성해지지도 않았다. 무슨 일을 해도 처음의 뜻만 컸지 성과나 실속은 없었다. 고심 끝에 직업을 바꾸고 거주지도 바꿔 보았지만, 이 일을 해도 시원치 않고 저 일을 해도 뾰족한 변화는 보이지 않았다. 그의 인생을 보면 여전히 자기도 모르게 부락 영의 한을 풀어 주기 위해 이 체험 저 체험을 하며 여기저기 떠돌고 있는 듯도 보인다.

그런데 그의 인생행로가 과연 빙의되었기 때문에 그렇게 된 것일까? 그 때문에 그럴 수밖에 없었던 것일까? 왜 부락 영이 나간 이후에도 그의 인생은 전과 크게 변하지 않는 것일까?

첫째로 사람들은 과거에 의해 살기 때문이다. 습관적으로 살기 때문이며 과거의 패턴을 끊지 못하기 때문이다. 빙의된 사람들의 명리를 들여다보면 그가 설사 빙의가 되지 않았더라도 대략적인 인생 형태는 비슷해서 큰 차이가 없어 보인다. 급격한 죽음이나 불행 그런 것을 제외하면 말이다. 빙의가 된 사람이든 아니든 사람들의 인생은 대부분 비슷하다. 대부분 무의식적으로, 습관적으로 살아가고 있는 것이다.

주술(呪術) 빙의

빙의는 아니지만 한 사람의 생애에 커다란 영향을 주는 외부 영의 작용은 여러 형태다.

한 스님의 이야기다.

이 스님은 처음에는 차크라 리딩이 잘 되지 않았다.

마치 의사가 수술을 위해 환자의 옷을 벗기고 보니 몸에 온통 이상한 문양과 부적이 가득 그려져 있는데 마치 반은 로봇, 반은 인간의 금속 껍데기와 같아서 몸을 열어 내부로 들어갈 수 없게 되어 있다고나 할까. 그 문양과 부적의 의미를 해독해야만 금속 껍데기의 금제가 풀리는 것처럼도 생각되었다. 이런 경우도 있구나 하면서 이리저리 활로를 뚫어 보니 전생 스토리가 나오기 시작한다. 그 스님의 전생의 어머니가 무당이다. 그것도 주력이 강한 무당인데 어떤 때 자기보다 경지가 더 위에 있는, 흔히 말하는 도력이 높은 스님을 알게 되어 그를 존경하게 된다. 그리하여 자신의 아들만큼은 자기보다 더 높은 존재인 도를 닦는 스님이 되기를 바란다. 그를 위해서 아들이 이번 생에든 다음 생에든 꼭 스님이 되어 도를 닦는 길을 가도록, 그 길을 갈 수밖에 없도록 자기가 가진 모든 주술적인 힘과 초능력을 발휘해서 아들의 영체에 심어 넣은 것이다.*

* 차크라 리딩 시에 보이는 이러한 신비 문양들은, 그들의 부모가 무당이라든지 어떤 특수한 계급이거나 자신의 처지가 사회적으로 비상식적인 경우에 종종 보이는 현상이기도 하다. 사회적 소수자지만 제도권 사회에서 남들과 동등하게 성장해야 했던 그들로서는 부모의 이색적인 직업이나 이해할 수 없는 자신의 삶과 환경을 받아들여야 하는 과정에서 이러한 특수한 기호와 이미지를 통해 자신의 존재를 정위지었던 것 같다.

내 얘길 들은 스님은 이렇다 할 의견이 없이 가만히 경청하다가 지방에 있는 자신의 절로 돌아갔다. 다음 날 전화가 왔는데 약간 흥분한 목소리였다. 불제자로서 자기의 전생이나 차크라 상태에 관심을 갖게 된 것이 부끄러운 점도 있었지만 한편으로 몹시 궁금하기도 했단다. 리딩을 받고 돌아간 그 날 밤엔 어쩐 일인지 잠을 못 이루었다고 한다. 그러다가 갑자기 잊고 있던 기억들이 좌악 펼쳐졌다. 자기가 왜 일찍 고아가 되었다가 사찰로 보내졌는지, 아무것도 모를 어린 나이 때부터 그토록 무구(巫具)나 사찰의 제식 도구에 관심이 많았는지, 또 스님이 되어서도 배운 바도 연습한 바도 없거늘 유독 천도제라든가 사찰 의식의 어떤 분야에서는 너무나 익숙해 보일 정도로 동문 사형 사제들보다 잘했는지……. 그런 것들이 내 얘기를 떠올리자 한 번에 이해되면서 눈물이 쏟아지더라고 했다.

이 스님의 경우는 전생에 무당이었던 어머니의 염원이 크게 작용한 경우다. 도를 잘 닦아서 부디 보다 높은 상위의 존재계에서 꽃을 피우시길 바란다.

존재계에는 여러 세계들이 있는데 귀신들 중에도 등급이 있고, 무당 중에도 등급이 있으며, 도인의 세계도 마찬가지다. 법력이 높기로 유명한 국내의 한 큰 스님은 젊은 시절 강력한 수호령이 그를 입산수도의 세계로 이끌었다고도 한다. 꼭 그런 경우는 아니지만 명상 센터에 오는 이들 중에는 오래된 종교 집단에서 흘러나오는 물줄기에서 연이 있는 사람들도 있고, 위대한 스승이 이끌던 커다란 종문의 영향력이 아직도 미치고 있는 그런 사람들도 있었다. 영계나 유계의 영향이나 그쪽 세계의 방편이란 것도 꼭 나쁜 것만이 아니라 그 누군가를 좀 더 높은 세계로 이끌어 주기 위한 상위 존재들의, 하지만 이 세상에 직접 존재할 수 없는 그런 존재들의 한 통로나 방편이 되기도 하는 것이다. 다만 그것들 역시도 우연이란 없으며 그 누군가의 존재 상태, 의식 상태, 자기 삶에 대한 태도와 관계된다.

전생 혼잡(混雜)

몇 개의 전생 스토리가 중첩되어 있는 사람들이 있다. 그중에는 자기 것이 아닌 타인의 전생 기억이 들어와 있기도 하다. 내 기억에 오쇼 같은 이는 전생을 신경생체학적 에너지 덩어리 같은 것으로 본다. 부유하는 전자구름과 같은 것이기에 한 사람의 전생 기억을 다른 사람들이 가질 수도 있다. 곧 똑같은 전생 기억을 여러 사람이 가지고 있을 수도 있다는 것이다.

한 여자분이 전생이 혼잡된 상태였다.

그중 하나는 여군 장교로서 전쟁에 참여했던 일과 관계가 있었다. 이 여군 장교는 철수할 때 부상자들이 수용된 시설이랄지 포로 병동을 모두 폭파시키라는 명령을 받고 몹시 갈등한다. 전쟁의 잔혹함이 그러한 것이다. 그녀의 갈등과는 상관없이 작전 개시와 함께 병동은 예정대로 산산이 부서지고 만다.

이 장면은 그녀의 인생행로와 평소 모습의 많은 부분을 되짚어 보게 만들었다. 아주 어린 시절 찍은 사진에도 그녀는 아련한 슬픈 눈을 하고 있다. 어른이 된 지금은 상처받은 사람들에게 커다란 관심을 보이면서 그들의 사연들 듣고 이야기를 나누기 위해서 자기도 모르게 끌려 들어가는 모습을 종종 보인다.

또 다른 전생 중 하나는 무당인데 자신의 것인지 남의 것인지 불분명하다. 그것과 관련된 내면 풍경은 별의별 잡귀들과 온갖 인생들이 지저분하게 쌓여 있는 모습이다. 아마 그 무당이 살아생전에 끌어안게 된 것들이리라.

그로 인해 그녀는 화장도 거의 안 하고 순수한 가슴을 지닌 사람이지만 얼굴이 어딘가 부옇고 뒤숭숭한 느낌을 주었다.

명리학에 혼잡 사주라고 있다. 예를 들면 금은 금이지만 정기(正氣)에 속하는 금과 편기(偏氣)에 속하는 금이 한 명조에 같이 들어 있는 경우다. 그중 관살혼잡격(官殺混雜格) 사주라는 것이 대표적인데 이런 사주의 소지자는 대개 생활상에 고생이 많고 신변에 항상 이동의 뜻이 있으며 주거나 직업 변동이 잦고 심의가 안정되지 않아 부박한 성향을 띠는 팔자다. 한 차에 서로 다른 성향의 운전사가 두 사람이 타고 앉아 있는 꼴이다. 전생이 여러 개 뒤섞인 경우도 운전자가 여럿인 경우와 비슷해서 인생살이가 혼잡 사주자와 다를 바 없었는데 그녀의 파행적인 인생행로가 그러했다. 이번 기회에 뒤숭숭한 내면을 확 대청소했으면 좋겠다고 얘기하니 그녀가 받는 말이,

"리아 님이 내 안의 무당보다 더 세세요?"

그러고는 냉소를 띄우며 사라진다. 그녀는 한때 무당이 될 생각도 한 적이 있었다는데 그녀 자신의 말인지 그녀 안의 무당이 한 말인지 아리송하다.

빙의된 사람들은 리딩이 끝나고 빙의 결과가 나와도 좀체 치유 작업을 하려고 하지 않는다. 당장은 하겠다고 하다가도 슬그머니 취소하고 만다. 빙의의 힘이 채 가시지 않은 것이다. 이분의 경우처럼 특히 전생에 무당이었든가 혹은 무당들의 영향을 입은 경우에는 더욱 그러했다. 다행히 이분은 명상에 관심을 갖고 꾸준히 하는 흔적도 있어서 훗날이 궁금해진다. 지금은 몇 년째 한 직업에 종사하며 단순하고 조용한 삶을 즐기고 있다는 풍문이 들려온다.

명상 세션은 누가 더 세고 안 세고의 문제는 아니다. 어떤 이는 자기 문제를 스스로 못 푼다는 것에 자존심을 세우기도 한다. 이 또한 자존심의 문제는 아니다. 존재계의 어느 누구도 따로 떨어져서 혼자 존재하지는 않는다. 에너지란 것은 나를 통해 들어와서 다른 사람에게로 가며 그 다른 사람의 경우 또한 그를 통해 또 다른 이에게로 전달되는 것이다. 에너지란 이렇듯 순환되며 우리 모두는 서로서로 연결되어 있다. 존재자로서의 자기가 아니라 존재의 일부로서 있는 그대로 존재하는 것이 명상의 길이라고도 할 수 있다.

의사(擬似) 빙의

차크라 리딩이 시작되기 전에 나는 빙의 현상의 경우 벌어지는 일을 들려준 다음에 이런 얘기를 덧붙인다.

"빙의는 아니지만 빙의에 준할 정도로 강력한 상념 에너지가 무의식 속에 억압되어 형상화되면서 빙의 현상과 비슷한 작용을 불러오기도 합니다."

억압된 상처나 심리적 왜곡물이 빙의에 필적하는 인격적 형상으로 주조되어 있는 경우다. 이런 경우 빙의의 내력을 알아내기 위해서 외부의 영을 설득하고 경청할 때와 흡사한 현상이 리딩 시 나타나곤 한다. 내담자는 이럴 때 상당히 놀란다. 그도 그럴 것이 자기 안의 깊은 무의식의 동굴에 은닉하던 퀴퀴한 과거의 유령을 끄집어내니 말이다. 이런 사람들은 대체로 원인 불명의 질병에 걸리거나 인생이 계속 꼬여서 좀체 풀리지 않는 경우가 많다. 겉으로는 무난히 나가다가도 어느 순간 일이 확 엎어지는 등 예기치 않는 불행이나 재앙 속으로 끌려들어 가는 것이다.

자기 자신이 죽고 나서도 몇 번이나 다른 산 사람의 몸에 들어가려고 시도하는 사람도 있었다. 빙의된 게 아니라 그 자신이 다른 이에게 빙의하려는 경우다. 이런 사람은 태어나서도 그 패턴을 반복한다는 게 문제다. 한 병원 원장의 사모님이 그러했는데, 지금도 이 세상에서 사라진 지 오래된 양부모 집을 그리워하는 것이었다. 이로 인해 헛된 투자와 에너지 낭비, 가정사 분열이 심해서 겉으로는 누가 봐도 부유한 사람이었지만 속사정을 들여다보면 한 푼 없는 빚쟁이 신세였다. 전생의 업과 욕망을 끊지 못해서 계속해서 그러고 산다는 건 문제다.

공황장애, 자가(自家) 빙의, 바르도 트라우마

이와 비슷한 경우는 죽고 나서도 환생을 미루며 유계

에서 머무는 영혼이다.

그러니까 그 자신이 이 세상에 태어나기 전에 얼마 동안 떠도는 원혼이 되어 유계에서 방황하는 존재로서 지낸 경우다.

한 여대생이 찾아와 숨을 쉬고 걷는 것도 힘들 정도여서 하루하루가 지옥 같다고 하였다. 두뇌와 학업 모두 우수하여 명문대 장학생으로 들어갔지만 지금은 한 번 유급을 받은 데다가 겨우 학업 진도를 따라가고 있는 형편이었다. 본인 말에 의하면 죽을힘을 다해서 쫓아가고 있다고 하는데 그간 이런저런 대안요법도 수백 회 이상 해 보면서 가까스로 버티고 있었다. 자신의 증상을 적기를 "심한 우울증과 화병 증세에 부모 및 형제들과의 가족 관계에서 갈등이 많아서 아무리 노력을 해도 풀리지가 않아 괴롭습니다."라고 하였다.

차크라 리딩를 해 보니 돌발사고로 인해 요사(夭死)한 경험이 보였다. 전체적으로 부유한 계층의 풍경이 바탕에 깔려 있는데 사랑하는 사람을 졸지에 잃어버린 체험도 나타나고 인간을 돕는 선량한 마음으로 종교에 귀의하여 봉사 활동을 한 경험도 보인다. 그녀가 자신의 고통을 구체적으로 이야기하기를,

"지하철에 앉아 있으면 태풍이 내 몸을 감싸는 것 같아요. 거센 바람이 작은 잔디를 뿌리째 잡아 뽑으려 하거나 아무 데서나 모든 것이 나를 공격해 오는 것처럼 느껴져요.

집에서 잠에 들려고 하면 엄청나게 커다란 먹구름과 바위들이 끊임없이 나를 공격해요. 죽음이 계속 나를 덮치고 덮쳐요. 그건 내가 감당할 수 있는 에너지가 아니었어요. 여기서 휘말

려 버리면 내가 없어질 것만 같아요. 명상 책에서 얘기하는 뭔가 지복 속에 나의 사라짐이 아니라 고통 속의 나의 병적인 사라짐이 느껴져요."

이런 체험은 죽음과 관련한 악몽이나 가위눌림 꿈에 종종 나타나는 것이기도 하다. 더욱이는 『티베트 사자의 서』에 묘사된 중음 세계의 풍경이기도 하다. 평상시의 그녀는,

"신경을 쇠톱 줄로 자르고 또 자르는 듯한 그러한 상황 속에서 끊임없이 예전 친구들, 엄마의 외침, 동생의 히스테리, 강박적인 미래에 대한 계획들을 머릿속에서 계속 생각했어요. 짓밟힌 꽃잎처럼 이젠 찾을 수 없는 우정과 사랑을 계속 되풀이해서 가슴속에서 찾았고 그리워했고 좌절했고 내 행복의 무덤 앞에서 잔디를 쥐어뜯으면서 울고 있었어요."

그녀는 한 발짝도 앞으로 나갈 수 없을 것만 같았다. 가슴이 너무 아프고 아파서 숨도 쉴 수 없었다. 수시로 의식은 희미해져만 갔고 전구불이 깜박이는 것처럼 자신의 생명도 위태롭게 느껴졌노라고 하였다. 그렇게 얘기하고 있는 그녀의 동공은 초점이 풀려 있었고 눈자위가 불그스레 충혈되어 있었다. 머리만 좀 엉클어뜨리기만 하면 곧장 영화 속의 처녀 귀신처럼 보일 것만 같았다. 내가 그녀에게 물었다.

"아침에 일어나서 거울을 보면 무슨 생각이 드나요?"

"거울은 안 봐요."

"왜요?"

"내가 무서워서요. 마치 귀신이 거울 속에 있는 것 같아요."

그녀는 겁을 집어먹은 표정으로 그렇게 말했다.

내가, "그럴 것이다, 이번 생에 태어나기 전에 갑작스러운 사고로 죽었는데 그게 너무 충격적이고 억울하고 믿기지가 않아서 한동안 영혼 상태로 중음계에 남아 있던 적이 있었다."고 얘기하니,

"네? 그럼 제가 한때 귀신으로 살았던 적이 있다는 뜻인가요?"

그렇다며 고개를 끄덕여 주었다. 그녀의 경우는 말하자면 자가 빙의 상태라고도 할 수 있는 것이었다. 내가 그녀에게서 본 것을 들려주었다. 그녀는 아무런 저항이나 반박도 하지 않고 순순히 경청한다.

오쇼 바르도 명상* 중에는,

"정자와 난자가 결합한 후 특별한 가르침을 받지 않는 한 그

* 죽음에 대한 다양한 문헌으로부터 발췌하는 한편, 명상과 각성에 대한 현 시대적인 이해와『티베트 사자의 서』에 대한 심리신경학적 관점에서 오쇼에 의해 만들어진 명상. 여기에서 나오는 오쇼의 말들은 명상이나 변화된 의식 속에서 경험하는 에고의 죽음에 초점을 맞추고 있다. 이 명상에 의하면 우리의 본질은 본래 형상도 실체도 없는 공이자 창조성과 지혜를 지닌 순수한 의식이다.
이 의식은 물질계와 시간계 속으로 들어가 생각과 공포 욕망 등을 투영하면서 각자 특유의 에고와 현실세계를 창조해 간다. 그리하여 우리는 존재 자체의 영묘한 파동과 우리 자신의 존재의 본래 모습을 잊어버렸다.
우리가 살고 있는 것은 체험하기 위해서며 체험은 각성을 가져오고 각성은 삶과 죽음의 연결고리다.
바르도 명상에는 죽음 즉시 해탈의 빛에 이르는 법, 의식 세계의 빛과 하나가 되는 법, 인간계의 빛과 하나가 되어 자기의 다음 생의 모습을 스스로 선택할 수 있는 법 등이 자세히 나와 있다. 이 명상의 가르침은 우리가 비록 의식적으로 이해하지 못한다 해도 우리의 모든 의식 세계, 즉 무의식에서 우주 초의식의 세계까지 침투하여 죽음의 순간 모든 가르침을 기억해 낼 수 있도록 고안되었다. 죽음을 초월하고 해탈을 위해 노력하는 모든 명상 수행자, 죽음이라는 과정을 해탈로 변형시키고자 하는 사람들은 물론 자기가 원하는 세상에 태어나기를 염원하는 사람들을 위한 훌륭한 명상이다.

대는 어머니 자궁 안에서부터 태어날 때까지 의식을 잃고 잠에 빠져 버릴 것이다. 그렇게 되면 환생한 후 일생 동안 바르도 상태에서 두려워했던 것들이 여러 가지 형태로 끊임없이 나타날 것이다."

이러한 오쇼의 멘트가 있다. 그녀가 그러한 경우였다. 그런데 다행스럽게도 차크라 리딩을 통해 "그날 내가 좀 바뀐 게 있다면…… 내 고통을 바라보는 관점이었습니다."라고 하였다. 전생에 대해 이야기를 들은 게 도움이 되었다며 당시의 일을 이렇게 회고한다.

"그 전에는 이런 느낌들을 다 무시했습니다. 죽을 것만 같은 순간이 하루에도 열두 번도 넘게 찾아오고 매시간 자살을 생각했지만 남들이 알까 전전긍긍하고, 또 그런 걸 누군가에게 말하면 미친년이라고 하며 나를 다시 보지 않을 것만 같았어요. 다들 나를 받아들여 주지 않을 것만 같았는데 정작 나는 내 고통보다 남들이 나를 받아 주는 것이 더 중요했던 거죠."

누군가 자신을 구해 주기를 바랐고 누군가 이것을 조금이라도 알아주는 사람이 있다면, 그 사람을 위해서 어떤 것이라도 할 수 있는 기분이었다고 한다. 하지만 아무도 자기를 구해 줄 수 없었다는 것이다.

그런데 어느 날 차크라 리딩을 통해 자신의 현재 상태와는 관련 없이 찾아오는 이 지긋지긋한 고통에 대한 사연을 듣게 되었던 것이다. 예전에 자신이 어떤 돌발 사고로 죽은 적이 있었다는 것, 터널 속에선가 모든 게 무너져 내려서 불에 타 버리고 충격적인 그 사고로 인해 이른 나이에 죽었고 그것이 깊은 의식 속 어딘가에 각인되어 있었다는 것, 그때의 기억이 이번 생에서 다시 어떤 자극에 되살아나고 있다는 것, 외상 후 스트레스 장애와 비슷하다는 것 등등. 그녀는 속으로,

'아…… 내가 그렇게 무시하던 내 고통에도…… 사연이 있었구나!' 하고 외쳤다고 한다.

그녀에게 그 사연이 맞든 틀리든 중요하지는 않았다. 전생이 있든 없든 그게 문제가 아니었다. 중요한 것은 본인이 힘들어하고 있는 이러한 에너지 상태들이 사랑과 이해를 필요로 한다는 것이었다. 다른 사람들이 모두 공감할 수 있는 것도 아니고 또 입증 가능하거나 자기 자신에게 명확한 것도 아닐지라도 적어도 자신의 고통에는 미처 모르던 그 나름의 이유가 있을 거라는 것, 지금 현생에 알 수 없는 것이라면 전생에라도 일어났던 것일 수 있으며, 어떻게든 그 상태를 알아주기를 혹은 알려지기를, 어둠 속에서 그냥 외면받고 방치되어 있다가 의식화되기를 여태껏 바라고 있었음을 깨닫게 된 것이다.

"사실 저는 사랑받고 싶었어요. 관심을 가지고 다시 느껴 주기를 간절히 바라고 있었어요. 얼마나 외로웠는지 무서웠는지 아팠는지……. 상처와 사연을 지니게 된 나의 한 부분들을 스스로 이상하다 여기지 말고, 사랑으로 이해의 시선으로 바라봐 주어야 했었어요. 다른 사람들에게 정신병자 취급을 받든 말든, 의학적으로 미친 증세든 어찌 되었든, 적어도 나 자신은 이것을 무시하지는 말았어야 했다는 거예요. 이 고통에도 분명

사연과 이유가 있으니까요……. 그런 것들을 깨닫게 되자 내 안에서 그간의 참았던 서러움 그리고 나 자신에 대한 연민이 북받쳐 올라와 그날 집에 가는 길에, 또 지하철에서 울고 또 울었어요……."

그렇게 말하면서 그녀는 다시금 눈물을 흘린다. 그날 이후에도 그렇게도 스스로 인정하려 하지 않았던 스스로 느끼려조차 하지 않았던, 그래서 더욱 자신을 더 괴롭혔던 그 바위들이 또 그녀를 덮쳤다. 하지만 이제는 상황이 달라졌다.

"다시 심장과 머리가 흔들리곤 해요. 하지만 이번에는 예전보다 강도가 덜하죠. 이젠 전세가 역전된 걸까요? 지나간다…… 이제…… 흘려보낼 수 있을 만한 힘이 생겼습니다. 태풍이 한차례 휩쓸고 지나간 기분이에요."

그녀는 점점 좋아졌다. 명상 세션 이외에도 다른 그룹 명상에 틈이 나는 대로 열심히 참여했다.

그런데 앞서 말한 대로 그녀에겐 돌발사고로 인해 요사한 경험 외에 다른 전생의 이슈들도 있다. 잃어버린 사랑과 종교적 활동에 대한 것이다. 어느 날 그녀는 "자신에겐 언제쯤 애인이 생길까요?" 하고 수줍은 얼굴로 묻기도 했다. 이런 건 꽤나 대답하기 곤란한 문제이긴 하지만 나는 곧바로,

"조만간 여러 명의 남자들이 당신을 쫓아다닐 겁니다. 분명히 생기발랄한 매력을 풍기는 청춘이 되어 한껏 그 인생의 한때를 즐기게 될 거요."라고 말해 주었다,

그녀가 "정말이요?" 하면서 반신반의한다.

내 대답의 근거는 사주나 점괘 같은 것이 아니라 현재 그녀의 에너지 상태였다. 과거의 짐을 덜어 낸 그녀는 갈수록 건강해졌고 그에 따라 성적인 매력도 무르익어 가고 있었다. 그렇게 되면 자연히 이성을 끌게 된다. 내 말이 끝난 지 얼마 지나지 않아 그녀는 그토록 소원이던 맘에 드는 남자와 연애를 시작했고, 나중에는 다른 남자들에게 계속 구애를 받는 바쁘신 몸이 되었다. 졸업을 앞두고 진로를 고민하고 있는 그녀에게 나는 이렇게 충고하기도 했다.

"공부가 잘될 겁니다. 학업을 더 해 보는 것도 좋아요"

이 또한 그녀의 에너지 상태와 흐름을 보고 하는 말이다. 머리 부분으로 수기(秀氣)의 집중과 유통이 전보다 좋아져 있었다. 과연 그녀는 머리도 총명하고 공부도 아주 잘되던 고등학교 시절로 돌아간 것 같다며 두꺼운 책들도 그 내용이 쏙쏙 잘 들어온다고 하였다. 결국 그녀는 1년을 더 공부하여 장학생으로 대학엘 또 들어갔다. 의대와 약대, 간호대를 놓고 고민을 하기도 했는데, 이것은 전생에 종교에 귀의하여 봉사 활동한 경험과 유관하다.

가족 관계에도 변화가 왔다. 원래 가족은 그녀가 가지고 있는 것 중에서 가장 형편없으며 답이 안 나오는 문제였다. 명절날 모두 모이면 처음에는 화기애애한 듯하다가도 결국 매년 그랬던 것처럼 가족 전체가 신경증의 화산 폭발에 말려들어 처참한 혼돈과 붕괴감을 맛본다고 하였다. 엄마에 대한 불만, 아버지의 태도, 언니의 정신병적 상태……. 모든 것이 조금도 변하지 않은 채 반복되었었는데, 이젠 거기에 변화가 생겼다고 했다. 내가 말했다.

"모든 인간관계란 함수 관계에 있는 거죠. 나라는 변수가 변한다면 나와 관계를 이루고 있던 함수 전체가 변하면서 다른 변수들도 변하게 되어 있어요. 그러지 않을 도리가 없게 되는 겁니다."

예컨대 갑이 을한테 화를 내면, 화가 난 을도 그릇을 집어 던지고 같이 화를 내는 상황이 반복된다고 치자. 한번 패턴이 생기면 바꾸기가 어렵다. 그들은 서로 갈수록 분노와 상처를 키워 나가고 있기 때문이다. 그런데 어느 날 갑이 화를 냈는데도 을이 전처럼 불같은 화도 내지 않고 오히려 무슨 일 있었느냐는 표정으로 행복한 미소를 띠고 있다면 어떻게 될 것인가? 두 번째 세 번째 상황 속에서도 을이 역시 그런 모습이라면 갑도 결국은 변하지 않을 도리가 없는 것이다. 다른 사람들이 변하기를 바라기 이전에 자기 자신이 먼저 변해야 하는 것이 옳다.

이 여대생 가족의 반복되는 갈등과 고착 양상은 어느 날 홀연히 사라지고 말았다. 전에는 본인이 가족 이야기를 할 때면 얼굴이 흙빛이 되더니 지금은 언제 그런 일이 있었느냐는 듯 밝은 얼굴이다. 자기 자신이 변하면 주변 관계도 변한다. 자신의 에너지 상태가 바뀌면 관계 자체도 변하지 않을 수가 없는 것이다.

이것은 빙의 현상에도 똑같이 적용된다. 지금까지 빙의라는 이름으로 여러 형태를 살펴보았는데 더욱 본질적인 것은 과거에 대한 집착과 두려움이다.

외부의 영은 자신의 과거에 집착하고 있는데 그 영에 빙의된 사람은 반강제적으로 그 외부령의 집착에 따라 움직이게 된다. 하지만 그 전에 그의 에너지 상태가 특정한 외부령이 들어올 수 있도록 준비되어 있었다는 점을 간과해서는 안 된다. 게다가 외부령이 사라진 뒤에도 그는 계속해서 그 영이 새겨 놓고 간 패턴대로 산다거나 혹은 또 다른 무엇인가에 포로가 되어 살아간다. 그의 인생에는 커다란 변화가 없다. 자신과 자신의 에너지 상태가 변할 때에야 비로소 외부의 영도 사라진다. 결국 과거에 대한 집착과 두려움에서 해방되어야 한다. 그러기 위해서는 먼저 자신의 변화에 대한, 변화의 폭과 깊이에 대해 결단을 내리고, 변형을 위한 투자를 전적으로 쏟아 내야 한다. 바르도 명상에서 이제 결국 환생을 하지 않을 수 없는 중음계의 영혼들을 위해 오쇼의 이런 목소리가 들려온다.

"자, 정신을 바짝 차리고 각성하여 잘 들어라.

과거의 카르마의 영향으로 아직도 자신의 주위에서 일어나고 있는 일들을 이해하지 못하는 사람들은 상승하거나 수평으로 이동하거나 아래로 떨어져 가는 체험을 한다.

상승에 관한 느낌의 사람들은 행복한 세상으로 향하고 있는 듯한 생각이 들고, 수평으로 이동해 가는 느낌이 드는 사람들은 행복하지도 불행하지도 않은 세계로 향하는 느낌이 들 것이다. 그리고 아래로 떨어져 가는 듯한 느낌이 드는 사람들은 불행한 세계로 향하고 있는 듯한 생각이 들 것이다. 그리고 그때 앞으로 그대가 태어날 곳의 징후가 나타날 것이다."

우리는 먼저 행복한 삶, 행복하지도 불행하지도 않은 삶, 불행한 삶 중에서 하나의 삶을 선택해야 한다. 상승하거나 수평으로 이동하거나 아래로 떨어져 가는 노선 중에서 하나를 선택해야 한다. 죽어서 다시 태어나기 직전뿐만 아니라 인생의 중요한 순간순간 그리고 매일 아침 눈을 뜨자마자 바로 이 세 가지 중에서 하나를 선택해야 한다. 그에 따라 인생은 다른 모습들이 펼쳐진다.

그렇다면 행복은 또 어떤 종류의 행복인가? 행복한 삶을 바란다면 당신은 어떤 행복을 원하는가? 아직 해탈을 하지 못하고 다시 태어나야 할 한 영혼이 바르도에서 "고차원의 세계에서 환생할 것인가 저차원의 세계에서 환생할 것인가 하는 그 경계선에 있다."면 이 세상에 태어난 우리 또한 고차원의 삶을 살 것인지 저차원의 삶을 살 것인지 결정해야 한다. 바르도는 맨 마지막에 이렇게 말한다.

"이제 과거의 집착은 모두 버려라.
가족, 친구, 지위, 권력, 지식, 추억, 모두 버려라.
그대가 축적해 온 모든 것들을 놓아라.
자, 이제 인간 세계의 빛 속으로,
또는 영원한 존재와 의식의 빛 속으로 들어가라.
그대 가슴의 빛을 따라가라."

곧 빙의의 문제는 행과 불행한 삶의 경계와 마찬가지로 그 밑바닥에 있어서는 과거의 집착과 두려움의 문제다. 우리는 우리의 집착이 없어질까 봐 두려워하고 있다. 그것에서 빠져나오는 진정한 방법은 단순히 외부에서 들어온 영을 퇴치하는 것이 아니라 당신이란 존재와 그 가슴을 빛의 에너지로 가득 채우는 것이다. 거기에 외부의 영이나 어두운 과거가 있을 자리는 없다.

3.
동물에서 인간으로 태어날 때,
인간에서 신으로 들어갈 때

원기부족,
폭력충동,
분열증형 성격장애

너는 누구냐

정체를 알 수 없는 신입 회원이 어느 명상 카페에 나타나 그곳 운영진이나 유명 필자들을 사정없이 공격하기 시작했다. 회원들 사이에서 높은 인기와 두터운 지지를 받고 있던 그들은 당황해하면서도 신입 회원의 잘못된 점을 지적하거나 점잖게 충고도 해 보았지만 그럴수록 이 새로운 회원은 경멸과 냉소를 날리며 당장 자리에서 물러나라, 그러기 전에는 절대 멈추지 않겠다고 선전포고했다. 거짓말 그만하라, 위선자, 공부와 영적인 수준은 한심한 쭉정이 주제에 그럴듯한 말만 앞세우는 허영꾼들! 이 정도 욕지거리는 점잖은 편이었다. 이빨에 독을 묻히고 날카롭게 각을 세운 적나라하고 과격한 언사들이 줄줄이 튀어나와 공격을 받는 이의 가슴을 철렁하게 했으며 실추된 자신들의 이미지에 허둥거리게 만들었고, 노심초사하면서 밤을 새워 자기변호 글을 올리기도 하고 지지자들에게 호소도 해 보지만 그럴수록 그의 반격과 욕설, 폭로는 노골적이고 거세어졌다. 장문의 글로 자신의 마음공부 과정과 사유의 경지를 보여 주면 그는 아예 '철학적 사유 투쟁을 위한 나의 연구 보고서'란 거창한 제목으로 그들보다 훨씬 길면서도 그 자신도 이해나 하고 있을까 싶은 난삽한 글을 연재하였다. 한마디로 심각한 녀석이었다. 거기다가,

"야 아무개, 그렇게 불만 있으면 현피 뜨자! 당장 날짜하고 장소 정해라!"

현피? 그게 뭐야? 현장에서 피를 보자는 거야? 피 터지게 싸우자는 거야?

그런 인터넷 신조어는 거기 회원들에겐 당황스럽고도 처음 접해 보는 막가파식 최후통첩이었다. 지레 겁을 먹거나 난감해진 그들은 어렵사리 그를 만나 밥도 사고 술도 권해 보면서 유화책을 써 보지만 고집불통인 그의 태도를 조금도 바꿀 수 없었다. 심각하면서도 대책 없이 골치 아픈 놈이었다.

그런 그가 어느 날 내가 여는 명상캠프에 찾아왔다. 스물네 살의 청년이었고 이름은 심강남이다. 그에게 갖은 수모를 당하고 운영자 자리마저 내놓은 한 회원이 자신의 자비심을 보여 주기 위해 캠프 비용을 대줄 테니 명상 캠프에 참가해 보라고 하니, 그딴 거 필요 없다, 내 발로 내가 간다며 찾아왔다. 첫 번

째 참가한 캠프에선 그다지 명상 효과를 모르겠다며 반은 떨떠름 반은 적대적이더니 다시 한번 캠프에 왔다. 거기서 누구한테 어떤 얘기를 들었는지 차크라 리딩과 명상 세션을 신청했다.

그는 내게 자신의 문제를 매우 답답하고 절실한 심정으로 토로했다.

주의력결핍과 과잉행동장애가 있고, 산만하며 집중력이 부족하다. 때로 폭력적인 충동 조절이 어렵거나 그로 인해 문제를 야기한다. 군대에서 눈을 치우다가 고참을 삽짝으로 두드려 패서 정신병원까지 가다 보니 군대 부적응자로 제대했다.

마음이 여리고 쉽게 상처받으며, 어려서부터 이해력이 부족한지 타인과의 의사소통에 애를 먹는다. 대화 도중 어떤 기억이 끊어지기도 한다. "저는 아이큐가 낮아요." 하는데, 초등학교 때는 학업 성적이 보통 정도였다가 올라갈수록 떨어지더니 고등학교에서는 늘 하위권이었다고. 정신병원의 심리 검사에서 실시한 지능 검사 결과로는 "현재 지능은 '평균 하' 수준에 속하나 지적 잠재력은 평균 수준에 이를 것으로 추정되며 정서적 장애 등의 이유로 이에 못 미치고 있다."고 한다.

키는 큰 편에 체중은 평균치고 육식을 좋아하지만 체력적으로 문제가 많았다. 다리가 자주 저렸고 지구력이 부족하며 매사 시작은 있어도 끝이 없는 경우가 되풀이되었다. 위염 증세가 있으며 원기가 부족한 허약체질이다.

그는 자신이 정신과 입원 치료를 받은 적도 있으며 약물치료도 하고 있으나 증세에 아무런 호전도 없다고 하였다. 그러면서 자신의 이러한 문제들이 명상 세션을 통해 어느 정도나 해소될 수 있냐고 몇 차례 탐문한다. 두 번째 명상 세션에 올 때는 시키지도 않았는데 자신의 증세에 대한 좀 더 구체적인 자료를 내놓았다. 정신과 병원에서 임상심리 조사도 두 번 받았는데 그 결과로는,

1. 진단적 인상(군 복무 중 실시)

Schizotypal Personality Disorder(분열증형 성격장애)로 의심되며 상당한 정신적인 긴장 상태로 스트레스를 받을 경우 충동적 반응을 보일 가능성이 높을 것으로 사료됨.

그로부터 1년 반쯤 지나 다른 병원에서 받은 검사 결과는,

2. 진단적 인상

ADHD since Childhood with Personality Problem.

(유년기부터 지속된 주의력결핍 과잉행동장애, 성격 문제)

등의 견해가 나왔다. 그가 가장 걱정하고 있는 것은 자신이 정신분열증 환자인지 아닌지, 만약 그렇다면 치유가 불가능하지 않을까 하는 부분이다. 이따금 나타나는 그의 폭력 증세도 그 때문이 아닌가 하여 그의 부모도 걱정이 이만저만이 아니었다.

켄 윌버를 유명하게 만든 의식의 계층적 발달론(의식의 스펙트럼 이론)에 따르면 여러 정신병리 현상 예컨대 정신분열증이라고

해도 모두 같은 것은 아니다.

육체적·유전적 요인에서부터 실존적 레벨의 '실존적 병리', 더 나아가 '영적 병리', 쿤달리니적 신비주의적 단계의 병리 등등 여러 차원이 있다. 그러니까 도외시되기 쉬운 부분이기도 한데 어떤 정신병들은 정신병적 특징을 지닌 한 개인의 내적인 구도의 과정일 수도 있고, 그 반대로 구도적 모습을 띠고 있지만 정신병으로 분류되어야 하는 경우도 있는 것이다.

심강남의 심리 검사 보고서는 서로 다른 병원에서 일급 임상심리사들에 의해 꼼꼼하게 작성되었는데 두 문서 모두 젊은 내담자의 성과 관련한 의식 점검이나 관찰은 한 줄도 없다는 것이 눈에 띄었다. 검사 종목은 20여 가지가 넘었는데 담당 심리사들은 모두 여자분들이었으며 심강남은 검사 내내 계속해서 짜증을 내거나 긴장해 보였다고 한다. 그러한 태도는 이성이나 성에 대한 그의 뿌리 깊은 내적 긴장에서 나오는 것일 수 있다. 그는 나와 얘기하면서 여자란 속물이라고 생각한다며 적대적인 모습을 보였는데 여자 친구를 사귄 경험은 한 번도 없었다. 또 한 가지, 이제 겨우 약관의 젊은이에게 가장 큰 성장 환경이었을 부모와의 관계 파악이나 탐문도 별로 찾아볼 수 없었다. 그들로부터 부정적인 피드백이 계속되었다는 정도. 내 경험으로는 부모의 영향권에 있는 어린이나 청소년들의 마음 치유에 있어서 십중팔구 반드시 불러내야 할 당사자들은 그들의 부모로 낙착된다. 대부분의 부모란 기실 이 사회의 가장 고분고분한 대리인이다. 어린이들은 아무 죄가 없다. 어떤 누구도 실은 무구한 존재들이다.

여기서 잠깐 죄에 대해 얘기하고 넘어가자면, 모 대학 병원의 정신과 의사이기도 한 모 교수는 “나는 모태 기독교 신앙인이긴 하지만 임상 치유 경험에서 보면 어떤 환자들에게도 도저히 기독교를 믿어 보라고 권하지는 않습니다. 특히 기독교의 원죄 사상 같은 것들은 정신질환에 아주 안 좋고, 오히려 상태를 악화시키기 때문입니다.”라고 고백한 적이 있다.

결국, 이 사람에게 어떤 문제가 있느냐가 아니라 누구나 무구한 존재고 바로 그 점에서부터 시작하는 것이 명상 세션이다. 단순 조립일이나 배달 등의 아르바이트를 수시로 하긴 하지만 여전히 부모에게 경제적으로 의존하고 있는 심강남의 차크라 리딩 주요 특징은 다음과 같았다.

첫째, 수많은 생애의 풍경들이 파편처럼 저마다 흩어져 있는 모습들 속에 이것들은 도대체 무엇인가, 아무런 연결고리도 찾지 못한 채 질문에 쌓여 있는 절박한 정서적 상태다. 현재의 그의 내면 풍경이라고 할 수 있다.

둘째, 성숙하고 아리따운 여자가 어린아이를 목욕시키며 다소간 성적인 희롱을 하고 있는 장면이 보인다. 어린아이는 매우 당황해 하는데 성적인 강렬한 욕구를 느끼면서도 그것을 억압하고 있다. 여자는 창녀처럼 보이거나 성적으로 완숙한 모습을 보이는데 어느 날 바닷가에서 변사체로 떠오르고 소년이 된 아이는 그 모습에 충격을 받는다.

이런 그림들은 유년기의 기억이거나 전생의 어떤 풍경이다. 창녀형의 인물이 나타나는 것 주로 성이나 지능 발달과 관계가 있는 경우가 많다.

셋째, 전생 중 남방불교의 승려(불교가 국교여서 출가가 어느 정도 의무적이었던 국가로 추정됨)로 출가 생활을 하면서 인생의 의미에 대해 지극히 진지하게 탐구하던 장면도 보인다.

넷째, 아주 먼먼 전생의 동물적 삶의 흔적도 보인다. 사원의 원숭이로 나타난다. 셋째, 넷째도 전생의 풍경이다. 전생을 믿지 않는다면 최소한 현재의 그에게 영향을 행사하고 있는 어떤 무의식의 반영이다.

다섯째, 첫 번째 기본 차크라와 성 차크라 등 하위 차크라의 에너지가 약하며 특히 제3차크라가 있는 복부 부위를 손으로 휘저으면 아무것도 만져지지 않을 정도로 에너지가 약했다.

여섯째, 제4차크라인 가슴 차크라 윗부분과 어깨 차크라 부위, 미간 차크라 등에 과도한 긴장이 뭉쳐 있어 경직 상태를 보이고 있다.

이상에서 보듯 동물로서의 삶의 흔적과 창녀의 등장은 이

청년에게 보이는 차크라 리딩의 특징 중 하나다.

명상가들이 얘기하는 영혼의 진화론에 의하면,

"동물에게 성의 센터는 마지막 차크라지만 인간에게는 첫 번째 차크라다."

곧 성 센터는 동물에서 인간의 단계로 진화하는 데 있어서 첫 번째 통과 관문인 셈이다. 인간계의 입장에서 보면 이제 막 인간계로 들어온 동물의 영혼은 창녀나 지적 장애인 혹은 이 둘을 합친 형태의 백치형 창녀의 단계를 거치는 경우가 많을 것이다. 이것은 물론 창녀나 백치들이 모두 반드시 이제 막 인간계로 들어온 영혼이라는 뜻은 아니다. 자신들의 업장에 따라 오래된 인간 영혼이라 할지라도 그러한 모습으로 나타날 수 있다.

그리고 그들이 정상적인 인간으로 성장하는 과정에 있어서 다섯째 항목의 단계—사회적 인간으로서 적자생존을 위한 센터인 제3차크라 센터의 발전 단계—를 반드시 지나야 하며 그런 연후에 더욱 고차원의 세계로 가기 위해서는 또다시 여섯째 항의 단계—제4차크라인 가슴 차크라와 그 위의 차크라 단계—로 넘어가야 한다. 이와 같은 견해는 일반적인 차크라 이론을 답습하는 것은 아니고 특히 지적 장애인으로 분류된 아동이나 성인들과 명상 치유 작업을 하면서 발견한 나 자신의 경험에 의거한 것이기도 하다.

심리상담센터에서 정신지체자로 분류된 열한 살짜리 소녀를 리딩할 때의 일이다. 전생이 개로 나타난다. 소녀는 개처럼 잠시도 가만히 있지를 못했다.

5분도 안 되어 리딩을 마치고 명상 치유를 위해 동물 명상을 시키니 즉시 왈왈거리며 사나운 개처럼 짖기 시작했다. 동물에서 인간으로 들어온 지 얼마 안 되는 소녀 같다.

또 다른 예는 중학교 1학년 남학생이다. 이 소년 또한 지적장애인이었으며, 전생의 모습은 소로 나온다. 리딩을 시작하니 맨 먼저 그가 어떻게 세상을 보는지, 혹은 그의 눈과 정신 구조에 세상이 어떻게 비쳐지는지 알 수 있는 영상이 펼쳐진다. 함부로 보관해서 여기저기 색상이 떨어져 나가고 윤곽들이 희미해진, 물에 젖었다가 말린 낡은 그림책 속 이중섭의 소 그림과도 닮아 있었다. 소의 눈에는 세상이 그렇게 보일 것이다. 이 소년은 그 소처럼 세상을 인지하고 있으며 나는 그 소년을 통해 그 소년 안에 들어 있는 소의 눈으로 세상을 바라보니 '아, 그들 눈에는 세상이 이렇게 보이는구나…….' 하는 생각이 절로 든다.

소 다음의 풍경으로는 창녀가 나타난다. 순수한 성품이긴 하지만 지능이 떨어진 백치미의 창녀인데, 옷차림에 신경 쓰고 사람들에게 시선을 받으며 노는 것을 좋아한다. 하지만 어느 날 어이없이 절벽 아래로 떨어지며 추락사한다. 그런데 절벽 밑으로 떨어지면서도 죽음에 대한 공포가 없다! 이것은 동물들의 특징이기도 하다. 동물의 의식 속에는 미래에 대한 의식이 없기 때문에 죽음에 대한 공포도 없는 것이다.

이 소년의 어머니에게 "아드님은 죽음에 대한 공포가 없네요. 높은 곳에 올라가면 조심해야 할 것 같습니다." 하니 그녀는 그렇지 않아도 전부터 그게 걱정이었다고 한다. 얼마 전에 4층으로 이사를 했는데 창턱에서 아래를 내려다보며 자꾸 뛰어내리려고 해서 가슴이 철렁했다고 한다. 중학생인데도 자신이 뛰어내리면 어떤 일이 벌어질지 전혀 모르는 모습이어서 황급히 방도 바꾸어 주고 베란다나 길가 쪽 방의 창문들도 모두 폐쇄시켰다고도 하였다. 또 어쩐 일인지 패션 감각이 화려한 옷을 몹시 좋아하고, 그런 옷을 입은 여자들에겐 특히 관심을 많이 보이는데, 나를 처음 만나고 온 날에도 처음 보는 빡빡머리에 호기심이 많더라는 얘기를 전해 주기도 한다.

일상생활을 하면서 아들에게 자신이 해 줄 수 있는 게 없느냐고 묻기에 차크라 리딩 장면들을 토대로 몇 가지 방편을 얘기해 주었다. 한 가지는 소년이 관심을 보이고 있는 장면들 중에서 마치 활동사진 필름처럼 한 동작에 다른 동작으로 이어지는 그림을 연속해서 끈기 있게 가장 사실적이고 정묘하게 그리게 할 것. 다른 하나는 소년의 취약한 세 번째 차크라를 강화시키기 위한 것으로, 아무 때나 하루에도 몇 차례씩 갑자기 "김 아무개, 어디 있나?" 하고 그의 이름을 부르면 아들은 무조건 "네, 김, 아, 무, 개, 여기 있습니다!"라고 큰 소리로 또박또박 대답하게 하는 것이었다. 소리가 작거나 발음이 불분명하면 몇 차례 더 시켜 본다. 그에게는 아직 자아라는 개념이 없다. 곧 자기 존재의 중심과 그 주체에 대해 계속해서 자각케 하는 것이다. 원래는 명상 방편인데 누구라도 이 방법에 따라 스스로 큰 목소리로 자문자답하다 보면 예기치 않았던 깨달음을 얻게 될 것이다.

동물에서 인간으로 들어오는 듯한 영혼들이 있다. 백치 창녀라든가 지적 장애인이 그들이 정상적인 인간이 되기 위한 필수적인 코스는 아니지만 생명 에너지의 진화 과정에서 보면 그러한 단계를 거쳐야 하는지도 모른다.

어떤 성자는 '이름 없는 구도승과 창녀 사이의 사생아였다.' 라는 식의 얘기를 이따금 읽게 된다. 석가모니를 초조(初祖)로 아홉 번째 조사가 된 복타밀다(伏駝密多)는 나이 오십이 되도록 말도 못하고 걷지도 못하던 지독한 장애인이었다. 역사상 가장 위대한 정치가 중의 한 사람이었던 페리클레스와 창녀의 이야기도 있다. 말년에 그는 자신이 사랑하는 여인, 이그나시우스라는 고급 창녀를 감옥에 보내지 않기 위해서 사람들에게 애원하는 신세가 되었다고 한다.

동물 다음에 인간이 되는 첫 번째는 창녀나 지적 장애인이라는 소리가 절대 아니다. 성과 지적 에너지의 진화 과정의 문제라는 것이다. 그들은 여전히 동물적인 요소와 인간으로서의 기본 요소, 또 그보다 더 상위 에너지 단계의, 한 사회의 평균치에 적응한 보통 인간의 기준에서 보아 부족한 점 등이 혼재되어 있다. 그렇지만 그들이 지닌 결점은 곧 그들을 더욱 위로 끌어 올리게 하는 장점이 된다.

사석에서 만난 심강남의 첫인상이나 체취 등이 어린아이와 같은 느낌을 많이 띠었는데 — 그 영혼의 아우라나 마음의 세계와 생명 에너지도 포함하여 — 그의 모친도 나의 이러한 느낌에 적극 동의한다. 이것은 차크라 상태로 보면 제1, 2, 3 차크라가 취약한 것과도 무관하지 않다. 곧 차크라 리딩 시에 나온 다섯째와 여섯째 사항들은 사회적 동물로서의 성인이 되기 위한 현 상태의 과제들, 또 미래에는 그 이상의 지성을 지닌 인간의 대열에 들기 위한 자기 나름의 필사적인 노력을 보여 주고 있기도 하다. 그런 것이 그가 사이버상에서 내막적으로 하고 있는 일인지 모른다. 옳고 그름에 대한 강경한 투쟁, 자기 나름의 철학적인 노력, 위선적 타인에 대한 판단과 평가, 배척 등을 통해 자신의 감정 세계와 지성을 단련하여 한층 더 성장하고자 한다는 것이다.

엉터리 운명론자

운명에 대한 관심이나 이해는 그 사람의 에너지 상태, 의식 수준에 따라서 달라진다. 운명이 정해져 있다 해도 그것을 어떻게 쓰는가는 별개의 문제다. 단순한 사람일수록 잘 들어맞고 높은 수준의 영혼은 일류 역학가라도 예측하기 어렵다. 혹은 무의미하다. 『장자(莊子)』에 보면 백발백중 신의 경지에 오른 대운명가의 이야기가 나온다. 그는 손님의 운명을 알아맞히기에 앞서 열흘간 동고동락하는 것으로 유명했다. 그러다가 한 도인을 만났는데 일주일은커녕 한 시간도 안 되어 놀라 자빠져서 도망치고 말았다. 아무리 훌륭한 역학자라도 결국은 자기 그릇만큼 볼 수 있다. 자기보다 그릇이 훨씬 큰 사람의 운명은 알아맞히기도 어렵고 몇 가지 맞춘다 한들 멀리 날아간 새의

깃털 몇 개 가지고 떠드는 꼴이다.

심강남은 자신의 운명에 대해서 관심이 있다가도 반신반의하면서 대체로 당황해하는 모습이다. 심리나 성격 분석에 관해서라면 그의 명리 감정 내용은 두 차례에 걸친 그의 심리 검사 보고서 내용과 큰 차이는 없다. 달리 보면 그가 태어날 때 통과한 생년월일시라는 네 개의 기둥(사주四柱)에 이미 그의 심리 상태나 정신 병리가 적혀 있었던 셈이다.

쉽게 풀어 보면, 심강남의 태어난 날은 오행상 흙(음토)에 속하는 기일(己日)이고 태어난 달은 사월(巳月)인데 사월이란 명리학상 불의 달(양화), 그 주변에는 불을 더욱 활활 타게 만드는 목(木)이 많았다. 축축하고 부드러운 음지의 흙에 따뜻한 태양이 비치는 것까진 좋은데, 불을 만드는 장작이 마구 쏟아져 들어와 갈수록 뜨거워지면서 흙은 말라 부스러지니 식물의 싹이 트고 자라나기 어려운 구조다.

불길을 더욱 뜨겁게 만드는 나무라는 생부신(生扶神)—다른 오행을 생하여 부조하는 성신(星神)—이 세 개씩이나 된다는 점이 커다란 문제다. 곧 생부가 지나치게 되면 인생의 수호신이자 생명 엔진의 정기(精氣)가 감살(減殺)되고, 수기(秀氣) 발로(發露)에 어려움이 있게 된다. 골잡이가 골을 넣으려고 하는데 도움을 주려는 같은 편 선수가 너무 많아서 오히려 앞길을 가로막고 있는 형국이다. 이러한 경우 자아의 정신 기력과 생명 에너지는 탁하고 콱 막혀 있는 상태가 된다. 생명 에너지 유통이 잘 안 되는 편이고, 인생 발달과 개발에 있어서 애로사항이 많다. 자설(自說)을 주장하는 일이 많고 성질이 급하며 정신이 불안하기 쉬운 구조며 사색에 치우치고 현실성을 결여하기 쉽다. 다른 상황들도 안 좋은 경우 스스로를 이기지 못해 자신의 불에 타 죽는 자분형(自焚型) 사주인데 이런 경우 자살이나 자해, 정신분열증이나 폭력 행위를 일으키기 쉽다.

물론 이런 게 명리학의 전부도 아니고 심강남의 원 사주는 이보다 자세한 간명을 요한다. 또 이론적으로도 태원(胎元) 오행이라 하여 태어난 달 이외에 임신한 달을 매우 중요하게 다루는 학파도 있다. 사주 간지의 여덟 자 외에 두 자가 더 붙어서 오주십자가 되는 것이다. 사주팔자 명리로 보면 아무리 보아도 "부격(富格)이 아닌데 부(富)를 이루고, 귀격(貴格)이 아닌데 귀(貴)가 있는 사람은 태원월과 관계가 있다."*는 것이며 그 반대도 마찬가지다. 그렇다면 잉태된 날과 시간을 더 중요시하는 다른 체계의 운명론도 있을 수 있는 것이다. 그런데 나쁜 쪽으로만 얘기하고 강조하는 역학가들이 있다면 사기꾼이거나 거짓말쟁이 아니면 형편없는 싸구려들이다. 왜냐면 어떤 운명, 어떤 삶이라도 보다 높은 삶을 위한 진화의 도상에 있기 때문이다.

운명론과 명상

운명이란 무엇인가?

* 사주 명리학 원전의 하나이자 현재의 명리학의 기본 원리를 확립한 서대승(徐大升)의 『연해자평(淵海子平)』에도 잉태한 달(月)의 간지(干支) 산출법이 나오는데, 위 인용구는 명리학의 필독 명저 여러 권을 저술한 서락오(徐樂吾)의 『조화원약(造化元鑰)』에서 따왔다.

첫째는 사람들이 어떤 성향들을 반복한다는 것을 의미한다. 그중에서도 특정한 성향들은 반복적인 힘이 훨씬 강하다는 것을 의미한다. 사회적 운명이든 선천적인 성향이든 그것은 마찬가지다. 이러한 성향들의 반복적인 패턴과 상호작용을 체계화한 것이 운명학인데 그러면 그 성향들은 어떻게, 어디서 주어지는 것인가?

그로부터 인간은 부분이 아니라는 것이 된다. 전체라는 것을 의미한다. 지구를 둘러싼 별자리의 운동, 전 우주의 힘들, 각 개아(個我)들과 연결되어 있다는 것을 의미한다. 명리학의 표현이나 관점에서도 알 수 있듯이 그것은 인간을 이 우주와 자연의 일부이자 똑같은 법칙 아래에 놓인 동등한 구성원으로서 보는 것이다. 위대한 사가였던 사마천도 말하기를 대도(大道)의 요체는 굳센 것과 탐욕하는 마음을 버리고 총명을 물리쳐서 자연의 법칙에 따르는 것인즉 노자의 가르침을 모든 도의 종주요 가장 심오한 것으로 삼았지만 "음양가들이 밝힌 사시운행의 큰 법칙은 버릴 수가 없다."고도 하였다. 곧 인간은 분리된 개아가 아니라 전체로서 살아가야 하고 그 전체의 질서와 융화를 이루어야 한다는 것을 뜻한다. 우리는 그 깊은 밑바닥에서는 하나로 연결되어 있으며 그 전체, 같은 에너지의 서로 다른 표현들일 뿐인 것이다.*

* 이와 같은 견해는 오쇼의 『히든 미스터리(Hidden Mysteries)』 중 'Astrology' 장에서 좀 더 자세히 볼 수 있다.

하지만 운명은 존재하기도 하고 존재하지 않기도 한다.

대부분의 인간은 정욕이나 야망, 과거의 무의식에 훨씬 지배되기 쉽다. 이것은 그가 가슴 아래의 에너지 성향들에 억압적으로 붙들려 있으며 때문에 그것을 수많은 생에 걸쳐서 반복한다는 것이다. 가슴 밑의 세 개의 차크라는 물질세계, 육체적 차원과 관계가 있다. 부자유할수록 사람들은 더욱 그것을 반복하기 쉽다. 그럴 때 그는 결국 운명적으로 살아간다.

그렇지만 인간은 운명 이상의 존재이기도 하다. 전체라는 입장에서 보면 운명의 힘은 한 사람의 예외도 없이 적용된다. 부처든 예수든 마찬가지다. 그들 또한 전체의 한 부분이기 때문이다. 단지 그것이 작용할 때의 질, 사용되는 방식이 다르다는 것이다.

가슴 센터가 그 분기점이다.

인간이 그의 가슴에 도달할 때 운명은 속박의 힘이 아니다. 오히려 그의 자유와 사랑, 진리를 나타내기 위한, 그것들이 나타나는 형식이 된다.*

가슴 아래의 억압된 성향으로부터 자유롭지 않는 한 운명이 그의 삶의 형식이며 내용이 되지만, 한 개인이 가슴에 도달할 때, 그곳에 있는 에너지를 해방할 때 운명은 오히려 그 자유와 사랑의 진리를 표현하는 하나의 과정들, 형식미의 일종에 불과

* 요가 문헌에 다음과 같은 구절이 있다. "(가슴 차크라에 이르러) 예정된 운명으로부터 벗어나 자신의 운명을 결정하는 자유가 실재화한다." — 스와미 사티야난다 사라스와티의 『쿤달리니 탄트라』(박광수 옮김, 도서출판 양문, 2000)

하다는 것이다.

한데 가슴에 도달한다는 것은 대관절 무엇일까? 자기의 개인성을 초월해 가고 있다는 것을 의미한다. 그곳으로부터 차별 없는 사랑과 진리의 빛이 나타나기 때문이다. 그때 비로소 그는 집의 주인이 자신이라는 것을 알게 된다.

하지만 가슴의 에너지는 가장 억압되기 쉬운 곳이다. 그것은 현실 원칙에 위배되기 때문이다. 세상은 개아(個我)들의 세계인데 가슴은 탈(脫)개아이며 무한이며 전체이며 사랑의 법칙이기 때문이다. 본능이 억압되는 것만큼 그것이 승화되어 나타나는 공간인 가슴의 사랑과 이해와 느낌들은 현실 속에서는 끊임없이 억압당한다. 현실 원칙에 반한다는 점에서 성이 억압되는 것 이상으로 가슴은 억압되고 있다고 말할 수 있다.

가슴은 실은 자기 안의 남자와 여자가 만나는 곳이기도 하다.

여자들은 생물학적으로 더욱 가슴에 가까운 존재들이다. 현실 속의 여자들이 억압당할 때 그 사회는 곧 사람들의 가슴을 억압하고 있는 것이 된다. 억압받는 것이 있는 이상 억압하고 있는 것 또한 자유로울 수가 없다. 새를 쥐고 있는 손은 새도 손도 똑같이 자유롭지 않은 것과 같다.

그런데 운명이든 자유든 이런 걸 맛보는 사람은 별로 없다. 요새는 머리와 가슴의 차이를 어느 정도 알고 있는 사람도 드물다. 그에 따라 인간에게서 삶은 점점 사라지고 있다. 점점 빈약해지고 있다. 대부분 사람들에게 인생이란 이런 것이다.

이것저것 다해 보고 누려 봐도 왜 아무 일도 일어나지 않는가?

가슴이 죽어 있기 때문이다. 가슴이 없는 기계나 인형에겐 아무 일도 일어나지 않는다. 가슴의 고동, 가슴의 열망, 가슴의 향기, 가슴이 없는 인간 역시 아무 일도 일어나지 않는다. 우리는 다름 아닌 그런 인간들에게 억압을 강요당하면서 정해진 대본처럼 살아간다. 왜냐면 가슴을 잃어버릴 때 인간의 생존방식이 억압이나 강요 말고는 별로 없기 때문이다. 그 안에서 운명이 있다면 어떻게 할 것이고 없다면 또 어떻게 할 것인가?

한 가지 이야기를 더 보탠다.

우연한 기회에 어떤 존경받는 역학가가 회장으로 있는 역학동호회의 연말 모임에 참석한 적이 있었다. 막 40대에 접어든 그 회장의 집안은 대대로 역학가였다. 증조부도 할아버지도 그의 아버지도 그의 작은 아버지도 역학가였으며 그의 형과 심지어 여동생까지도 모두 역학가였다. 그의 관련 지식은 대단했으며, 아무리 쏟아 내고 많은 질문을 던져도 막힘이 없었다. 그는 회원과 제자들에게 역학의 우수성과 탁월한 예측 능력에 대해서 열변을 토하고 있었다. 다들 그의 화려하고 거침없는 언변에 감동을 받고 박수를 쳤다. 그런데 회식 장소로 옮기자 그는 나를 자기 옆자리로 불렀다. 술을 몇 잔이나 따라 주더니 갑자기 처음 본 내게 슬쩍 이렇게 귀엣말을 하는 것이었다.

"내 운명 좀 한번 봐 주쇼."

그 대단한 역학가도 자신의 실존의 문제, 삶의 고뇌만은 어쩌지 못했던 것이다. 현재 부딪치고 있는 생, 그것은 역학의 문제가 아니라 존재의 문제다. 운명이란 것이 있다고 한들 존재하는 것은 언제나 이 현재뿐이다. 모든 상황은 결국 '한' 상황이다. 어떻게 받아들일까? 즐길 것인가, 방치할 것인가, 저주할 것인가? 누구나 자유이고 선택할 수 있다. 좋고 나쁜 운명이 있는 것이 아니라 '그 자신만의' 운명이 있을 뿐이다. 그리고 '그 자신만의 운명'은 각성과 사랑을 통해서 반드시 만들어진다.

밑바닥에 놓여 있는 문제

심강남의 명상 세션은 들쭉날쭉 불규칙하게 이루어졌다. 처음엔 두 시간도 하다가 한 시간도 하다가 매주 하다가 건너뛰다가 아예 한 달가량 쉬더니 그다음엔 두 달가량 매주 한 번씩 빠짐없이 한다든가 하는 식이었다. 꽤나 회의적이던 그도 석 달 정도 되자 약간의 에너지 현상을 경험하며 기감(氣感)을 얻기 시작했다. 한 달간 휴식하고 나서 다시 할 때는 강한 에너지 현상이 연속적으로 일어나자 본인이 수시로 소감문을 메일로 보내왔다.

약물 사용은 세션 시작 몇 주 후부터 완전히 끊었는데, 새벽 두 시부터 발기 현상이 수 시간째 멎지 않는다며 이른 새벽 전화를 하기도 하는 등 원기 부족 현상도 점차 해소되었다. 안색에 호조를 띠고 체중도 증가했다. 말씨도 차분해지는 등 정서 불안도 많이 없어지며 폭력 증세도 중단되었다. 본인도 이로 인해 명상과 수련에 많은 관심을 가지게 되면서 꾸준히 인내력을 갖고 계속하고 싶다는 의지를 나타낸다. 적극 고무된 그는 명상 찬양자가 되면서 여러 글을 인터넷 게시판에 올리기도 한다. 어느덧 몸과 마음의 치유뿐만 아니라 깨달음이 그의 인생 목표가 된 것이다.

그러던 어느 날 그의 어머니로부터 한밤중 다급한 전화가 걸려왔다. 아들이 새벽 두 시에 자기 방 침대에 불을 지르고 티브이, 오디오 등을 닥치는 대로 부숴 버리는 통에 아버지가 경찰에 신고해 끌려갔다는 것이다. 나는 눈을 비비고 일어나 그를 만나기 위해 경찰서로 향해야 했다. 포승줄에 묶여 있던 그는 내 눈을 똑바로 보지 못하고 시선을 회피했다. 경찰관에게 풀어 달라고 해서 경찰서에서 함께 나왔는데 그 뒤로는 한동안 자숙을 하며 조용히 지냈다.

세션을 그만둔 지 몇 달이 지나서 다시 심강남의 어머니에게서 전화가 왔다. 명절 때 차례를 지내러 간 큰집에서 그가 사고를 쳤다는 것이다. 삼촌의 어떤 말에 분격해 갑자기 뒤통수를 삽으로 때리는 바람에 아버지에게 추방 명령을 받았다고 하였다.

이러한 그의 폭력성에는 하나의 패턴이 보인다. 군대에서의 고참 폭행 사건, 건설현장 감독이었던 아버지에 대한 불신과 냉소적 태도, 인터넷 커뮤니티에서 권위적인 회원들에 대한 솟구치는 분노, 유교적 권위주의 질서 아래 진행되는 집안 행사장에서의 삼촌 폭행. 곧 남성 지배 문화와 그 권위주의 질서에 대한 반항이다. 그것들이 부과하는 객관적 의무와 억압, 강제와 규율의 뒤통수에 대한 삽짝질이라고 할 수 있는 것이다. 고등학교에 들어가자 억압적 분위기가 옥죄어 왔는데 군대는 그보다도 더욱 극적으로 억압이 행사되는 곳이었다. 군대에서의 상관 폭행으로 인해 받게 된 심리 검사 진단 인상에는 '분열증형 성격장애'라는 표현이 있지만 1년 6개월 뒤에 다시 받은 검사에는 그런 단어가 없다. 곧 억압이 심해질 때 그의 분열증도 폭력적인 반항도 튀어나오고 있었던 것이다. 만약에 가슴 센터 중심의 사람들이나 그 사회 속에서라면 심강남이 정신병원을 들락거리는 일도 주먹을 휘두르는 일도 없었을지 모른다.

그런데 그가 겪고 있는 여러 갈등과 대립, 사건들은 그만의 개인적인 차원의 문제가 아니라 현대 인간들이 저마다 그 안으로 던져진 훨씬 보편적이고 광범위한 상황이기도 하다.

그의 차크라 리딩에는 동물로서의 전생, 어린아이, 여자와 성에 관한 눈뜸과 억압, 퇴행, 또 승려의 모습 등이 주요 장면으로 나타났었다.

동물적 성향은 폭력이나 충동성을, 창녀 등과 관련된 성 에너지의 문제는 성생활은 물론 정신적·지적 창조 생활의 원활하지 못함을, 아기의 자취는 사회적 성인으로서의 현실 투쟁의 부족함과 미적응성을, 또 승려의 모습은 삶의 궁극적 의미에 대한 갈망과 탐구 등을 반영한다. 달리 말해 그의 의식 세계는 동물성의 차원에서 신을 향한 구도승의 차원까지를 모두 보여 주고 있다. 동물에서 신성으로 향하는 사다리 어딘가에 걸쳐져 있는 존재라는 인간의 보편적 상황을 드러내고 있다는 것이다. 이러한 사다리에서의 존재는 인간의 숙명이기도 하다. 달리는 진화를 위한 인간의 불가피한 선택이기도 하다. 그런데 이 인간의 실존적인 숙명에 사회가 개입하여 왜곡하고 통제하려 할 때 심각한 문제인들, 온갖 정신질환과 범죄가 출현하게 된다.

오쇼가 말하길 문명사회는 인간에게 소위 도덕 — 선한 사람, 훌륭한 사람, 사회에 이바지하는 사람이 되라, 되어야 한다 등등 — 을 강요하고 세뇌시킴으로써 세 가지 비정상적인 과정을 촉진하였다고 한다. 그로 인해 인간에게선 점점 단순하고 자연스러운 삶, 자발적인 감동과 자기표현을 찾아볼 수 없게 되었으며, 반대로 사회에는 폭력과 강간, 부도덕과 잔인성이 넘쳐 나게 되었다는 것이다.

이 사회가 개인들에게 도덕을 강요하는 첫 번째 과정은 억압이고 그 결과물은 광기다. 그 두 번째는 첫 번째의 내적 갈등으로부터 도피하기 위한 위선의 조장인데, 그 결과는 자기 자신이 아닌 것이 되는 것을 당연시하고 그를 현실화시키는 것, 곧 위선자로 살아가는 것이다.

세 번째는 동물적인, 곧 자연 본능적인 삶으로의 퇴행이다. 이것은 무의식적 본능에 완전히 굴복한다는 것이다. 내적인 갈등을 해결하기 위해 무의식적 상태를 추구하는 노력은 알코올이나 마약, 섹스 등의 중독을 통해 이루어진다. 그를 통해 유도된 철저한 무의식적 상태는 자연성과 동물성과의 완전한 합체감을 줄 수는 있지만 이것은 죽음과도 같은 상태다.

하지만 이것은 본질적으로 불가능한 시도다. 왜냐하면 인간

속에 의식화된 것은 다시 무의식화될 수 없기 때문이다. 인간의 의식은 동물의 영역, 자연성의 영역에 속하는 것이 아니라 신성의 일부이기 때문이다. 물론 그것은 잠재적으로 존재한다. 하지만 그것은 씨앗의 상태지만 결코 파괴될 수는 없으며 양성되어야 한다. 여기에 명상의 길, 자각의 길이 선택되어야만 하는 이유가 있다.

동물적인 잔인성과 충동의 세계, 광기와 위선의 세계를 택하는 것 이외에 지성의 길, 의식의 길이 있는 것이다. 그것은 탐닉과 억압, 자기 자신이 아닌 것이 되기 위한 끝없는 싸움 혹은 겉치레의 위선과 연극으로 점철된 그런 삶이 아니다.

무의식이 의식의 영역으로 들어오는 것은 비각성 상태, 중독, 부주의함, 마비와 마취 등을 통해서다. 명상은 그 무의식의 세계에 빛을 비추는 것, 마치 땅속에 묻힌 나무의 뿌리를 파헤쳐 빛 속에 노출시키는 것과도 같다. 그때 모든 무의식의 뿌리, 광기와 위선과 착각과 미혹과 망상과 동물성의 가지들은 저절로 사라지고 말 것이기 때문이다.*

심강남의 세계는 분열증상과 같은 광기의 세계도 보여 준다. 보다 높은 존재가 되고자 하는 노력, 곧 자기 자신이 아닌 것이 되고자 하는 노력에 동반된 긴장과 초조, 좌절감에서 나오는

* 이상은 인도 라자스탄 라나크푸르에서 열린 명상 캠프에서의 오쇼의 즉흥 강의집 『더 퍼펙트 웨이(The Perfect Way)』 중에서 'Session5 Natully Moral'을 참조·요약한 것이다. 이 캠프에서 처음으로 오쇼의 강연과 명상 과정이 녹음되어 이정표가 된 책으로 후에, 그 자신은 이 책에 그의 모든 가르침이 담겨 있으며 그 가르침은 결코 변하지 않았다고 말했다.

자기주장과 방어는, 자기 이미지에의 집착 곧 위선의 세계와 이어져 있다. 폭력성, 조절불능의 충동, 깊은 잠과 같은 무의식과 동물성의 세계도 있다. 그리고 나름대로의 철학적 사유나 명상 탐험으로 이어진 신을 향한 탐구의 세계, 무의식의 세계에서 의식의 세계로 가고자 하는, 신성의 씨앗의 세계도 보여 주고 있다.

한동안 근신하며 지내던 심강남은 절로 들어가겠다고 한다. 자세히 물어보니 승려가 되기보다는 조용히 절에서 지내며 그쪽 세계를 체험해 보려는 심산인 듯하다. 사원의 원숭이였던 동물의 전생, 그리고 남방 승려로서 지냈던 어떤 생애에의 기억, 그 끄트머리를 잡고 따라간 것인가? 한 1년 지내고 오겠다며 연락을 끊더니 몇 년째 소식이 없었다. 그러다가 최근 갑자기 나를 찾아온 그의 모습은 꽤나 충격을 주었다. 어떤 충격? 긍정적인 것이었을까 부정적인 모습이었을까? 독자들이 한번 추론해 보라.

2500년 전 석가모니의 제자 중엔 비상한 천재들도 있었지만 대단한 바보도 있었다. 수리반특이 바로 그였다. 석가모니 앞에 수많은 구도자들이 찾아왔을 때 그들은 저마다 많은 가르침을 받았다. 하지만 수리반특에게는 대스승인 석가모니로서도 이렇다 할 가르침을 줄 수 없었다. 석가모니가 그를 위해 다섯 자의 짧은 경문을 주었으나 그는 그것조차 외울 수 없었던 것이다. 그러한 바보가 어떻게 무엇 때문에 석가모니를 찾아왔단 말인가? 그의 마음속에는, 그 우둔한 지능으로 덮인 마음속에는 아주 깊고 강렬한 번뇌의 열기나 서원이 있었을 것이다. 그렇지 않다면 왜 석가모니를 찾아왔다는 말인가?

수리반특을 가상히 여긴 석가모니는 그에게 신발 정리하는 일을 시켰다. 석존의 설법이 있는 날 사람들이 신을 벗고 법당으로 들어가면 그것을 정리하는 일이었다. 그는 오랫동안 그 일을 해 왔다. 그리고 어느 추운 겨울날 그는 석가모니가 벗어 놓은 신발을 데우기 위해 가슴에 안고 있다가 어느 순간 깨달음을 얻었다.

그는 아마 깨달은 자의 역사상 가장 지능이 떨어진 제자였을 것이다. 가장 머리가 나빴던 깨달은 사람일 것이다. 하지만 깨달음은 지능과 관계가 없다. 진리는 지능과 관계가 없다. 수리반특은 신발을 '가슴에 안고 있다가' 덜컥 깨달았다. 머리가 나쁘다는 것이 진화가 덜 되었다는 증거도 아니다. 심강남은 자신이 저능아라며 깊은 열등감을 가지고 있었지만 지능은 사회가 필요에 의해 발명한 교묘한 억압과 관리 도구, 농간일 뿐이다.

영국의 시인이자 예술비평가인 허버트 리드는 『평화를 위한 교육』에서 이렇게 말한다.

> "모든 텍스트에 따라다니는 지능이라는 기준은 번거로운 형식으로 우리를 농락하는 것에 불과하다. 그리고 시험제도에서 오는 자유경쟁은 어린아이가 갖고 있는 자기중심주의를 재무장시키는 데만 기여할 뿐이다."

"우리들 대다수는 시험이니 테스트니 하는 기분 나쁘기 짝이 없는 것들에 시달리고 있다. 그러나 우리는 확실한 증거를 바탕 삼아 지능의 기준은 하나밖에 없는 것이 아니라는 것, 사고의 형태도 오직 하나뿐이 아니라는 것을 어디까지나 주장한다. 사고의 목적은 진리에 이르는 일이다. 그런데 진리란 소위 지능 지수가 높은 사람의 전유물은 아니다. 진리는 마찬가지로 갓난아기나 어린아이, 시인이나 예술가, 때로는 미친 자의 입에서도 나오고 있다고 우리는 생각한다."

필요한 것은 지능이 아니라 열린 마음이다. 열린 가슴이다. 심각함이 아니라 경쾌함이다.

심각함에 대하여

마음 문제의 밑바닥에는 심각함이 있다. 대부분의 우울증이나 정신질환을 앓고 있는 분들이 그 전부터 심각한 성격을 지녔음을 많이 보게 된다. 심각함은 사람의 생명과 감정 에너지를 질식시키고 그로 인해 마음은 병들고 만다. 고사당하고 만다. 심각함은 곧 질병이다. 질병을 지닌 자는 그 때문에 더욱 심각해지고, 그를 바라보는 사람들도 더 심각해진다. 하지만 그들은 그보다 먼저 자기들이 심각한 사람이었으며, 그 때문에 병이 생겼으리라고는 전혀 생각하지 못한다.

내가 첫 번째로 쓴 책에 출판사가 붙여 준 제목은 『까칠한 구도자의 시시비비 방랑기』다. 그 책의 전체 주제는 무엇이냐고, 무엇을 얘기하려 했느냐고 묻는 이도 있다. "삶 속에서 만난 여러 사람들을 통해 다양한 명상 세계를 보여 주려는 것도 있겠지만 일종의 분위기죠." 하고 대답했던 게 생각난다. 저마다 다른 사람들이 보여 주는 독특한 삶과 마음의 세계들을 대하는 어떤 태도, 그런 게 그 책의 주제라는 것이다. 어떤 태도 말인가?

오래전 인도 오쇼 아쉬람에 갔더니 A4용지 네 장짜리 안내문이 있었는데 그중에 "산야스는 다만 시작일 뿐이다."로 시작되는 오쇼의 구도 강의가 눈길을 끌었다.

> "사람들이 그들 자신으로부터 자유롭게 되는 세계, 아무것도 강요당하지 않고, 삶을 불구로 만들거나 무기력하게 만들지 않은 세계, 사람들이 억압받지 않고 죄의식을 느끼지 않는 세계, 즐거움이 마음껏 허용되는 세계, 경쾌함이 기준이 된 세계, 심각함이 사라진 세계, 심각성이 없는 진지함이 그리고 유희가 있는, 완전히 다른 종류의 세계로 꽃 피어 나갈 수 있는 그런 세계를 만드는 씨앗이다."
>
> — 오쇼의 『반야심경(The Heart Sutra)』

오랜만에 이 구절을 다시 보면서 든 생각이지만 그 책이 추구하는 것이 아마 그런 세계였을 것이다. 명상 세션이 추구하고 있는 것도 그런 세계이고 심강남에게 부족한 것도 그런 세계다.

그런데 세상은 반대로 되어 있다. 원래 그런 것이 아니라 사람들이 계속해서 세상이 그렇게 되는 것에 동의하고 의존하기 때문이다. 부모와의 갈등 때문에 문제아가 된 청소년들, 부모가 변하지 않는 한 괴로움에서 빠져나오기 어려운 학생들에게 나는 이렇게 말하곤 한다.

"부모님은 더 이상 자라지 않는다. 그들은 좀체 변화하지 않는다. 네가 그들보다 더 자라라. 그러면 지금 문제들은 다 없어질 것이다. 괴로움 속에서 살고 싶지 않다면 그 수밖에 없다."

대부분의 어른이란 더 이상 자랄 필요가 없는 사람이 아니라 더 이상 자라기를 포기한 사람들이다. 심각함은 그들에게 일종의 미덕으로 되어 있다. 그 자신도 심각한 사람이었을 철학자 사르트르는 『존재와 무』에서 심각함에 대해서 이렇게 얘기한다.

> "우리가 세계에서 출발할 때 또 자기 자신에서보다도 세계에 대해서 한층 더 많은 현실성을 돌릴 때 또는 적어도 우리가 세계에 속하는 정도에 따라서 자기에게 현실성을 부여할 때, 거기에 '심각한 정신(esprit de sérieux)'이 발생한다. 유물론이 심각함은 결코 우연이 아니다. 또 그것이 혁명가의 어용학설로서 항상 어디서나 발견됨도 역시 그러하다. 혁명가들은 심각한 자들이기 때문이다. 먼저 그들은 자기들을 압살하는 이 세계로부터 출발하여 자기를 인식하고 그것을 변혁하려 기도한다. …… 심각한 사상은 다 같이 세계로 말미암아 농후화되어 날로 응고되어져 있다."

마음 자체가 심각한 것이다. 마음은 심각함을 통해서 살아간다.

의식은 항상 무언가에 대한 의식, 대상 지향적인 의식이며 그로 인해 스스로 소진되고 말기 때문이다.* 항상 어떤 대상이 있어야 하며 그로 인해 소진되는, 자신의 존재감을 느끼는 의식은 늘 긴장 속에 있다. 그렇지 않으면 자신이 이 사회에서 도태되며 한없이 추락할지 모른다는 두려움 속에 떨고 있다. 마음은 그렇게 유형무형의 심각함 속에서 살아가며 그것을 내려놓으려 하지 않는다.

그 마음은 사람들로 하여금 끊임없이 무언가를 보게 만든다. 늘 어떤 대상을 향하도록 만든다. 신문을 보고 핸드폰을 보고, 책을 보고, 논문을 보고, 광고를 보고, 축구를 보고, 사람들의 옷차림을 보고, 메일을 보고, 인터넷을 보고, 야동을 보고, 산을 보고, 나무를 보고, 외국 나가서 이것저것 보고……. "사람들은 항상 무언가를 보고 있다. 이것이 광고 비결의 전부다."라는 광고계의 명언도 있다. 수많은 볼거리 중에서 그중 투자 대비 가장 많이 시선을 사로잡는 볼거리가 되자는 얘기다.

시시각각 쏟아져 나오는 정보와 상품의 바닷속에서 인간들에게 보고 있는 것과 존재한다는 것은 같은 것이 되어 버렸다. 끝없이 거울이 되는 서로의 시선 속에서 사람들은 보고 또 본다. 하지만 자기 자신은 정작 보지 않는다. 보고 있는 자신은 보지 않는다. 자기란 남들의 시선 속에서만 있는 것이지 자기

* "모든 의식은 무엇인가에 '관한' 의식이다(conscience de quel chose). …… 의식은 아무런 '내용'도 가지지 않는다. …… 하나의 책상은 심지어 표상(représentation)의 명칭을 가지고도 의식 '안에' 있는 것은 아니다. …… 모든 의식은 그것이 하나의 대상에 도달하기 위해 자기를 초월한다는 뜻에서 정립적인 것인 동시에 이 정립 속에서 소진되는 것이다. 대상에 관한 모든 정립적인 의식은 동시에 그 자체에 관한 비정립적인 의식이다." (사르트르의 『존재와 무』)

내부에는 아무것도 들어 있지 않은 것이다.

멈추고 싶다! 하지만 그 끝없이 벌어진 아가리를 채우기 위해 도시는 끊임없이 머리를 짜내고 채우고 또 채우며 막대한 돈을 거둬들이고 있다. 세월은 흘러가지만 보고 또 보는 그들의 끝없는 눈과 본 것들을 삼키는 커다란 위장은 절대 늙지 않는다. '보지 않으면 안 되는' 새로운 목록들이 어느새 고도의 스파이처럼 마음 안으로 스며들어 오면 인간의 영혼은 가스가 누출되듯 새어 나가 버린다. 그리고 그 자리에 현대적 정신병들과 기형화된 자아들이 날마다 새로운 이름표를 붙이며 태어나기 시작한다.

철학자들은 아무리 생각해 봐도 마음에서 빠져나오는 방법은 없다고 결론짓는다. "여러분, '우리 시대의 정신질환적 개성'* 아무개를 소개합니다. 박수, 짝짝짝." 하면서 자기 사회가 만든 정신병자들도 언제든 상업화시키고 마는 이 사회를 엎어 버리자고도 주장한다. 그리하여 그들은 세상에서 가장 심각한 자가 된다. 혹은 철학을 하다 보면 대부분 심각한 자가 되어 버린다. 심각남도 그로 인해 더욱 심각해졌을 것이다.

하지만 명상은 그 의식 자체의 근원으로 돌아간다. 생각을 통해서가 아니라 생각 너머의 지켜봄의 의식을 통해서다. 그때 의식 에너지는 소진되지 않고 오히려 더욱 충만해진다. 더욱 명징해진다.

* 헤르베르트 폰 마르쿠제의 『일차원적 인간』 (차인석 옮김, 삼성출판사, 1977)

명상에서의 웃음과 축제와 경쾌함은 요청이 아니라 자연 발생적인 현상이다.

심각한 자는 결코 명상의 세계를 체험할 수 없다. 처음에는 심각한 자였는지는 몰라도 명상을 계속하면서 심각한 인간으로 남아 있기는 불가능하다. 내가 아는 명상 친구들의 감정 세계는 복잡한 듯하지만 단순하다. 가장 상처를 받기 쉬운 존재들이기는 하지만 여전히 단순하다. 그들은 어제는 싸웠는지 모르지만 웃을 땐 언제든지 웃을 줄 안다.

심강남은 웃을 줄 몰랐다. 어쩌다 웃을 때는 어린 아기 같았지만 스스로는 심각한 남자이기 때문이다. 심리 검사나 시험을 비롯 모든 검사는 세상의 입장에서 그에게 제출한 일종의 주문서와도 같았다. 그는 세상의 주문 사항을 잘 처리하지 못하는 자신이 한편으로는 두려우면서도 왠지 모르지만 세상의 그런 방식에 격노하고 있었다. 성은 그에게 더욱 두려움의 대상이다. 그는 남들이 즐거워하는 성적 농담에 대해서 질색하였다. 그런 얘기에 버럭 화를 내곤 한다. 그런 저질스런 얘기, 성에 관한 것은 농담일지라도 다시는 하지 말라는 것이다.

성 차크라 센터는 단순히 성에 관한 센터만은 아니다. 단순히 삶을 유지하는 것 이상의 창조적 차원이 나오는 곳이다. 육체적으로는 출산이라는 창조, 감각적·관능적·물질적으로 즐길 줄 아는 낙천주의, 좀 더 멋지게 차려입거나 가꾸는 능력, 또 농담을 던지고 웃을 줄 아는 능력도 이곳과 관련되어 있다. 한 번도 남을 웃길 줄 모르는 사람들이 있다. 남들은 다 웃는데 가만히 있다가 느닷없이 혼자서 웃는 사람들이 있다. 그들은 대체로 성 센터에 문제가 있는 경우가 많다. 이 삶을 즐길 줄 모르는 사람들, 농담을 모르는 사람들도 마찬가지다.

> "유머는 진실을 해방시킬 수 있는 또 다른 도구다. 왜냐하면 무엇인가가 우스운 것이 되기 위해서는 어떤 본질적인 진실이 들어 있어야 하기 때문이다. 그래서 유머에 담기는 진실은 대개 고통스러운 것일 수 있다."*

맞는 말이다. 하지만 진짜 웃음에는 아무 이유가 없다. 이유 없는 웃음의 시작이 모든 우스운 상황들을 창조해 낸다. 순수한 웃음에는 아무 이유가 없다. 배꼽에서부터 터져 나오는 웃음. 웃음 명상을 할 때 무엇인가가 웃기는 것이 있어서 웃는 것이 아니라 그냥 웃어라, 배꼽에서부터 당신 존재 전체로 웃으라고 안내한다. 사람들이 아무 이유 없이 웃는다. 그리고 그 웃음은 몇 시간이고 끊이지가 않는다. 계속 전염된다.

심각함을 내려놓고 웃는 자가 되어 보라. 그러면 마음의 병이 80퍼센트는 치유될 것이다. 삶은 농담이고 유희다. 마음의 병도 어떤 농담, 어떤 놀이일 뿐이다. 다들 당신의 얼굴을 심각하게 바라보고 있다. 동물에서 인간으로 될 수 있다면 왜 인간에서 신의 세계로 들어갈 수 없단 말인가? 먼저 웃어라. 하, 하, 하.

* 데이비드 호킨스의 『의식 혁명』(이종수 옮김, 한문화, 2000)

심강남에 대한 에필로그 유머……

회비를 대신 내줄 테니 캠프에 참석해 보라는 나석오의 제안에 심강남이 직접 자신의 돈을 내고 왔을 때의 일이다. '나와 석가모니와 오쇼는 모두 같은 부처다.'라는 뜻의 나석오와 같은 방에 묵게 된 심각한 남자 심강남이 배낭에서 이것저것 꺼내 드는데, 헉! 오쇼 책도 세 권이나 되었다.

'기회는 이때다! 아, 심강남이도 내가 좋아하는 명상 책들을 이제야 좀 알아보는구나.' 하고 감격한 나석오는 자기 가방에 있는 오쇼 책 다섯 권을 꺼내 심강남에게 내밀며 말했다.

나석오 심각남. 지금 보니 오쇼 책이 세 권이나 있구나. 이건 내가 정말 좋아하는 오쇼 책인데 이 다섯 권을 너에게 선물로 주마. 자, 다섯 권 모두 가져라. 그럼 넌 오쇼 책이 벌써 몇 권이나 되는 거냐?"

속으로 흐뭇해하고 있는데,

심강남 이런 밥충이. 웃지 마. 아홉 권이다.

나석오 (급 당황하며) 심 군아, 잘 들어 보렴. 너는 지금 오쇼 책 세 권이 있는데, 거기다 내가 다섯 권을 주면 넌 몇 권을 가지게 될까?

심강남 아, 짜증 날라구 그러네. 아홉 권이라고 그랬잖아! 귓구멍부터 청소하고 다녀라.

나석오 이해가 안 되는구나, 심강남. 초딩 때 덧셈하는 법 배우지 않았니? 3 더하기 5가 뭐니?

심강남 이런 밥충이가 자꾸? 8이다, 왜?"

나석오 근데 시-발놈아. 왜 지금 네가 가진 오쇼 책 세 권에다가 내가 다섯 권 주는데 어떡해서 아홉 권이냐고? 대가리에 총 맞았니? 주댕이에 약 처먹었니?

심강남 이런 개밥충 자슥이! 아, 집에 오쇼 책 한 권 더 있다고!

4.
강해지기, 행복해지기, 명쾌해지기

조상업,
소외집단 카르마,
르상티망,
구도자의 영혼

조상들과 소외집단 카르마 사이의 한 심리치유사의 인생

내 인생에서 생기지도 않은 문제, 살면서 겪은 일도 아닌 것 때문에 생긴 문제를 어떻게 풀란 말인가? 하지만 그런 일들이 살면서 벌어진다.

30대 후반의 여성이 찾아와서는 사정이 절박한지 "저는 죽기 일보 직전의 상태예요." 한다.

얼굴빛은 좋기만 해서, "절대 안 죽어요." 했더니 자기 말이 맞다며 매우 심각하단다. 본인 스스로 심리 상담 공부도 하며 자기 치유를 위해 그간 백방으로 노력을 했다고 한다. 그 방면에 유명하다는 분들도 많이 찾아다니고 명상이 좋다기에 훌륭한 선생 밑에서 몇 년씩 수련을 한 적도 있다고 하였다. 휴직계를 내고 이것저것 해 보았지만 그마저 끝나 가서 현실로 돌아가야 하는 게 두렵다고 했다. 더 이상 추락할 수는 없다는 심정이기에 이곳에 왔노라고 한다.

그녀는 자기 인생의 목적이 무엇인지 왜 태어났는지 소명을 알고 싶다고도 하고, 특히 현실생활에 있어서는 인간관계를 맺는 데 대한 내면의 공포와 무기력을 극복하는 것이 커다란 문제라고도 했다. 직장에 가면 마음이 답답하고 질식감을 느꼈다. 다른 사람들의 기운을 잘 흡수하여 동요를 일으키는 경우가 많아서 쉽게 동료나 친구들에게 소외감과 거부감을 자주 가지게 된다고 하였다.

리딩을 해 보니 물에 빠져서 허우적거리는 아기가 보인다. 아기는 엄마에게 버림받은 고아다. 그렇게 얘기했더니,

"우리 엄마가 고아였어요." 한다.

떠나가는 남자의 뒷모습도 보였다. 장돌뱅이처럼 떠도는 남자다. 여자가 쫓아가다가 털썩 주저앉고 만다. 뒤를 돌아보니 한 아이가 멍하니 앉아 있다. 내 얘기를 듣다가 이번에는,

"어? 그건 우리 외할머니인데? 엄마가 그랬어요. 떠도는 남자가 외할머니를 낳고는 가 버렸다고."

어머니 외할머니 모두 고아인 셈이었다.

그 밖에 여러 가지 풍경이 펼쳐지다가 문득 아주 외진 곳에 있는 움막과 무덤들이 나타난다. 무덤으로 이루어진 부락 같은 특이한 곳이다. 더벅머리 아이 하나가 한밤중에 움집에서 나와 절규를 한

다. 그러자 곳곳에서 비슷한 처지의 영혼들이 나와 다 같이 소리를 지르며 무리를 만들고 절규를 한다. 그곳은 모두 소외받은 자들, 버림받은 자들, 무력하고 불구가 된 자들의 집단 거주 지역이나 그들이 묻히는 공동 묘역과도 같았고, 모임은 그들의 야회처럼도 보인다. 그들은 아무것도 믿지 않는다. 어느 누구도 그들을 구원하리라 생각지도 않으며 그렇게 구원받고 싶은 마음도 없다. 대신에,

우리가 살아난다는 것은 우리들 중에서 스스로 살아나야 한다!

그 이외는 어떤 것도 거짓이고 필요 없다!

그럴 바에는 차라리 이곳에서 영원히 구제받지 못하는 자로 있는 게 낫다!

영원히 반항하고 영원히 패배하자!

영원히 우리들의 분노와 슬픔을 지키고 영원히 소외받은 자로 남자!

바로 그 안에서, 이 우리 안에서 누군가 살아남고 변한다면 그 사람만이 자신들의 인정을 받을 수 있다!

그들은 그렇게 결의하고 있었다. 그러니까 그곳은 차별받는 사람들의 '우리들만의' 지역이었다.

이런 얘기를 해 주니 그녀는 자신과의 연관성이나 현실성은 잘 못 느끼겠다고 한다. 자기는 어머니의 사랑을 남부럽지 않게 받고 자랐으며 구김살 없는 성장기를 보냈기 때문이다. 공부라면 자신이 있어서 이것저것 파고들었다. 과학을 해도 잘했고

인문학을 해도 잘했으며 이제는 심리치유를 공부하고 있다.

그런데 이 알 수 없는 고통, 이 죽을 것만 같은 압박감은 무엇인가? 테라피든 명상이든 이직이든 무엇으로도 풀리지 않았다. 그녀는 아예 직업으로 심리치유사를 택했지만 절망의 연속이었다. 무엇으로 치유한다는 것인가? 무엇을 치유한다는 것인가? 자기한테 정말 주어진 일은 무엇인가? 그런 것을 그녀는 알 수가 없었다.

어느 날 그녀의 어머니가 찾아왔다. 딸에게서 얘기를 듣고 자신도 궁금해졌고 한다. 나도 딸에게서 보인 '물에 빠져 허우적거리는 아기' 같은 장면은 실제로 어머니에게 일어난 일인지 하나의 상징인지 어떤지 알고도 싶었다.

어머니의 리딩에 들어가니 망망대해 물이 보이고 물귀신 같은 이도 보인다. 이건 구체적으로 무슨 뜻일까? 어머니는 대화를 나누면서 "자신이 죽은 귀신인지 살아 있는 건지 알 수 없는 채 살아왔다."고 한다. 어렸을 때 자신의 엄마는 자기를 여기저기 맡겨둔 채 떨어져 살았는데 4학년이 되자 재혼을 하고는 아예 나타나질 않았다. 그동안 전학만 다섯 번을 다녔다. 이후로도 죽을힘을 다해 살아오면서 결혼도 하고 자식도 키웠는데 그들로부터 외면당할 때는 하늘이 무너져 내리는 듯하였다. 엄마가 자신들을 잘못 길렀다는 말을 듣지 않기 위해서 보물단지처럼 키웠는데 오히려 자신을 원망하는 말을 들을 때는 비통한 심정이 이루 말할 수 없었다. 부모 없이 자란 그녀로서는 자기의 자식들이 행여 자기와 비슷한 소리를 들을까 두려워 자식들 교육도 죽을힘을 다해서 한 것이리라.

그런데 어머니의 의식 더 깊은 곳에는 예상치 못한 이야기가 또 하나 있었다. 역모 가문과 관계된 것이다. 어느 조상이 역모에 연루되어 도망치며 산다. 그것은 멸문지화에 처해지는 중죄인이라는 뜻이다. 어느 날 생명의 위협을 느낀 조상은 아예 자기의 자식에게 누가 될까 봐 고아로 만들어 버리고는 그 아이가 다시는 못 찾아오도록 흔적을 지우고 도망쳐 버리는 사연들이 펼쳐진 것이다.

이 이야기는 어디까지 사실인 것일까?

어머니는 "자신이 죽은 귀신인지 살아 있는 건지 알 수 없는 채 살아왔다"고 하였는데 이 말은 본인의 인생살이에 대한 표현이다. 이를 통해 추론컨대 '삼대가 멸해진다는 역모 죄인 집안에서 남몰래 버려진 자식'이란 그 어머니의 어머니의 심정을 대변한다. 외할머니의 인생살이가 그처럼 기구하고 험난했다는 것이다. 곧 '무덤 부락의 절규하는 아이 = 나', '망망대해에 빠져 허우적거리는 아이 = 어머니', '역모 죄인 집안의 버려진 아이 = 외할머니'라는 구도를 통해 한 개인 속에 들어있는 삼대에 걸친 심리적 삶의 궤적을 볼 수도 있는 것이다. 그 핵심은 소외와 차별, 버림받음의 역사다.

젊은 딸에게 그것은 많은 무덤들로도 나타나고 있다. 한밤중에 일제히 무덤에서 나와 소리치던 그들은 누구였을까? 일차적으로는 모두 그녀 자신이다. 그때그때 받은 차별감과 거리감, 버림받음의 기억들이고 상처들이다. 그때그때 매장된 숨 막히는 자아의 모습들인 것이다.

전 세대들의 업보가 집단 무의식이나 초자아라는 영역을 통해서 딸에게 내려오면서 그 딸의 의식 세계에서는 자신이 소외된 자의 대표라는 식으로 작용하고 있는 것을 볼 수 있다. 딸은 이제 최상위의 소외층, 곧 역모에 가담한 것으로 낙인찍힌 자들의 대표다. 봉건시대에 역모는 자손 삼대가 모조리 죽어야만 끝나는 수습 불가능의 영역이다. 어떻게 역모의 사슬에 얽힌 이들을 그렇지 않은 이들이 이해하고 사랑을 통해 구원해준단 말인가?

불가능하다. 이것이 그녀의 심리적 고통의 딜레마다. 마치 출발에서부터 해답이 없는 문제라는 식이다. 그러니 많은 치유법으로도, 그녀가 만난 어지간한 전문가들도 그녀의 문제를 풀어내기가 쉽지는 않았을 것이다.

경험적으로 보면 어떤 사법 처리자들은 자신을 비주류로서, 소외 계층으로서 인식하고는 있지만 '범죄 그룹'으로 낙인찍히는 것에 대해선 두려움과 자괴감을 보이곤 하였다. 한데 삼대가 사라져야만 한다는 식의 중죄인 계급으로 정해졌다면, 그 정도로 돌이킬 수 없는 소외 계층으로 살아가야 한다면, 어떤 마음 세계에서 살 것인가?

사람들은 흔히 자신의 억압된 감정 문제에 접근하는 프로그램에는 매우 방어적이거나 회피적이 된다. 프로그램을 통한 자신의 생체 에너지적·감정적 차원의 급격한 변화가 있게 되면 저항은 더욱 심해진다. 일반인들도 그러할진대 존재 자체가 낙인찍힌 계층의 사람이라면 모든 치유 자체를 불신하게 될 것이다. 그들의 불행 자체가 스스로에게는 차라리 명예로 삼음 직한 반항이 될 것이다. 그녀의 무의식 속에 보인 무덤가 부락의 절규들이 그러한 모습이다. 그리고 그것은 한 사람의 인생에 죽을 것만 같은 질식감, 압박감, 소외감으로 작용한다. 그로부터 해방되기를 원한다 하더라도 자신도 알지 못할 곳에서 떠내려온 몇 겹의 왜곡과 고착으로 인해 좀체 풀기가 어려운 것이 된다.

이것들은 의식의 영역 중에서 많은 부분 소위 초자아의 영역과 관계가 있어 보인다. 정신분석학자 에릭 에릭슨에 의하면 초자아는 '보다 철저히 내면화'되어 있는 영역으로 "원시적이고 무조건적이며 양심 발달을 지향하는 인간의 생득적 경향의 더욱 무의식적인 대표"다. "처벌적이고 복수적이고 맹목적인 도덕성의 내면적 기관"이기도 하다. 그만큼 의식의 표면으로 떠오르게 하거나 복잡하게 얽힌 에너지 왜곡을 해소하기가 어렵다. 명상 세션은 어떤 식으로 진행되었을까?

그녀와의 작업은 한동안 질의응답이 절반이었으며 더디게 나아갔다. 그녀는 어지간해서 명상 세션을 받아들이려 하지 않는 것 같았다. 할 때마다 새로운 불만들이 하나씩 튀어나왔다. 하루는 세션을 받은 사람들이나 센터에 와서 명상을 열심히 하거나 도우미를 자청하는 사람들이 한결같이 '강해 보여서' 이질감과 거부감을 느낀다며 불만이다.

"당신도 강해질 겁니다. 왜냐면 약해 가지고는 치유가 되지 않으니까요."

강해지는 것(strong), 행복해지는 것(happy), 그리고 명쾌해지는 것(crystalclear). 이 세 가지는 명상이나 명상 세션의 지향점 혹은 그 효과들이다. 그리고 이것들이 자기 존재의 부정성과 그에 상응하는 부정적 에너지를 극복하는 방법이기도 하다.

여기서의 강함은 강한 자 특유의 에고가 아니라 생명력의 원활한 흐름이다. 감정의 소통이고, 가식 없는 표현이자 나눔이고 건강함이다. 그런 것이 그녀에겐 불편해 보였다. 왠지 겸손해 보이지 않았으며, 딱히 이유 없이 불쾌해 보였다. 자기 같은 사람은 소외시키면서 그들끼리만 어울리는 것으로 보였다. 자신은 행복하지 않은데 그들은 별것 아닌 일에도 행복해 보였다. 그것은 자기처럼 번민과 고통에 시달리는 사람에게는 역정이 나는 무례이기도 했던 것이다.

그런데 그녀의 그런 태도는 별다른 것은 아니다. 다만, 그 세 가지가 자신에게는 부족하다는 것을 의미한다. 그 세 가지가 부족하기 때문에 그것을 향유하지 못하는 자신이 불만이었고 그 불만이 외부로 투사된 것이다.

그녀도 강해져야 한다. 그러기 위해선 먼저 자기 생명력의 중심에 뿌리를 내리고 중심을 세워야 한다. 그를 위해서 내가 처음 그녀에게 안내해 준 것은 올바로 서 있는 법, 올바른 걸음걸이법이었다. 생명력을 회복시켜 주는 자세와 그 걸어 다니는 방법이었다. 몸의 중심에 주의를 기울이는 것, 중심을 잊지 않는 바른 자세와 걷는 법, 땅과의 연결, 하늘과의 연결 그를 통한 인체와 삶의 중심 확보, 그런 것부터 시작했다. 그것은 하기 쉽고 간단한 것이기도 했는데, 그녀는 한 달 정도 지나자 그것만으로도 인생이 벌써부터 변하고 있다고 하였다. 자기 자신이 중심이 잡히고 강할 때 행복의 에너지, 사랑의 에너지도 생긴다. 명쾌함이 자라날수록 쓸데없는 생각들과 관념의 헛된 게임들, 그 헛된 추구들도 사라져 버린다. 그것이 명상의 힘이다.

6개월 정도 흘러갔다. 직장에 복귀한 그녀는 처음에는 힘들다며 하소연도 하다가 점차 안정과 보람을 찾는 것 같았다. 소식이 잠잠하더니 한 통의 메일을 보내온다.

감사합니다. 이 아름다운 명상의 세계로 저를 안내하셨네요.
말로만 들려주셨던 세계를 요즘 조금씩 맛보고 있습니다.
명상 세션과 명상들을 하면서 제가 문턱 하나를 넘었습니다.
저 혼자로서는 불가능한 일이었습니다.
말로는 이 감사함을 다 표현하기가 힘드네요.
아직 더 확장해 나가야 할 세계가 많겠지요.
제가 지상에서 천상을 누리는 이 특권을 가졌다는 것에
한없이 감사합니다.
그 길에 훌륭한 조력자가 되어 주신 님을 사랑합니다. 감사합니다.
님의 건강과 영적인 성장을 축복합니다.
제가 가슴의 사랑으로 많은 이의 가슴을 녹여낼 수 있는 진정한 치유자가
될 수 있도록 축복해 주십시오.

마음의 고통 속에 있는 어떤 이들은 심정적으로 매일 죽어가는 기분 속에서 산다. 계속해서 버림받고 외면당하며 이 사회로부터 멀리 떨어진 곳에서 아무도 모르게 무덤 속에 묻힌다고 느낄 것이다. 그녀는 그런 이들을 한층 잘 보살피게 될 것이다. 지옥에서 돌아온 자가 지옥 속에 떨어진 자를 구할 수 있듯이 우리는 자기 자신을 치유하면서 남을 치유한다.

그녀가 아직 더 확장해 나가야 할 세계는 어떤 것이 있을까? '가슴의 사랑으로 많은 이의 가슴을 녹여내려면' 무엇이 필요할까?

그녀의 문제를 고아 카르마나 소외 계층의 원한감정 같은 것이 중심이라거나 집단 무의식이나 초자아의 문제라거나 하는 식으로 규정하는 것이 어느 정도 타당하다고 하더라도 본질적인 것은 아니다. 명상적으로 보면 인간의 영혼이 성장한다는 것은 삶 속에 존재하는 모든 침묵과 모든 절규를 이해한다는 그런 것이다. 모든 낯설음과 모든 이별들과 모든 단절과 몰락, 모든 정지를 음미하고 이해하고 받아들이는 것이다.

생각해 보면, 그것들은 실은 언제나, 누구의 삶 속에도 침투해 있다. 모든 절정은 한순간 정지하다가 몰락한다. 전성기에 있을 때에도 혁염(赫炎)에 오르지는 않으며 쇠락할 때에도 갈멸(渴滅)하는 땅에는 이르지 않으리. 그렇다 하더라도 누구나 결국 쓰러진 고목처럼 정지하는 순간이 온다. 사랑할 때는 찬연히 빛나다가 이별을 할 때는 천 길 낭떠러지 아래로 추락한다. 그 순간 속에는 누구나 자기 말고는 아무도 없는 고아요, 철저한 이방인, 천 갈래 만 갈래 속의 미아가 된다. 그런 시간들이 한세상 사는 동안 몇 번은 찾아올 수 있다. 그렇게 죽음은, 이별은, 생전 처음 대하는 낯설음과 홀로 있음은 삶 속에 스며들어 있다. 그것들은 삶의 반대가 아니라, 만나서는 안 될 적이 아니라 가장 오래된 동반자 혹은 나눌 수 없는 양면의 한쪽이다. 그것이 이 세계가 존재하는 방식, 낡은 것을 파괴하고 새로운 것을 또다시 창조하며 영원히 순환해 가는 우주의 존재 방식이기도 하다.

어떤 이에게는 가장 두렵고 가슴 무너지는 것이 명상 속에서는 번거로운 세상에서 자유로워진 순수한 단독자의 기쁨이 될 수 있다. 어떤 이에게는 무덤 속에 사는 기분이겠지만 명상을 하는 이에게는 마침내 세상의 소음들이 들려오지 않는 자기만의 시간이 될 수도 있다. 명상은 그 순간에 이루어진다. 그 순간에 더욱 깊어진다. 그래서 그 순간들 속으로 기꺼이 들어간다.

빛과 어둠의 세계가 있다. 그리고 모든 어둠 속에서도 스며 있는 그런 빛이 있다. 그 사람 안에 여전히 꺼지지 않고 남아 있는 빛, 그가 설령 어떤 지옥 속에 있다고 하더라도 여전히 되살아나고 그 지옥을 천국으로 바꿔 버리는 빛. 명상을 통해 가슴의 사랑이 깨어날 때 누구나 그 빛을 찾아 주고 나누고 함께 공유하는 일 속으로 사라져 버리리라. 그 빛 속으로.

고통받는 타인들과 심각한 자살 충동 사이의 한 구도자의 인생

우울증. 이 세상에 이런 것이 있었다니?

42년 동안 그는 그런 말과는 전혀 관계없이 살아왔다. 그런데 어느 날 갑자기 '우울'이 무엇인지 알게 되었다. 그건, 이대로 살아가는 것보다는 차라리 죽는 게 나은 그런 시간들이 계속해서 이어진다는 것이었다. 정말이지 죽고만 싶었고 그 외에는 아무런 해결책도 없어 보였다. 자기가 살고 있는 아파트 11층에서 언제고 뛰어내릴 것만 같았다. 잠자리에 들 때는 자기도 모르게 뛰어내릴까 걱정되어 두 다리를 끈으로 묶어 침대 다리에 매 놓고 잠들기도 여러 차례였다.

통증에서 벗어나기 위해 자정 넘어 도로를 산책하던 어느 날 밤이다. 갑자기 그토록 무시하면서 살아온 소시민적 욕망과 마음들이 더할 나위 없이 소중하게 느껴졌다. 그러다가 문득 '이제 마지막 작별의 시간이 찾아왔구나!' 하는 느낌이 양동이에 담긴 얼음물을 통째로 뿌린 것처럼 전신을 순식간에 훑고 지나갔다. 사형 직전의 사형수가 이런 기분이지 않았을까? 임사 직전의 마지막 몸부림 같은 것, 혹은 자신이 마침내 빠져나갈 수 없는 죽음의 입구, 뛰어내리지 않을 수 없는 컴컴한 아가리의 벼랑 끝에 몰아세워진 기분이었다.

극심한 불안과 통증이 이어져 갔다. 접신이나 빙의가 의심되어 그쪽 방면으로 신통력이 있다는 사람을 만나 보았으나 별 효과가 없었다. 오히려 증세가 더욱 심해졌고 알 수 없는 몸과 마음의 예민한 현상들이 늘어나면서 이리저리 꿈틀거리는 것일 뿐인 방황이 되풀이됐다.

그는 그 전까지는 모 명상수련 단체에서 10년가량 기 수련을 받은 적이 있었다. 그중 한 3년은 정말 열심히 했다. 그 인연으로 소위 말하는 고수들과 높은 경지의 선생님들로부터 기 점검도 많이 받아 보았지만 자신에겐 엉뚱한, 뜬구름 같은 조언이 대부분이었다. 그리고 무엇이 잘못되었는지 기감이 예민해지면서 후유증이 갈수록 극심해졌다. 하루하루 감당키 어려워지자 그는 지푸라기라도 잡는 심정으로 내가 여는 명상 캠프에 참여하게 된 것이다.

나는 그 사내가 뚜렷하게 기억이 나지는 않는다. 왜냐면 그는 한두 개 프로그램만 참여하고는 줄곧 숙소에서 누워 지냈기 때문이다. 눈빛은 탁하고 안색은 간경화 환자처럼 검푸른 기운으로 덮여 있던 침울한 남자로 기억된다. 무척이나 무기력한 1박 2일을 보냈다고 한다.

아무 소득 없이 돌아간 그는 신경성 위염과 위궤양까지 생기면서 수시로 속이 쓰리고 쑤시는 악몽 같은 날들이 시작되었다. 거기다가 만나는 사람들마다 이상한 느낌과 부담스러운 기운의 영향을 주는 터라 자신이 마치 살아 있는 귀신이나 된 기분이었다. 기약 없이 하루하루 힘들게 보내다 보니 어느새 대중교통은 아예 이용할 수 없을 정도로 심각한 상태가 되었다. 주말마다 왕복 여덟 시간씩 차를 몰고 태백산에서 지내다 왔다. 그것만이 유일하게 숨구멍을 트게 해 주는 것 같았다. 그것 말고는 5년여 동안을 거적때기 신세처럼 지낸다. 그러던 차 그는 명상 캠프가 영월에서 열린다는 소식을 접하고는 지체 없이 태백산에서 그쪽으로 달려온다.

두 번째로 캠프에 온 그의 안색은 여전히 거무스레하고 침울해 보인다. 명상 프로그램을 모두 끝내고 그와 차크라 리딩을 시작한다. 병색과 노화 현상이 겹친 그의 얼굴은 나보다 왠지 열서너 살은 더 많은, 항렬 높은 집안 형님처럼 여겨진다.

여러 풍경들이 보인다. 그도 수많은 사연을 가지고 있었다. 하지만 계속해서 이 사람이 왜 나를 찾아왔을까 하는 의문이 들었다. 여러 가지 장면들과 이야기들이 있지만 그것들을 연결하는 고리, 그 뒤에 숨어 있는 결정적인 열쇠는 무엇일까? 도대체 여기 영월 산골짜기까지 힘들여 올 만한 이유나 업보가 무엇일까?

나는 그의 몸을 몇 군데 짚어 보다가 머리 부분까지 올라가 본다. 그러다가 그의 머리를 느닷없이 한 대 때려 버린다.

"됐어요."

머리를 짚어 보니 대번에 알겠다. 머리 한구석에 수행을 하는 전생의 그의 모습이 보였다. 한마디로 '구도자', '수행자'였던 것이다.

"열심히 명상하세요."

그날은 그게 다였다.

하지만 집으로 돌아가는 차 안에서 그에게 어떤 깨우침이 일어났다고 한다.

"나의 이 고통은 나의 가슴이 다가오는 그것들을 품을 만큼 크지 않기 때문이다. 더 크게 열려야 한다. 가슴으로 무엇인가를 품으려 할 때 걸리는 곳이 없을 만큼 커야 한다. 고통을 느끼는 그 기운들에는 말 못 할 어쩔 수 없는 사연이 있는 법……."

운전하기 힘들 만큼 그의 두 눈에서 걷잡을 수 없는 눈물이 흘러내렸다.

그날 새벽 4시 30분에 눈이 떠졌다.

이런 기운들은 죽지 못해 살아가야 하는 삶, 억울하게 한 맺힌 삶, 고통스러운 역경의 삶을 살아가는 서민들에게 주로 생길 것이다. 내가 좀 힘들다고 어찌 싫다고만 할 수 있겠는가? 내가 그 모든 고통스러움을 해결해 줄 수 있다면 좋겠다. 그렇게 되고 싶다. 그런 생각이 떠오른 순간 그의 온몸에 진동이 일어났다.

그 뒤 그는 매주 한 번도 거르는 일 없이 KTX를 타고 서울의 명상 센터에 1박 2일을 묵으며 명상 세션을 받고 돌아갔다. 퇴근 뒤 밤늦게 와서 자기 전에 받고 다음 날 새벽에 한 번 더 받은 뒤 KTX로 내려가 역 앞에 세워 둔 승용차를 타고 출근하는 식이었다. 그가 얘기하길, 지난주 건강검진(위내시경)에서 위궤양은 완전히 없어졌고 위염은 거의 개선되어 일반인 수준으로 남아 있었다. 몸의 변화로는 지난 6개월간 체중은 4킬로그램 정도 감량되었고 마흔 중반의 나이인데 키가 1.7센티미터 더 자랐다. 세션을 받기 전에는 10년은 더 살 수 없을 만큼 힘들었는데 지금은 한 20년은 젊어진 기분이다. 어떤 때는 불사조가 될 것 같은 기분이라고 한다.

중년에 키가 자란 것이 명상과 무슨 관계가 있는지는 나도 모르는 바이지만, 아무튼 이 분이 소위 기맥이 열린 것은 모 단체에서 10년간 열정을 불태웠었던 것과 관계가 있었다. 그곳에서 수련과 화두를 풀기 위해 상당한 경제적 투자를 하며 열정을 다해 전사처럼 수련하고 활동하였으나 자신의 근원적 문제는 덩그러니 남아 있었던 것이다.

거기다가 다른 사람의 몸 상태, 마음 상태 그리고 그 기운들이 자신에게 그대로 전이되는 상태가 찾아오면서 마치 살아 있는 귀신과도 같은 사람들과 욕망의 바닥을 여행하면서 지내야 하는 시간들이 계속되었다. 명상 세션을 받으면서 그때의 증상들은 에텔체의 고통이었다고 정리한다. 타인의 긍정적인 기운, 부정적인 기운들이 모두 여과 없이 들어옴으로써 자신의 에텔체 균형과 조화가 무너졌을 때 발생하는 현상이었다는 것이다.

에텔체의 에너지 센터들인 자신의 차크라가 여기저기 구멍 뚫려 있다는 것은 모른 채 시름시름 무기력하게 살아가는데, 주변 사람들의 부정적 에너지가 그대로 들어오는 일이 잦아지면서 그는 폭풍 같은 삶을 맞이하게 된다. 차크라에 뚫린 구멍 사이로 작긴 하지만 긍정적 에너지도 들어오긴 했으나 부정적 기운일 때는 뼈가 부러지고 살이 찢어지는 고통보다 더 큰 통증이 찾아왔다.

이런 이유로 그의 세션은 한 번은 자신 안에 머물러 있는 타인의 탁기를 제거하고 또 한 번은 그의 에너지 센터를 활성화시키는 식으로 이어졌다. 6개월은 1년이 되고 또 1년이 더 지나고…… 세션 도중 천장 주변에 푸른 번갯불이 번쩍거리거나 얼굴에서 섬광처럼 빛이 터져 나오는 것도 지금은 예전 일이다. 자신의 증세를 치유하고 그 사정을 알게 되면서 "그때 이후 우울증에 걸린 사람들에 대한 깊은 연민이 일어났다. 누군가가 우울하다고 하면 도와줘야겠다는 마음이 저절로 일어났다."고도 한다. 그리고 "육체 너머 미세신의 차원들, 보이지 않는 에너지체들에 대한 어렴풋하면서도 치열한 사실적 추리적 체험들은 자신을 소리 없이 더욱 깊은 명상의 세계 속으로 이끌었다."면서 "죽을 때까지 수행을 하겠다."고도 하였다.

동양에서는 사람을 사람 인(人) 자만 쓰지 않고 사이 간(間) 자를 붙여 '인간'이라고 한다. 사람은 '사람들 사이'에서 존재한다는 뜻이다. 독일 철학자 하이데거 식으로 하면 내 존재는 타자와 함께 '공존재(共存在)'이다. 그것은 어떤 때에만 그런 것이 아니고 인간 존재의 본질적인 구조로서 혼자서 있는 것도 공존재의 결손적 양태라는 것이다. 그리하여 이 세계는 내가 타자와 함께 서로가 나누고 있는 세계다. 에너지적으로 보면 인간은 '사람들의 에너지들 사이'에서 타자의 에너지들과 함께 존재한다. 서로의 기쁨과 슬픔, 사랑과 미움의 에너지를 나누며 존재하고 있다. 누구도 그것을 거부하거나 혼자서만 예외로 할 수가 없다.

그런데 대부분의 현대인들은 자기들의 스트레스, 부정적인 에너지를 방사하고 있다. 누군가를 향해 자신의 부정적 쓰레기를 쏟아 내고 있는 것이다.

사람뿐만이 아니라 어떤 장소들도 그러한 일을 하고 있다.

모든 사람이나 각각의 장소나 물건들은 특정의 지배적인 마음의 에너지 형태를 지니고 있으므로 그것이 비관적이고 부정적일 경우 우리는 어떤 사람과 같이 있는 것만으로도, 어떤 장소에 들어가는 것만으로도 그 부정적인 에너지에 감염될 수 있다. 이것은 육체적인 감염과 마찬가지로 아주 실제적으로 우리에게 영향을 끼친다. 말 그대로 어떤 병균에 감염되는 것이다. 그런데 에너지는 유유상종의 원리를 지니고 있다. 같은 것끼리는 끌어당기고 다른 것끼리는 서로 밀어낸다.

어떤 사람이 민감한 에너지체를 가지고 있을수록 또 자기 안에 부정적인 에너지의 씨앗이 어떤 형태로든 제거되지 않고 남아 있을 때 부정적인 에너지는 쉽게 그 사람을 감염시킨다.

"상처받은 차크라가 아직 새살이 돋지 않아서 다시 오염되기 쉬운데 부정적인 기운, 병든 기운들로부터 나를 보호하려면 어떻게 해야 할까요?" 그가 물은 적이 있었다.

조곡쉬 같은 힐러는 보호막을 만드는 자신의 방법을 제시하면서 힐러에게는 이익이 되겠지만 받는 사람은 그렇지가 않다고 친절한 경고를 덧붙인다. 차크라나 오라의 방호막을 치게 되면 환자의 부정적인 생각이나 감정이 힐러에게는 스며들지 못하지만 부메랑처럼 환자에게 되돌아가기 때문이다. 더구나 몇 배나 더 강하게 되돌아가서 환자의 상황을 더욱 나쁘게 만드는 위험이 있다는 것이다.

다른 면에서는 안내자나 힐러가 자기를 방어한다는 것은 참가자나 진행되는 상황을 무의식적이든 의식적이든 부정적으로 생각하고 있다는 것이고, 그에 따라 자기도 모르게 참가자를 심적으로 공격하게 될 수도 있는 문제도 있다. 타인이나 장소의 부정적인 영향을 쉽게 받는 사람들을 위해서 자신의 오라나 차크라를 보호하는 다른 방법들도 안내하면서 나는 이렇게 말한 적이 있다.

명상하는 이에게 있어서 고통은 무조건 거부해야 할 것이 아니라 축복해야 할 일이며 변형의 문턱에 왔다는 신호이기도 하다. 대부분의 고통은 자신의 치유를 통해 보다 높은 상위의 자아와 접촉하고 깊은 영적 평화에 도달하기 위한 과정이기 때문이다. 누구나 자기를 치유할 수 있는 상위 자아의 에너지 원천을 지니고 있다. 자신이 얼마나 영적으로 성장하고 발달하느냐에 따라서 상위 자아와 접속, 얼마나 치유에너지를 끌어모으는가 하는 능력도 결정된다. 달리 보면 인간은 누구나 '사람들 사이'라는 뜻만이 아니라 하늘의 기운과 땅의 기운 사이에 그것들과 함께 '공존재'이기도 한 것이다.

이런 말들은 명상에 깊은 관심을 가진 사람들, 구도의 영혼을 가진 이들에게 하게 되는 것이다. 육십이 넘은 여자분이 성생활이 변했다며 놀라워하거나, 뇌에 독성 단백질이 생겨 과거의 기억이 사라지고 시간이 엉클어진다는 분이 다시는 떠올리고 싶지 않았던 악몽 같은 과거를 기억해 내고 초연한 느낌을 가지게 되었다거나 하는 경우들도 있지만, 그렇다고 뜻밖의 효과를 본 모든 이들이 명상의 세계 속으로 얼마나 뛰어드는지는 그들의 문제다. 그럼 어떤 경우를 구도자, 수행자의 영혼이라고 해야 할까?

수행자의 차원이란 모든 게 수행의 대상이라는 것이다. 모든 인생이, 삶에서 벌어지는 모든 국면이 수행을 위한 과정들이다. 체험과 깨달음들이 있고 다른 이의 불행과 고통에 대한 연민과 자비가 솟아난다. 그런 것이 수행자의 인생이다. 그가 어떤 직업을 갖든 어떤 인생을 살든, 어떤 인종, 어떤 국가, 민족 구성원으로 태어나든 그것은 마찬가지다.

리딩을 해 보니 오래전의 전생에서 신전의 사제로 있었던 젊은 여성이 있었다. 그 뒤로도 여러 생을 살고 이번 생에는 심리학 석사에 심리치유사로서 10여 년간 일해 왔지만 그녀는 결국 모든 걸 버린 채 센터 근처로 이사해서 명상 일을 몇 년째 하고 있다. 이 여자분 또한 이분과 마찬가지로 그냥 구도자인 것이다.

구도의 과정에서 일어난 경험, 진실한 종교적 체험은 최상위의 경험이다. 그의 영혼에 저장된 기억 목록 중에서 가장 첫 번째 칸에 기록된다. 모든 형태의 인생에서 일어날 수 있는 경험 중에서도 건드릴 수 없는, 무엇으로도 손상되거나 끌어내릴 수 없는 제1번 위치의 경험인 것이다. 아무도 그 사람이 그렇게 살겠다는 것을 만류할 수가 없다. 그러니 거기에 무슨 말이 필요 있으랴. 한 대 때리고 나서 "됐어요." 이럴 수밖에.

사랑과 미움의 세계, 삶과 죽음의 세계가 있다.

우리는 누구나 그 안에서 살아간다. 그 안에서 저마다 지옥이 있고 천국이 있다. 내가 기억해 낼 수 있는 개인적인 문제들도 있고 내 삶에서 일어나지 않는 일들도 포함시켜야 하는 문제들, 집단 무의식과 카르마의 세계, 보이지 않는 에너지의 세계에서 오는 문제들도 있다.

당신이 명상을 맛본다면 어느 순간 지옥과 천국은 똑같다. 거대한 고물상과도 같은 마음의 세계에서 벗어나면 고통과 쾌락, 생과 죽음의 순간이 그저 아침 햇살에 홀연히 증발하고 마는 새벽녘 이슬과도 같은 것처럼.

명상 속으로 뛰어들 용기만 있다면 당신이 구도자의 영혼이든 악인이나 속물로서 살아왔든 그 맛은 똑같다. 10분 이내든 한 시간 이내든 당신은 이제껏 지옥이라고 생각해 왔던 8할 이상의 문제로부터 스르르 해방될 것이다. 당신이 붙들고 있던 환영 속의 천국은 사라지고 무언가 진짜다운 것, 삶다운 삶이 등장하기 시작할 것이다.

이야기 나무 3

반나절의 고요

대군을 지휘하던 젊은 장군이 변방의 한직으로 좌천되었다.
내가 모자란 점은 뭘까?
반성하던 장군은 그 지방 어느 숲 속에 지혜로운
노인이 산다는 말을 들었다.
일부러 시간을 내어 찾아가 보니
마침 밭에 있던 노인이 마당에 들어섰다.
가르침을 청하니 노인은 조용히 손을 저으며,
"왔으니 식사나 한 끼 하고 가시게." 하였다.
장군은 자기의 포부와 식견을 얘기하며 밥 한 사발을
뚝딱 해치웠다. 듣고 있던 노인이,
"밥그릇부터 제대로 챙기시게."
"?"
장군은 잠시 어리둥절했다.
노인의 밥그릇을 보고는 그 말뜻을 알아차렸다.
자기가 비운 밥그릇은 아무렇게나 후딱 먹고 남긴 자국이 역력했지만
노인의 그것은 설거지를 하고 새 행주로 물기를 닦아 놓은 듯하였다.
장군은 매끼 밥을 먹는 법을 배웠다.

식사를 마치고 장군은 노인과 함께 뒷산으로 산책을 나섰다.
울창하고 고적한 숲 속 오솔길을 따라 걸으니 샘터가 나왔다.
장군은 갈증이 나는지라 물 한 바가지를 벌컥벌컥 들이켰다.
지켜보던 노인이 말했다.
"물을 마실 적에 숨을 멈추고 마셔 보게."

장군은 의아한 표정으로 바가지에 물을 담더니 아예
눈을 지그시 감고 숨을 멈춘 채 모두 마셔 버렸다.
"어, 다르군요."
장군은 무언가 고요한 기운이 몸 안에 생기는 것 같았다.
"생각 없이 늘 하던 대로 마실 때와는 확실히 다릅니다."
장군은 물을 마실 적에도 자신을 지켜보는 법을 배웠다.

노인의 집으로 돌아오니 앞마당에 낙엽이
수북한 채 어지러이 뒹굴고 있었다.
젊은 장군은 식사를 대접받은 보답으로 손수 청소를 자청하였다.
아름드리 갈참나무와 굴참나무가 나란히 서 있는 마당은
꽤나 넓었지만 장군은 씨억씨억한 태도로 비질을 시작하였다.
순식간에 3분의 1쯤 해치웠을까?
장군의 모습을 지켜보던 노인이,
"비를 나에게 줘 보시게." 하며 몸소 비질을 하였다.
이번엔 또 뭔가?
찬찬히 살펴보니 노인이 비질을 하는 모습이 자기와는 사뭇 달랐다.
휘휘 내두르듯 하는 것이 아니라 빗자루 끝이 하늘 쪽으로 들리지
않도록 하며 천천히 그리고 또박또박 고르게 하는 것이었다.
노인의 비질에선 먼지가 일지 않았고
숲 속에서 일고 있는 듯한 음악 소리마저 들려 나왔다.
노인이 청소를 끝내자 장군은 한동안 할 말을 잊고 말았다.
마당은 너무나 깨끗하고 가지런하여 마치 해맑은 처녀의
얼굴처럼 환하고 정숙해 보였다. 그 안에 들어가기 위해서는
신발을 벗어 놓아야 할 것처럼 여겨졌고, 마치 모든 사물이
오롯이 나타나는 텅 빈 거울을 바라보는 것과 같았다.

장군은 세 번째로 비질을 하는 법을 배웠다.

노인께 하직 인사를 드리고 장군은 집을 나섰다.
주변 풍경이 매우 아름답고 평화로웠다.
새 한 마리가 머리 위에서 노래를 부르고,
길가의 나무와 꽃들이 바람에 따라 우아하게 흔들거렸다.
마침 커다란 나무 밑에 짚방석이 놓여 있어서 잠시 쉬어 가기로 했다. 메고 있던 배낭과 겉옷을 벗어 한편에 던져 놓고는
짚방석에 털썩 궁둥이를 붙이고 있자니
저쪽에서 밭을 매고 있던 노인이 다가왔다.
"그렇게 던지지 말고 조용조용 내려놓아 보시게."
노인이 손수 시범을 보였다. 장군은 옷을 다시 입고 배낭을 메고는 30보를 나간 뒤 그곳으로 재차 걸어 들어왔다.
그리고 노인처럼 자기의 짐을 천천히 하나하나 내려놓아 보았다.
전과는 확실히 달랐다.
무언가 아지 못할 곳에서 고요한 것이 생기는 느낌이랄까.
고요.
그렇게 작은 것들 속에도 고요가, 우아함이 깃들어 있었다.
밥 먹고 물 마시고 청소하고, 물건들을 제대로 들고 놓는 법.
늘 우리와 더불어 살고 있지만 전혀 다른 세상 속에서 살고 있는 듯한 또 하나의 세계를 젊은 장군은 비로소 찾게 되었다.

4부

보이지 않는 세계를 찾아서

1.
당신의 이해가 자라날수록 당신의 경험 세계도 더욱 넓어진다

보이지 않는 신체,
차크라 리딩과 에텔체 현상,
현실과 영적 예술 세계의 부조화,
정신분열증

언젠가 차크라 리딩를 받고 돌아간 분이 메일을 보내왔다.

> 안녕하세요. 어제 차크라 리딩을 상담했던 아무개입니다. 어제 차크라 리딩을 하면서 많이 놀랐습니다. 리아 님께서는 정말로 저의 불안과 공포와 망상의 실체를 보시더군요. 내면 속의 수많은 자기억압, 비틀린 성적 욕망, 외로움…….

내가 그런 것을 보게 된 것은 순전히 우연한 일이다. 나는 전혀 그런 것을 의도하지 않았으며 어느 날 명상 도중에 자연적으로 일어났다. 그런데 이런 것은 어떤 원리로 생기는 것일까?

인간에게는 육체 이외에 눈에 보이지 않는 또 다른 신체가 있다. 조악한 차원으로서의 물질로 이루어진 육체를 조대신(粗大身, Gross Body)이라고 하는데 비해 이 눈에 보이지 않는 신체는 미세신(微細身, Subtle Body)이라고 한다.*

미세신의 존재는 명상가, 요기, 신비주의자들에게는 예전부터 잘 알려진 사실이다. 수행 과정을 통해서 이 신체들이 깨어나기 때문이다. 내가 하는 차크라 리딩이나 명상 치유 작업들은 여섯 개의 미세신 중에서도 특별히 에텔체와 관계가 깊다. 에텔체는 '두 번째 신체'라고도 하는데 미세신 중에서 육체와 가장 근접해 있는 몸이다. 그로 인해 명상 수련과정에서도 가장 과학적인 검증이 가능하다고도 알려진 신체다. 육체에서 멀어질수록 객관적인 수증(修證)이나 올바른 스승을 만나기가 어렵다.

누구나 에텔체를 가지고 있지만 대부분은 '불순한' 상태에 머물러 있다. 인간의 수많은 고뇌와 질병, 불행, 업과 윤회의 원인들로 가득 찬 저장고이기도 하다. 곧 인간 환생의 매개체인데 밀교에서는 '불순한 환신(幻身)'이라고도 부른다. 또한 에텔체는 제각기 독특한 기능을 가진 자체의 힘의 센터들—통상 일곱 개로 알려진 차크라—을 가지고 있다. 육체가 오장육부나 혈관, 신경세포 등을 지니고 있는 것처럼 차크라는 에텔체의 중

* 한 요가 과학에서는 거친 물질로 구성된 육체(식물체) 이외에 미세신이라 부르는 신체로서 각기 생기체(에텔체), 상념체, 지성체, 환희체(원인체) 등이 더 있다고 한다. 오쇼는 7개의 신체에 대해서 얘기한 바 있다. 7개의 신체란 육체, 에텔체, 아스트랄체, 정신체, 영체, 우주체, 열반체 등이다.

추 기관이다. 이 차크라들은 그 작용과 기능에 따라 인생의 제반사에 오는 충격과 흔적들을 그 에너지와 정보의 형태로 자기 내부에 저장한다.

또한 에텔체는 자체 내에 인간이 에텔체 세계와 그 수많은 현상들을 인식할 수 있도록 하는 모종의 에너지 센터들을 발전시킨다. 이것은 우리가 완성된 육체를 가질 때 그 조직 중의 하나인 눈으로 자신의 몸과 그것이 속한 물질의 세계를 보는 것과 마찬가지의 이치다. 에텔체가 각성될 때 곧 에텔체와 그 세계를 인지할 수 있는 눈도 역시 각성되는 것이다.

에텔체는 육체와는 다른 차원의 미세신이긴 하지만 의식으로부터 동떨어진 별개의 체는 아니며 육체가 살아가는 데 반드시 필요한 신체로 알려져 있다. 정확한 힌두어 명칭은 프라나마야코샤(PrânamâyaKosha)로서 '프라나의 운반체'란 뜻이다.(독어로는 도플갱어Doppelgänger) 이 방면의 과학을 연구해 온 사람들은 우주와 인간 속에 있는 구성력을 가진 생명력 전체를 프라나 혹은 신경 에테르*로 정의하기도 한다.

에텔체는 태양으로부터 방사되어 나오는 무한한 생명력과 신성한 힘들을 신체 속으로 받아들여 구석구석 전달한다. 빛은 만물의 근원이다. 명상 과학에서는 일찌감치 육체 또한 물질이 아니라 전기적인 육체, 빛으로 이루어진 육체로 본다. 현대화된

* 에테르(Ether)는 예로부터 대기 밖의 공간과 거기에 가득 차 있는 정기로 간주되어 왔으며, 물리학에서는 빛, 열, 전자기 복사 현상의 가상적 매체로 생각되고, 화학과 의학에서는 용매 및 마취제로 사용되는 물질의 이름이다.

밀교에서는 삶이란 우리 몸의 신경 조직을 타고 흐르는 생체전기로부터 비롯한다고 생각한다. 태양은 지구 상의 모든 생물을 살게 하는 에너지의 원천이며 전기 에너지든 프라나든 태양으로부터 뿜어져 나온다. 프라나는 에텔체에 생명을 주고 에텔체는 육체에 생명을 주며, 신체 각 부분의 건강한 정도는 분배되는 프라나의 양에 의해 결정된다.*

또한 프라나는 육체를 복종하게 만들고, 보다 고차원의 지성에 자리 잡고 있는 '나'가 요구하는 목적에 맞게끔 육체를 변형시키면서 신경센터들을 통해서 작용하는 통제적 에너지다. 동양에서 얘기하는 기, 혹은 천기와도 같은 것이다. 기공에서는 자연과 우주 만물 어디에도 두루 내재되어 있는 기운이 있다 하여 이를 일원기(一元氣) 혹은 혼원기(混元氣)라고도 부른다. 또 수련에 있어서는 태양의 기운뿐만 아니라 지구의 기운, 더 나아가 우주의 먼 별의 기운과도 자유자재로 섭취하고 내보내는 공부도 있다.**

동서양을 통틀어 이 기운, 곧 프라나의 순환을 증대시키는 것만으로도 많은 사소한 질병 치료는 충분하며, 에텔체의 혼란 때문에 일어나는 모든 신경질환이나 소화질환, 울혈 등이 해

* A. E. 포오웰의 『에텔체(The Etheric Double)』(김동명 옮김, 화이트 벡큠, 1993) 참조. 이 책은 많은 책과 논문에 흩어져 있는 에텔체 제현상에 대한 정보를 40여 권에서 골라 참조하고 정리해 놓은 것으로 그 목록도 작성해 놓았다. 1968년 영국, 런던 신지학 연구 센터 H. 튜더 에드먼즈가 머리말을 썼으며 에텔체와 활력 치료 혹은 자기 치료, 메스메리즘 등과의 연관 내용도 밝히고 있다.

** 기공에 관한 의견은 저자의 책 『까칠한 구도자의 시시비비 방랑기』 중 60년대부터 중국 곳곳과 바이칼 호수 부근을 방문하는 등 50년 이상 기공을 수행한 무일 선생으로부터 사사받은 것이다.

소된다. 무엇보다도 건강한 몸과 마음에 필수적이다. 모든 신경계통의 질병은 불필요한 염려와 감정의 직접적인 결과인데 환자가 자신의 에텔체를 고요하고 평화롭게 유지한다면 곧 사라지는 것이다.*

차크라 리딩은 주로 에텔체라 불리우는 두 번째 신체 내의 정보—잠재의식과 무의식의 정보, 에텔체 내의 에너지 센터들인 차크라들과 그 에너지 상태에 대한 정보—를 읽는 것이다.

일종의 초감각투시법이자 정신감응 능력인 셈인데, 서양에서는 이 분야의 과학과 응용법을 체계화하여 사회에 적용한 지 꽤 되고 저명한 전문가나 교육가, 힐러들도 있다.

나의 경우엔 에텔체와 육체에 생명을 주는 프라나 에너지를 빠른 시간 내에 확대 순환시켜서 내담자의 에텔체를 활성화한 뒤 그 안의 심층 정보들과 차크라 정보들을 주로 '제3의 눈'을 통해 읽어 내는 방식을 쓴다.

프라나의 상하좌우 순환 운동이 계속됨에 따라 내담자의 에텔체도 점점 뚜렷하게 활성화되고 그 안의 여러 정보들이 떠오른다. 세션 기버는 편견이나 사념을 배제한 상태에서 이 정보들을 '제3의 눈' 센터를 이용하여 기억 세포 속에 저장한다. 나의 작업엔 심장 차크라의 역할도 무척 중요하여 내담자의 밑바닥 마음과 공감하면서 그 부정적 상태와 그를 유지하고 있는 에너지 덩어리를 '떠 오는' 작업을 동반한다. 곧 공감과 직관적

* A. E. 포오웰의 같은 책.

통찰, 부정적 에너지의 배출과 긍정적 에너지의 활성화가 명상 치유 테크닉의 주된 골격이다. 경험적으로 보면 우리의 몸·마음·감정은 분리될 수 없는 단일연속체로서 정보적 존재인 동시에 에너지적 존재다.* 또 각 수준에서의 해로운 정보(기억, 의식)의 고착과 생체 에너지의 부정적 상태는 심리적 질환으로 이어지는데, 이 모든 것을 매개하는 곳이 에텔체다. 앞 장들에서 보았듯이 본인이 직접 학습하지 않거나 관여하지 않았던 사람들의 정보가 전해지는 일들, 초의식이나 집단 무의식 세계가 전승되고 보존되는 일들도 모두 에텔체를 바탕으로 일어난다고 할 수 있다.

에텔체와 관련된 차크라 리딩 작업 과정에서 내담자들은 종종 평소에는 느낄 수 없었던 에너지 현상을 경험하기도 하는데, 이것은 좋은 징조다. 왜냐면 참가자가 그만큼 민감한 상태에 있다는 뜻이기도 하고 이 과정을 통해 평소 마음에 맺혔던 응어리들이 크건 적건 날아가거나, 내부 장기나 근육 등의 신체적 고통이나 불편한 증상들도 어느 정도 해소되기 때문이다. 또한 자신의 차크라에 막혀 있는 정체 구간, 에너지 블록의 해소도 경험할 수 있으며 최소한 기감(氣感)이나 에텔체적 현상에 대한 감각 능력을 일깨울 수가 있다.

그러면 이 차크라 리딩을 통해 드러나는 것은 무엇인가?**

* '정보적 존재이자 에너지적 존재'라는 표현은 미내사 클럽 격월간 회원지 《지금 여기》에 실린 방건웅 박사의 에너지 요법에 관한 글에서 볼 수 있었다. 필자에게는 이론이나 실험 자료에 의한 논리 전개상의 개념은 아니고 개인적인 경험으로 체득된 사항들을 요약해 준다.

그것은 마음의 현재에서 과거로, 더 먼 과거로, 표면에서 근원으로 가는 여정이라고도 할 수 있다. 때문에 처음에는 그 사람의 현재의 마음과 일상생활의 안쪽 모습을 상징적으로 보여주는 주요 기억들과 핵심적인 감정들이 떠오르거나 느껴진다. 현재에 있어서의 내 마음의 솔직한 풍경과 감정 상태—추운 북극 지방 혹은 황량한 골목길, 척박한 개울가, 온갖 상자들이 쌓여 있는 삭막한 공간—에서부터 답답하다, 불안하다, 슬프다, 허망하다, 싸우고 싶다, 안타깝다 등의 기본적인 정서 상태들도 드러난다.

그다음에는 본인도 수긍할 수 있는 여러 주요한 기억의 상징물이나 풍경들이 나타나면서 점점 유년기의 기억들, 성적인 상처들이나 성과 연루된 감정 세계들, 자기 자신이 느끼고 받아들이는 인생에 대한 생각과 느낌들, 일이나 섹스나 인생의 방향에 대한 자신의 깊은 욕구들, 자신이 생각하는 낙원들과 그 낙원이 파괴된 데 대한 정서들 등 지옥이나 불행에 대한 기억이나 감정 상태뿐만이 아니라, 행복이나 보다 높은 숭고한 상태에 대한 경험과 그 모습에 관한 영상들이 나타난다. 명상 수련자라면 그 수련이 남긴 에너지 형태들이 보이고 이 단계를 넘

** 필자의 차크라 리딩 작업은 명리 분석과 동시에 진행된다. 몸·마음·감정의 차원에서 일어나는 각 수준의 정보와 에너지를 매개하는 힘의 센터들을 차크라라고 한다. 명리 분석의 기초는 같은 에너지는 같은 에너지를 끌어모으며 또 같은 범주의 사건을 만든다는 우주 물리적 법칙이다. 차크라 리딩을 통해서는 내 생명 에너지의 실상과 카르마, 전생과 빙의의 문제, 무의식의 감춰진 풍경, 심령적 차원의 병리 현상과 여러 상호 작용들을 진단 분석하고, 명리 분석을 통해서는 나만이 지닌 독특한 운명의 핵심과 변화의 양상을 전체적으로, 실존적으로 이해한다.

으면 그 사람의 차크라 에너지 세계로 들어간다. 색색깔의 차크라 에너지의 파노라마를 넘어가면 그 사람의 주요한 근본 차크라의 얀트라나 종자자들이 떠오른다. 이 과정에서는 — 이제는 본인도 잘 수긍할 수 없는 — 전생의 장면들이 떠오르기 시작한다. 세션 기버도 알 수 없는 여러 상징적인 풍경이나 문양들이 나타나는 것도 이때다.*

대체로 이 수준에서의 리딩은 좀처럼 더 이상 진전되지 않고 비슷한 풍경이나 기억들, 상징들, 얀트라가 반복된다. 그런데 대부분은 차크라 상태나 얀트라의 차원은 생략하고 생애의 주요 장면들로 들어가는 사람들이 더욱 많다.

러시아 출신의 영적 지도자인 구르지예프에 의하면, 모든 사람이 영혼이나 영체와 같은 불멸의 것을 갖고 있다는 생각은 잘못된 착각이다. 그래서 심판의 날이 왔을 때 가장 먼저 놀라게 될 당사자는 우리 인간들이 아니라 주 예수 그리스도나 하나님이 될 것이다. 왜냐면 최후의 심판을 내리려 해도 판결문

* 문헌에 따르면 얀트라는 통상 주문이나 진언으로 알려진, 수행자의 잠재적인 영성을 일깨우기 위한 특정한 구문이나 단어를 뜻하는 명상 만트라의 시각적 형태다. 본래의 만트라와 마찬가지로 수행자가 영적 진화의 과정들을 거쳐 궁극적인 실재를 체험하게 해 주는 힘을 갖고 있다고 한다.
일반적으로 점(Bindu), 삼각형, 원, 사각형, 연꽃 무늬, 씨앗 만트라들로 구성되는데 그중에서도 점은 가장 중요한 요소다. 일체를 포용하는 무한한 에너지와 의식의 저장소를 상징하며 그것이 곧 우주의 씨앗이라고 한다.
종자자는 각 차크라마다 들어 있다는 종자가 되는 글자다. 예를 들어 투시 능력을 갖춘 한 밀교 수행자의 말에 따르면, 이마에는 티베트 밀교에서 사용하는 흰색의 '옴' 자가 있고 목에는 붉은 색의 '아' 자가, 가슴에는 남색의 '훔' 자, 단전에는 녹색의 '호' 자가 있다. 우리 몸의 기와 맥이 정화되어 차크라가 열리면 이러한 종자자들의 진동음이 저절로 울려 퍼진다고 한다. 티베트 명상법 등을 진행한 바에 의하면 이것은 실제로 참가자들에게 일어나는 현상이다.

을 들을 영혼이 별로 없을 게 아닌가. 구르지예프는 이 우주 어딘가에 만약 신이 존재한다면 그 신조차도 무게를 달 수 있다고 주장한다. 마찬가지로 영체란 것도 그에겐 인체 공장에서 만들어질 수 있는 하나의 융해물이다. 태어날 때부터 가지고 있는 것이 아니라 몹시 어려운 내적 수련과 투쟁에 의해서 얻어진다는 것이다. 인간 내부에서 내적인 투쟁이 시작되고 이 투쟁에 확실한 방향이 있다면, 점차 불변의 특징이 형성되고 결정화되기 시작한다. 그렇지만 일반적인 인간에게는 진정한 '결정화(Crystallization)'는 일어나지 않는다. 우연히 발전한다거나 일반적인 양육 또는 교육이나 학식, 세속적인 성공 등으로는 일어날 수가 없으며 다만 올바른 명상 수행과 내적 투쟁의 결과라고 구르지예프는 단언한다. 그렇지만 광적인 신념이나 죄에 대한 두려움, 엄청난 성공이나 입지전적 에고의 강화를 통한 결정화도 결정화다. 잘못된 결정화, 더 이상 자라지 않는 불모의 결정화이긴 하지만 내적인 융해물을 갖는 것이다.

구르지예프의 견해는 차크라만 놓고 보더라도 수긍이 간다. 차크라가 뚜렷하게 각성된 사람이나 여러 개가 각성된 사람은 아주 드물다. 차크라에 대해서 이렇다 저렇다 이론적으로 얘기해 봐야, 한마디로 그것은 책 속에나 있는 차크라의 이데아적 세계이지 현실 속의 차크라 세계는 아니었다. 한 개인의 내적 상태나 풍경들이 너무 많은 쓰레기나 그늘로 덮여 있어서 먼저 그런 것들을 걷어 내야 하는 사람들도 많았다. 자신이 체험한 삶에서 생겨난 그 사람 고유의 것들과 허구에서 생겨났는데도 계속해서 새끼를 치고 건물을 올려 가면서 집주인처럼 행세하고 있는 것들이나 외부에서 들어온 부유물들이 뒤섞여 있는 경우도 있다. 이런 경우를 비롯하여 첫 번째 리딩만으로는 시간적으로나 입체적인 해석에 있어서나 미흡한 사람들도 있기에 2차, 3차 리딩을 통해 더욱 깊고 구체적으로 들어가는 수도 있다.

이런 식으로 차크라 리딩을 통해 그 사람의 잠재의식과 무의식의 풍경, 전생으로 추정되는 장면들이나 차크라 상태가 영상으로 그냥 보여진다. 이러한 것을 토대로 그 사람의 의식이나 생명 에너지, 영적 에너지 상태에 대한 심층 해석에 들어가게 된다. 이 뒷부분은 쉽지 않다.

사람들의 차크라 상태를 살펴보면서 인상적이었던 것은 사람마다 결정화의 정도, 그에 따른 선명함과 혼탁함의 비율은 다르지만 인간의 내면 모습은 안으로 들어갈수록 그 자체로 매우 아름답다는 것이다. 각 개인은 그 자체로 우주의 유일한 존재이며 꽃들이며 보석들이다. 하지만 그 영혼이 처해 있는 현실적인 모습은 종종 너무나 많은 쓰레기들과 상처들, 그 상처가 만들어 낸 고름들로 가득 차 있었다.

오쇼는 기회가 있을 때마다 "내면의 쓰레기들과 고름들을 청소하고 치유해야 한다."라고 강조하고 또 강조하였다. 차크라를 점검해 보면서 나는 그것이 하나의 문학적인 비유가 아니라 인간 내면의 현실, 혹은 소위 영적 풍경의 적나라한 모습이라는 것을 실감하게 되었다.

차크라 자체는 아름다웠다. 하지만 차크라에 쌓여 있는 쓰레기들과 여러 생, 더 나아가 아득한 생 동안 받은 상처와 그로 인해 만들어진 고름의 늪은 바닥을 찾을 수 없을 만큼 끝이 없어서 계속 바라보기조차 곤란한 사람도 있었다. 상당한 인내심과 자비심이 있지 않는 한 말이다.

물론 어떤 때는 차크라를 보다가 신음과 함께 멈춘 적도 있었다. 그의 영혼, 내면의 풍경이 너무나 아름다웠기 때문이다. 지상의 예술가나 표현 방식으로는 표현이 불가능할 정도였다. 예술이란, 인간이 창조한 미란 자연의 모방이라는 말이 그제야 실감 난다고도 할까? 소위 '영묘한 차원'의 색채나 아름다움을 물질 차원에서 재현하는 것은 가능성이 없어 보인다. 더구나 그 순수한 영적 초월의 세계로 가는 출입구가 어딘가에 있을 우리들의 내면 세상의 풍경은 제대로 바라볼 수 없을 정도로, 바라보기 싫을 정도로 그렇게 더럽혀져 있는 것이다.

아카식 레코드(Akashic Record)라는 것이 있다. 현상계의 본성은 파동이므로 소리(파동)가 음반(매질) 위에 기록되듯이 물질 우주 속의 모든 현상과 사건들은 시공을 초월하여 고스란히 아카샤(Akasha)라는 매질 위에 기록된다고 한다. 차크라 리딩은 한 개인의 아카식 레코드를 읽는 작업이라고도 할 수 있다. 그것은 어떤 파장, 더 세밀한 파장과도 관련이 있다. 좀 더 세밀한 파장은 그렇지 않은 파장에 비해 한층 쉽게 어떤 것 속으로 스며들 수 있기 때문이다. 파장은 에너지다. 나는 소리 명상법들을 명상 치유에 적용하여 성과를 거두고 있는데, 이는 소리는 에너지이고 에너지는 소리이기 때문이다. "과학자들은 소리가 전기로 이루어졌다고 하지만 명상가들은 전기가 소리로 이루어져 있다고 말한다."(오쇼) 높은 차원의 소리 에너지로 조화와 균형이 깨진 정제되지 않는 에너지장을 바로잡아 주는 것이다.

어찌 보면 신기할 것도 없는 얘기다. 기찻길의 차돌 하나에도 물체파라는 파동이 있다. 인간도 마찬가지다. 인간의 생명에너지 역시도 그 질과 단계에 따라 서로 다른 진동, 파장을 가진다. 명상 치유는 이 에너지와 에너지의 파동을 바꾸는, 그래서 자기 존재의 질 자체를 바꾸는 내적 과학들, 오래전부터 있어 온 명상법들을 적용하는 것이라고 할 수 있다.

차크라 리딩과 같은 것을 서양에서는 ESP 현상(Extra-sensory Perception, 초감각적 지각) 혹은 초감각투시라고도 부른다. 영국 태생의 투시가이자 훌륭한 초심리학자이었던 W. E. 버틀러의 이론도 앞서와 크게 다르지 않다.*

버틀러는 투시법이나 텔레파시 등 초감각 지각을 배우는 책

* "인간의 육체는 보다 정묘한 재료로 만들어진 자신의 복제(複製)를 갖고 있다는 사실과 이 정묘한 육체야말로 우리들 현 육체의 주형(鑄型)과 같은 것이라는 사실들이 밝혀졌다. 그리고 이 정묘한 육체—이것을 우리는 유체(幽體), 또는 에테르체라고 부른다.—역시 그 자신의 감각을 갖고 있으며 자신을 구성하고 있는 정묘한 물질의 세계를 지각할 수가 있다."
"즉, 우리는 모두가 초물질적 재료로 구성된 보다 정묘한 또 하나의 육체를 갖고 있으며, 그 정묘한 육체의 '감각들'이 초물질적 질료의 차원에서 지각한 것들은 평소의 깨어 있는 의식 속으로 연결될 수도 있다. 비록 이들 초물질적 감각이 보고하는 것들을 의식하지는 못하더라도 우리는 자고 있을 때나 깨어 있을 때나 끊임없이 자신의 깊은 마음속에서 그들을 지각하고 있음은 분명한 사실이다."
— W. E. 버틀러의 『초감각 투시』(유기천 옮김, 정신세계사, 1994)

을 내면서 "투시라는 것이 단순히 영상으로만 나타나는 것"은 전혀 아니며 "이 투시라는 심령적 기능은 잠재의식을 통하여 발휘되기 때문에 단순히 시각적 영상 이상의 것들을 그 주인공에게 보여 주는 것이다. 즉, 거기에는 영상과 관련된 정신적·감정적 분위기와 같은 것이 있어서 투시력을 구사할 때 우리의 깨어 있는 의식 속으로 들어오는 것은 시각적 영상과 감정적 느낌, 지성적 개념 등이 뒤섞인 어떤 것"이라고 언급한다. 이는 내 경험으로도 맞는 말이다.

버틀러는 투시를 세 가지 수준으로 나눈다.

"시각적 영상보다는 혼합된 감정적·정신적 분위기"가 더 강하게 느껴지는 초기 단계, 시각적 영상이 확실해지는 두 번째 단계 그리고 "형태 없는 이상한 직관력"이 나타나는 세 번째 단계 등이다. 이 단계에서는 "시각적 영상과 정신적·감정적 분위기에 의해 전달될 모든 내용이 말할 수 없는 확실성을 지닌 또렷한 무형(無形)의 지각으로 대치된다. 영상이나 느낌 없이 이것이 깨어 있는 의식에게 상황을 분명히 전달하는 것이다."라고 한다.

그는 자살한 농부의 집을 방문한 투시가의 상황을 상정해 세 번째 단계의 한 예를 든다. 이 단계에서 투시가는 다음과 같은 상태가 된다고 한다. "다시 한번 정신을 집중하면 그는 잠시 동안 '영상'과 '분위기'가 모두 사라진 '마음의 공백 상태'가 된다. 이 마음의 공간을 통하여 그는 그 방안에 서린 우울한 분위기의 원인 및 자살 행위의 역사를 의문의 여지 없이 알게 된다. 나아가 그러한 분위기가 조성된 이래 그것이 어떻게 존속되어 왔는가? 그것을 파괴하고 장소를 정화하여 다시금 사람이 거주할 수 있게끔 하려면 어떻게 해야 하는가를 자동적으로 이해한다."*

내 경우엔 투시 작업을 하면서 많건 적건 그 사람의 부정적 에너지를 흡수하여 배출시키는 에너지 테라피 작업이 동시에 들어가 있다. 수많은 방편들을 면밀히 살펴본 바는 아니지만 이런 점들이 여느 차크라 리딩이나 초감각투시와는 다른 점인 것 같다. 그것은 아마 이 방면의 전문 교육을 통해서가 아니라 명상의 부산물로 자연스럽게 나타난 것이기 때문일 것이다. 나처럼 명상과 수련을 통해 초감각투시법이 일어난 사람들은 여기저기 있다. 초감각투시를 통해 보여진 것들을 어떻게 해석하고 어디까지 통찰하느냐는 약간 다른 문제인데, 이와 관련해서 내면에 충분한 재능은 갖고 있지만 그것을 충분히 활용하지 못하는 사례를 하나 살펴보자.

내면에 대단한 보물을 지니고 있는 여자가 있었다. 이름은 김마마. 그런데 정작 그녀 자신은 그것이 무엇인지 잘 모르고 있는 듯하였다. 그 여자가 자극을 좀 받았으면 해서 어느 날 내가 아는 한 선생에게 그녀를 데리고 갔다. 이분도 명상 수행을 하다가 초감각지각이 열린 분이다. 그 선생은 내가 다른 사람

* 원저의 맥락은 유령이 출몰하는 집에 관한 것이다.

들의 차크라나 에텔체 정보를 볼 수 있다는 걸 깨닫기도 전 그 정도는 내겐 당연한 일일 거라고 생각하던 사람이었다.

김마마의 내면엔 엄청난 얀트라—차크라나 영적 에너지들의 시각적인 형태—들이 들어 있었다. 선생이란 분도 이 얀트라에 대해 조예가 깊어서 이미 1000여 점에 가까운 얀트라 작품들을 만든 터였다. 선생은 김마마를 보더니 깜짝 놀란다. 어디서 이런 보물을 데리고 왔느냐는 것이다.

세션이 시작되었다. 나는 한쪽에 다소곳이 앉아 그들이 하는 수작을 지켜보았다. 선생도 차크라 리딩을 하는데 나와는 다른 방식으로 손을 마주 잡고 한다.

세션이 진행될수록 선생 또한 그녀에 대해 안타까움을 자꾸 늘어놓았다. 자기 내면의 보물이 무엇인지 전혀 모르고 엉뚱한 일에 인생을 허비하고 있었기 때문이다.

"야! 그런 거 다 필요 없어. 네 안에 있는 그거, 그거 하나만 끌어낼 수 있어도 넌 그야말로 누구도 따라올 수 없는 독보적인 사람이 될 거야."

내가 그녀의 차크라 리딩을 통해 보았던 것 역시도 그러했다. 그녀의 내면에 숨어 있는 영적이고 예술적인 재능들은 그토록 대단해서 선생이 자신의 작품들을 오히려 부끄러워하며 궁색한 변명을 그녀에게 늘어놓을 지경이었던 것이다. 그녀 역시도 선생의 작품들을 보고는 대수롭지 않게 여겼다. 오히려 자기도 가끔 이런 것을 취미 삼아 만든 적이 있다며 세상에 나랑 비슷한 취향의 사람도 있구나 하는 점이 약간 놀랍다는 식이었다.

세션이 끝난 후 선생이 내게 말했다.

"재는 에너지가 거꾸로 되어 있구나. 희한한 애다."

"전생에 대단히 금욕적인 수행을 한 탓일 겁니다. 너무 높은 것을 추구한 나머지 밑의 센터들을 철저히 억압해 놓은 것이지요."

"나도 네가 아는 것 이상으로는 모른다. 아무튼 대단한 아이인데 아깝구나!"

탄식이 이어졌다.

김마마의 사례에서 보면, 초감각투시 능력이 있는 사람은 같거나 비슷한 내용을 알아낸다. 다만 그 유래나 해석, 해결책에 대해선 같지 않을 수 있다는 것을 알 수 있다.

그녀를 생각하면 지금도 안타까운 마음이 든다. 세계적인 예술가가 될 수 있는 자질을 지니고 있는 여성이었다. 하지만 그녀의 하위 차크라가 뒷받침되지 않고 있다는 것이 문제였다.

그녀의 하위 차크라를 점검하던 나는 깜짝 놀랐는데 아예 널찍한 검은 테이프로 박스를 봉하듯 그곳이 까맣게 칠해져 있는 것이었다. 그것을 뜯어 보려다가 그만 차크라 리딩을 포기했던 생각이 난다. 그녀는 나중에 말하길,

"거길 계속해서 뜯어 보려고 했다면 내가 가만히 안 있었을 겁니다. 죽여 버렸을지도 몰라요."

자신의 성 차크라에 대한 방어 심리에서 나온 말이지만 바로 밑에 밀접하게 붙어 있는 첫 번째 차크라도 커다란 문제였

다. 물라다라 차크라라는 곳으로 '뿌리' 또는 '기초'를 의미하는데, 차크라 체계의 뿌리이며 존재 전반에 영향을 미친다. 이곳이 정화되지 않는 한 두뇌의 상응 센터 또한 항상 비활성적인 상태에 있으며, 창조력의 세계, 자신의 위대한 가능성의 세계로 들어갈 수가 없다. 마치 엔진이나 차체는 수억짜리 벤츠라고 해도 휘발유가 없거나 연료통이 고장 난 거나 똑같다. 아무리 비싼 차라고 해도 단 1미터도 앞으로 나아갈 수 없는 것이다.

영적인 빛이나 내면의 보물의 세계는 확실히 존재한다. 그렇지만 현실과 영적 예술 세계의 부조화도 그만큼 많이 벌어지는 것 같다. 사실, 영적인 세계의 것은 인간계에서는 표현이 불가능하다. 아무리 노력을 해 봐도 그 세계들을 구성하는 질료가 서로 틀린 것이다. 애초부터 나올 수가 없다. 거기에 도달하기 위해서는 '초월'하는 수밖에 없다. 그러기 때문에 많은 인간들이 자신의 한계를 초월하려고 노력하는가 보다. 오쇼 같은 이는 생전에 많은 예술 작품을 남기기도 했다. 그것들을 보면 인간계의 방법과 질료로도 심오한 영적 세계를 표현하는 것이 가능하구나! 하는 생각이 절로 든다.

저급한 차원에서든 높은 차원에서든 사람들은 자신의 막혀 있는 센터를 열기 위해 의식적 무의식적으로 노력하고 있다. 문제는 이것들이 명상 혹은 의식적인 자각과 수행을 통해 일어나지 않는 한 오랜 세월 수많은 미망과 환멸의 어둠 속을 헤매지 않으면 안 된다는 점이다.

아무튼 버틀러의 분류를 통해 보면 필자는 세 번째 단계의 투시가인 모양이다. 그리고 이미 이 책에서 많은 사례가 나왔지만 나의 작업들은 특정 공간이나 물건들이 아니라 대부분 어떤 문제를 지닌 사람들이 명상의 관점에서 다루어진다. 그렇다면 그 유래나 해석, 해결책을 제시하는 데 있어서 어떤 관점을 지니게 되는 것일까? 정신분열증 진단을 받은 한 부인의 사례를 내가 어떻게 해석하고 접근했는지 살펴보면 이해하기가 쉬울 듯하다.

어느 남편분이 부인을 데리고 허겁지겁 찾아왔다. 정신병원에서 자기 부인이 정신분열증 진단을 받았다는 것이다.

정신분열증이라니? 아닐 거라고 우긴다. 그럴 리가 없다고. 도대체 이게 말이 되는가, 이런 날벼락이 있냐며 너무나 놀랍다고 한다. 자기 부인은 아주 착하고 상냥하며 활기도 있는 현모양처라고 하였다. 애들도 자랄 만큼 자라서 아내도 이제는 전공을 살려 사회 활동을 하고 싶어 했다. 다행히 취직이 되어 고객 상담실에서 일하게 되었다. 아내는 활기가 솟고 하루하루 인생의 행복을 느꼈다. 그러던 어느 날 고객으로부터 심한 모욕을 듣는다. 그 이후 아내는 공포증이 생겨 어떤 상담도 못 하게 되었고, 지금은 직장도 그만두고 쉬고 있는 상태였다. 너무 맘에 들어 하던 일자리인데 그만 고객의 원성 한 마디가 그녀의 새로운 인생을 망쳐 버린 것이다.

명상의 견지에서도 정신분열증이 맞는지, 다른 것은 아닌지,

어떤 것 때문에 아내에게 그런 증상이 있는 것인지 알고 싶다고 하였다. 지금은 그저 머리가 너무 무겁고 일상생활이 어려운 정도라고 한다. 그들에게 가장 필요한 것은 자신이나 가족에게 그런 끔찍한 정신병 환자가 아니라는 확신이었다. 차크라 리딩을 시작하니 부인의 마음속에서 이런 것들이 드러난다.

그녀에겐 풀리지 않는 슬픔이 있다. 죽을 것만 같은, 미칠 것 같은 괴로움이 있었다. 그 괴로움이 어떤 사건들과 관련 있는지 알려주는 장면들도 보인다. 리딩이 끝나고 내가 부인에게 물었다.

"어머님은 어떠신 분이었지요?"

"제게는 엄하고 무서운 분이었어요."

"때리기도 하고 그랬나요?"

"……네, 많이 맞았어요."

그렇다. 리딩 중에 인상적으로 나타난 장면은 무서운 엄마에게 매를 맞고 있는 어린아이가 공포에 질려 어쩔 줄 몰라 하며 무조건 잘못했다며 싹싹 두 손을 빌고 있는 모습이었다. 어머니를 잃은 아이의 슬픔, 어머니의 인정이 없으면 울고 싶은 심약함과 동시에 그녀의 폭력에 대한 공포. 고객 공포증은 어머니로부터 받은 폭력의 연장선이고, 어머니에 대해 이러지도 저러지도 못하는 마음의 갈등이 정신분열증이란 진단을 빚어낸 셈이다.

2남 4녀인 그녀의 형제들은 모두가 어머니에게 호된 매를 맞고 자랐다. 어릴 적에 받은 학대를 생각하면 두 눈 가득 적의

가 불타오르는 어른이 된 형제들의 복수가 수시로 벌어졌다. 팔십이 넘은 늙은 나이에 자식들에게 구박과 모욕을 당하거나 심지어 손찌검을 당하는 노모. 형제자매들의 무정한 태도를 볼 때마다 어머니가 불쌍하긴 했지만 그녀로선 어머니 편을 들 수도 형제들 편을 들 수도 없었다. 한 마디로 미쳐 버릴 것만 같았다. 잘못하지 않았는데도 잘못했다고 해야 하는 어린 시절 그 엄마에 대한 끝없는 공포와 불안, 다 자란 뒤에는 미워할 수도 보호해 줄 수도 없는 엄마. 그녀의 마음은 그렇게 분열되어 있었던 것이다.

내가 하나 더 물었다.

"어머니는 왜 자식들을 그렇게 가혹하게 대했을까요?"

"글쎄요, 아무튼 심하게 아이들을 때렸어요."

일방적인 이해란 무지의 일종이다. 이것은 이 부인의 상황을 더 어렵게 만들었을 것이다. 리딩을 통해 본 정보를 확인하기 위해 그녀에게 물어봤다.

"아버님은 어떤 사람이었나요? 집안일을 돌보지 않는다거나 바람을 피운다거나 노름을 한다거나."

"바로 그런 사람이었습니다."

그런 남편을 둔 어머니가 자식들에게 잘해 주기는 어려웠을 것이다. 어머니도 결국은 피해자인 셈이다. 남편에게서 사랑과 행복을 느끼기는커녕 미움과 상처만 쌓아 가던 어머니는 그것을 자식에게 폭력으로 돌려준다. 그런 부모 밑에서 자란 경우 나는 내 자식들에게 어떻게 하고 있을까?

자기 가족의 또 다른 문제는 연년생인 두 자녀에게 있다고 남편은 하소연한다. 한쪽은 매사에 바르고 공부도 잘하는 모범생이고, 한쪽은 잘하는 건 한 가지도 없으면서 부모 속만 썩이는 문제투성이라는 식이다. 남들이 보기엔 그 나이답게 발랄하고 개성 있는 사춘기 학생일 뿐인데 그 집 부부에겐 풀리지 않는 우환덩어리였다. 남편분은 전에 암 수술을 받으며 고생한 적이 있었는데, 그때나 지금이나 그와 같은 태도—병적인 편애와 쓸데없는 걱정—를 버리라고 형제들이 적극 충고했지만 변하지가 않았다. '현명하고 명랑한 아내'의 반대쪽에 숨어 있는 '심약하고 불안한 아내' 때문에 더욱 그랬을 것이다. 달리 말하면, 남편은 암에 깊어 갈 만큼 조마조마한 태도로 아내와 함께 아내의 한쪽은 버리고 한쪽만 보도록 노력했을 것이다. 잘한 아내는 있고 잘못한 아내는 아예 없는 것으로 확인해 주고 그것을 방어해 주며 살았을 것이다. 왜냐면 두 사람이 동시에 존재한다는 것을 아내는 '이미' 견딜 수 없을 것이므로. 그리하여 그 연장선에서 편가르기식 자식 교육이 동원된다. 곧 아무 문제가 없는 아이가 되어야 한다, 절대 혼나는 아이가 되어서는 안 된다는 식의 부모들의 단결된 강박관념과 분열증적 사고방식이 이 가족의 또 다른 문제인 셈이다.

이 사례 속에는 더 살펴보아야 할 것들이 있다.

우리는 자신이 아니라 남들에 의해 우리 자신의 존재를 부정당한다는 것이다. 일정한 우선 가치와 억압이 있는 사회에서 자신을 부정하도록 훈련된다. 우리 내부라거나 자발적으로

가 아니라 외부에 의해, 그들의 필요와 관습과 편견에 의해 자신의 어떤 면을 부정하도록 강요당한다. 이렇게 해서 우리는 무구한 존재에서 우리도 모르게 결점을 가진 인간으로 변화한다. 이때의 결점이란 내부적인 것으로 남몰래 안고 사는 심리적 상처들, 혹은 억압들이다. 성격상의 결점이나 장애라는 것도 대부분은 이런 것들이다.

어른이 된 그들은 행복의 커다란 저택에서 해가 질 때까지 잔치를 열며 사람들에게 자신의 성공과 행복을 자랑한다. 하지만 밤이 깊어 가면 그들은 뒷문으로 나와 가슴을 쥐어뜯으며 남몰래 흐느껴 울거나 술에 취해 망나니가 되곤 한다. 내부적으로는 폐허 속에서 살고 있는 것이다.

어떤 종류의 내면의 억압과 상처들은 사람들과 사람들 사이에 보이지 않는 심연으로 존재하고 있다. 아니, 원래부터 인간에게 부과된 심연처럼 행세하고 있다. 인간의 모든 관계의 밑바닥에 축축하게 존재하고 있는 검은 강이고 끝없는 구멍이고 얼음장이지만, 그것만 덮어 버린다면 너도나도 아무 문제도 없어 보인다. 세상은 여전히 잘 돌아가고 있다. 그러나 그것이야말로 행복에 대한 인간의 능력과 자기 자신의 꽃피어남을 결정적으로 가로막고 있는 것이다. 그것이 인간을 진정한 살아 있음으로부터 멀어지게 한다. 어떤 해결책이 필요한 것일까?

이 가족의 부인은 자기 내부에 어렸을 때의 체벌 공포가 있다는 것을 '자각'하고 있었더라면 분열증 진단을 받지는 않았을 것이다. 어머니의 처지를 잘 이해하고, 같은 '어머니'들로서 그 아픔을 공감하며 자신의 가슴속에 흐르는 '사랑'을 나누어 주었더라면 분열증 같은 건 안 생겼을 것이다. 그녀의 남편이나 자녀들도 각자의 천성과 소질을 존중하며 사랑을 듬뿍 주고받는 가정이 되었을 것이다.

결국은 '빛과 사랑', 그것이 문제 해결의 핵심이 된다.

의식의 빛과 사랑의 힘, '자신에 대한 자각력의 정도'와 '사랑의 충만도'는 명상 치유 전반에 있어서 핵심적인 문제다. 대개의 마음 질환자들이란 내부의 의식의 빛, 자기 자신에 대한 자각적 의식이 어두워져 있거나 사랑의 원천이나 행복했던 오래전의 기억이 심각하게 와해된 상태이기 때문이다.

내면을 자각하는 길에 있어서 커다란 걸림돌의 하나는 대부분 자기의 어둠을 보기를 싫어한다는 것, 자기 안의 미움이나 질투나 이중적인 모습, 혼돈스럽고 추한 모습들은 보기 싫어한다는 것이다. 좀체 인정하려 들지 않는다는 것이다. 거기다가 위선적인 사회가 다양하게 방해하고 반대한다. 그런 게 있어도 최대한 포장하면서 살라는 것이다. 적당히 타협하면서 살라는 것이다. 그래서 세상에는 많은 스승들이 그렇게나 자주 '내면으로 들어가라, 내면의 보석을 찾으라.'고 하지만 실제로 그렇게 한 이는 좀처럼 보이지 않는다. 들어가 보려 했더니 보석은커녕 우중충하기 이를 데 없다, 처음에는 향기 좋은 냄새도 나고 기분 좋은 음악도 들리는 것 같고 그랬는데 이게 뭐냐? 전보다 마음만 더 답답하고 괴로워지는 것 아냐? 안 되겠다. 딴 데 가서 노는 게 낫겠네……. 이런 식으로 되어 버린다.

사람들은 그리하여 자신의 내적 상태에 대해서 좀 더 정확한 사실이나 원인 같은 것을 알려 하기보다는 흔히 자기가 듣고 싶었던 바를 들으려 하거나, 이제껏 듣지 못했던 자기에 대한 놀랍고도 긍정적 의견이나 해석을 기대하곤 한다. 어느 정도 내면 탐구나 명상을 했다는 사람들의 경우에도 자기 확인에 대한 요구가 만만치 않다. 일반인들은 일반인들대로 자신의 욕망과 계획에 합치되는 얘기를 더욱 많이 듣고자 하는 경향이 있다면 이런 사람들은 자기의 영적인 진보 상태나 무언가 뛰어난 미래에의 징표 등을 확인받고 싶어 하는 것이다. 그래서 찾아온 이들에게 종종 이런 얘기를 한다.

"당신이 당신을 이해하는 만큼, 이해할 준비가 되어 있는 만큼 당신은 이 작업을 통해 더 많은 것을 가져갈 수 있습니다."

인생의 경우에도 마찬가지다. 의식의 세계를 탐구하는 길에도 정확히 맞는 말이다.

"당신의 이해가 자라날수록 당신의 경험 세계도 더욱 넓어진다."(오쇼)

차크라 리딩이나 명상 치유 세션도 마찬가지다.

나는 그것들을 특별히 원한 적이 없었다. 그런 것에 관한 전문가가 되기 위해 공부를 하거나 노력해 본 적이 없었다. 그것들은 순전히 내가 알 수 없는 인생의 여러 과정과 경로를 통해 어느 날 나에게 주어졌을 뿐이다. 다만 명상이 그 촉매제가 되었다는 것은 틀림없다.

버틀러가 '윤리적'이라면 필자는 '명상적'이라고 할 수 있다.

한쪽이 '초심리학적'이라면 내 쪽은 '명상과학적'이다.

오랜 수행의 역사와 함께 인간의 내적 과학에 정통해 왔던 티베트의 스승들은 꾸준한 명상으로 의식체가 민감해지면 "육도(六道)의 모든 고락을 체험하면서 인간계를 좀 더 깊이 이해하게 된다. 달리 말해 그는 모든 존재 속에서 맥박 치는 하나의 생명에 동조하게 된다."고 말한다. 혹은 에텔체가 각성된다든지 생체 파장에 변화가 일어나면 제일 먼저 "육도의 존재 여건에 대한 체험이 시작된다."* 내게 주어진 일이란 것도 그와 같은 차원의 것이며 이 책의 이야기들도 그와 같은 맥락에서 이루어지게 된 것이라고 할 수 있다. 스승들은 "저절로 오는 것은 신성한 선물이니 피하지 말아야" 하며 "훌륭한 일을 단지 이승에서의 칭찬과 명예를 얻기 위해 하는 것은 여의주를 염소의 똥과 바꿈과도 같으니 이것은 큰 실수"**라며 버릴 수 없는 교훈을 준다. 사람은 고난의 시기를 통해서든 따뜻함과 '지복의 시간'***을 통해서든 빛과 사랑을 향해 한 걸음 한 걸음 더 나아가야 하는 것이다.

* 라마 카지 다와삼둡의 『티베트 밀교 요가』(유기천 옮김, 정신세계사, 2001) 중 '제3권 지식의 길: 육법(六法)의 요가' 중에서

** 같은 책. '제1권 제자의 길: 스승들의 교훈' 중에서

*** 고난이나 따뜻함의 시기 다음에 찾아오는 단계라고 한다.

2.
그것은 당신의 협조를 받지만 당신의 통제를 받지는 않는다

쿤달리니와 특이 에너지 체험

필자의 전작인 『까질한 구도자의 시시비비 방랑기』에서 가장 인상적이었던 글 중의 하나로 '쿤달리니 보고서-밀교 수행자' 편을 꼽는 독자들이 많았다. 명상인들 중에는 그 장을 몇 번씩 읽었다며 나중에도 그런 글을 다시 써 줄 것을 부탁하기도 했다. 나 또한 그 글 속의 '밀교 수행자'와 알게 되면서 여러 관점들이 바뀌기도 하였다. 다음의 내용도 그중의 한 가지다.

오래전 소크라테스의 한 평전을 보았는데, 젊었을 때 군인으로 나가 전쟁터에서 싸우는 장면의 묘사가 흥미진진했다. 형형한 눈으로 침착하게 전후좌우를 살피며, 민첩하면서도 당당하게 움직이는 양어깨 하며 어디 하나 흐트러짐 없이 늠름하게 전진하는 소크라테스. 치열하고 살벌한 전장 속에서도 모두 상황들에 주의가 열리고 정신이 각성된 사람 같다. 다른 면에서 보면 소위 쿤달리니가 깨어나—이런 경우엔 특히 세 번째 차크라가 많이 활성화된—상당히 많이 상승한 그런 사람의 특징이다. 다시 말해 어떤 사람이 설령 소크라테스 같은 천품은 없더라도 쿤달리니가 각성되고 제3차크라가 활성화된다면 그 역시 이런 모습이나 특질을 드러내게 된다는 뜻이다.

용모가 별로였던 그의 주변에는 귀족의 미남 자제들이 몰려들어 권력층의 질시와 분노를 쌓기도 했다는데, 그 미남 영재들이 곧잘 소크라테스의 가슴에 머리를 기대고는 무언가에 도취된 사람처럼 있었다는 묘사도 나온다. 이 또한 쿤달리니가 일어나서 가슴 차크라가 열린 사람에게 일어나는, 일어날 수 있는 특징이기도 하다. 그는 델피의 신탁으로부터 아테네에서 가장 현명한 사람으로 지목되기도 했는데 일반적인 지성의 수준을 뛰어넘는 소크라테스의 놀라운 변증법적 논리와 질문자들을 설득하고 일깨워 가는 장면들을 보면 이 또한 쿤달리니 에너지가 '제3의 눈'(天目) 센터에 이른 사람의 지성이 아닐까 하는 생각도 절로 들었다. 플라톤의 『향연』 중에는 알키비아데스가 소크라테스를 가리켜 "모든 사람 중에서 가장 괴이한 인물이어서 모든 사람들을 당황하게 만드는 사람"이라며 연설하는 대목이 나온다.* 소크라테스의 그 불가사의함의 많은 부분은 쿤달리니 현상을 알다 보면 오래전부터 납득 가능하게 해명된 사실들이다. 소크라테스로 태어나지 않았더라도 쿤달리니가 폭발하여 상위 차크라들이 활짝 각성된 사람은 용기나 가슴의 자력이나 지성의 수준에 있어서 소크라테스의 많은 특징들을 구현하기 때문이다.**

신약성서에는 예수가 이 마을 저 마을 돌아다니며 복음을 전하다가 제자들과 잠시 산속에 들어가 쉬고 있는데 제자가 예수의 가슴에 머리를 묻고는*** "주님, 하느님의 가르침이고 뭐고 그냥 여기서 저희와 함께 지냅시다." 이런 식으로 청하는 대목이 나온다.

예수와 함께 있을 때의 무한한 평화로움을 느낀 제자의 표현인데, 이런 장면은 쿤달리니가 마지막까지 각성된 자의 가슴에너지가 방사되어 나올 때 생기는 일이기도 하다. 가슴 에너지

* 알키비아데스는 "여러분도 아시다시피 소크라테스는 아름다운 사람들에게 매혹되어 있으며 언제나 아름다운 사람들에게 흥미를 가지고 그들에게 정신을 팔려 버립니다. 그러나 그의 내부는 어떻겠습니까? 명심해 주십시오. 이 분에게는 누군가가 아름답다는 따위는 도대체가 문제가 되지 않는 것입니다. 그런 것은 필경 어느 누구도 믿지 못할 만큼 완벽하게 경멸해 버리고 있는 것입니다. 아무개가 부자라든지, 고귀하다는가 하는 따위에 대해서도 상황은 똑같은 것입니다."라고 한다. 이런 인물 묘사는 동양에서는 선사들에게서 종종 볼 수 있는 것이다. 황벽 선사는 고귀한 황가의 종실과 함께 절경지를 여행하다가 시흥이 나서 서로 시를 지어 주거니 받거니 하더니 느닷없이 미래의 당나라 황제 얼굴을 후려갈긴다. 깨달음을 얻은 선사로 알려진 춘성 선사는 난폭한 행동과 음란한 말로 유명했는데, 숭산 선사가 대오한 걸 확인하고는 덩실덩실 춤을 춘다. 쌍욕과 음담패설은 그의 교육 방법이고 당혹스런 춤은 그의 최고 찬사였다.

** 예컨대 선가에서도 '제3의 눈'이 각성된 사람들은 선악과 호불호의 상대적이고 차별적인 개념들이 사라진다고 많은 전승 기록들이 전한다. "시방을 앉아서 끊어 버리고, 천안(天眼, 頭頂眼, 제3의 눈)이 문득 열렸어라. 한마디로 상념을 끊고 모든 분별을 없앤다.(十方坐斷 千眼頓開 一句截流 萬機寢削)"(『벽암록』 제32칙, 「垂示」) 소크라테스는 쿤달리니가 상승하여 제3의 눈의 위치까지 활성화된 사람의 특징과 능력들을 많이 보여 준다.

*** 옛날 성경에는 그런 표현이 나오는데 요즘 성경에는 찾아볼 수가 없다. 내가 읽어 본 옛날 성경 중에는 주해라든지 또 다른 표현이 많이 붙어 있는 것들도 있었는데, 지금의 것들은 아주 읽기 쉽게 깨끗하기만 하다.

는 자석과 같은 힘이 있어서 그 사랑의 자력(磁力)이 예수 정도가 되면 사람들은 그것에서 빠져나오기 어려운 것이다.

오쇼는 금강경 강의를 하면서, 고타마 붓다가 금강경을 설할 당시의 모습을 매우 사실적으로 묘사하곤 하였다. 그러자 한 산야신이 "당신은 마치 붓다가 설법을 할 당시 그 자리에 있었던 것 같습니다. 그렇습니까?" 하고 물었다. 오쇼의 대답은 이러했다.

"너만 알고 있거라."

재밌는 대답이다. 한데 무슨 뜻이었을까?

나중에 신지학 서적을 읽다가 고타마 붓다가 설법할 때의 모습에 대한 생생한 묘사와 오쇼가 강의 중에 한 묘사가 닮은 데가 많아서 신기해한 적이 있다. 그 책 중의 붓다의 설법 장면을 구체적으로 보면 신지학의 한 대가는 "당시의 아카식 레코드(우주 기록)를 투시"해 본 내용이라며 이렇게 묘사한다.

> "고타마 붓다는 주로 야외에서 설법을 했는데 대부분 늘 나무 밑에 앉아 있었다. 그리고 한 무리 대중남녀들은 자연스럽게 섞인 채 땅바닥에 앉거나 나무에 기대서 있었으며 그 바깥 둘레에는 아이들이 뛰놀고 있었다.
>
> 여러 전생에도 줄곧 인류를 깨우쳐 주는 위대한 교사로 이 땅에 왔었다는 이 대스승의 목소리는 매우 낭랑하고도 아름다웠는데 그 존재만으로도 설법을 듣는 사람들의 주의를 한순간에 사로잡았다.
>
> 그는 여러 부류의 사람들로부터 한결같이 사랑을 받았다.
>
> 심지어 그의 말에 간혹 반대하는 자들도 그에게 매료되었다.

청중은 큰 감동을 받고 종교적 열정으로 고양되었다. 대중들은 끊임없이 박수를 보내며 '사두(Sadhu, 인도에서 깨달음을 얻기 위해 고행의 생애를 보내는 요가 행자), 사두'를 외쳤고, 특별히 심금을 울리며 감동시키는 어떤 말들이 나올 때면 존경과 감사의 표시로 양손을 합장해 들어 올렸다."

— 리드비터의 『내적인 삶(Inner Life)』* 중

고타마 붓다의 놀라운 감화력은 일부분 그의 오라 때문이었다고 한다. 그의 오라는 대단히 컸고 놀랍도록 강한 진동을 발산하고 있었다. 서울에서 수원까지의 길이로 사방으로 뻗을 정도였다고 한다. 그 오라권 내에 가까이 들어가 있던 법회의 대중들은 형언할 수 없는 자기적 효과로 인해 어리석은 사람이라 할지라도 그의 설법을 온전히 이해할 수 있었다는 것이다. 그 영향이 사라지면 이전 상태로 돌아오긴 하지만 말이다.

고타마 붓다 역시 쿤달리니가 최후에까지 도달한 사람이다. 그가 비록 쿤달리니 현상에 대해선 구체적으로 말하지는 않았지만 그것은 쿤달리니가 지나가는 통로가 너무나 깨끗한 상태여서 그 과정에서 어떤 장애도 못 느꼈기 때문일 것이다. 고타마 붓다는 수행 시절 많은 스승을 찾아다녔는데 자기의 스승보다도 명상을 잘했다고 하는 것도 그런 이유 때문이다. 그의

* 이 책은 A. E. 포오웰이 지은 『에텔체(The Etheric Double)』의 주요 참조 목록 40여 권 중에도 실려 있다. 신지학 서적들을 바르게 접근한다는 것은 쉽지 않은 문제다. 특히 수행 부분에 있어서는 동양의 수련 전통처럼 진정한 스승이나 각자의 지도 아래 이루어진 것이 아닌 나름대로 지식적으로 접근된 것이라 그들 차원에서 보면 진실이라고 생각되겠지만 황당한 주장이나 경험의 해석도 많다. 명상 실천에 있어서 올바른 사람의 지도가 없는 이론은 득이 되기보다는 해가 되는 일이 훨씬 많다.

에텔체는 카르마로 생긴 블록이나 불순물이 거의 없이 지극히 맑은 상태였기에 어떤 명상을 시켜도 심지어 그것을 가르치는 이보다도 더 잘할 수 있었던 것이다.* 그런 인물은 똑같이 쿤달리니가 최후의 지점에 올라가도 다른 이보다 더욱 강한 자기장을 갖는다. 그럴 때의 그 사람은 자신이 하나의 높은 자기장이 되어 주변의 낮은 자기장에 머물고 있는 중생들의 지성과 감성의 수준을 높게 끌어올릴 수가 있다.

하지만 무엇보다도 이 사람들이 인간의 궁극적 진리와 참나를 찾던 사람들이지, 처음부터 쿤달리니 각성을 위해 수행한 사람들은 아니었다는 점을 놓쳐서는 안 된다. 쿤달리니 현상과 그 궁극지에만 집착하다 보면 갖은 미혹과 자기 환상의 함정에 빠지기 마련이다. 그리고 쿤달리니가 소크라테스나 예수, 붓다와 같은 성인들이나 수행자들에게만 일어날 수 있는 것은 아니다.

* 쿤달리니는 에테체와 관계된 현상이며 쿤달리니가 지나가는 통로가 차크라다. 밀교 수행에 의하면 대기 속에는 무진장의 심령 에너지 프라나가 들어 있으며, 수행자는 호흡에 의해 이것을 취해 자기 몸의 생명력으로 바꾸어야 한다. 외부와 내부의 생명력이 합하여 하나로 된 이 생명 에너지가 쿤달리니 에너지(꾼달리니 삭티)다. 잠들어 있던 쿤달리니가 깨어나 강력하게 폭발한 뒤 효과를 발휘하게 되면 에너지는 성 신경 통로로 스며들고 모든 신경 중추를 해방한다. 쿤달리니 각성 수행은 우주의 여성적 에너지와 남성적 에너지를 결합하여 비밀의 생명열을 만드는 과정이기도 한데, 이러한 명상적 변환, 에너지의 질적 변환을 통해 수행자는 윤회의 어둠에서 방황하는 '불순한 환신(幻身)'에서 순수하고 정묘한 영적 빛의 결정체로서의 '금강신'에 도달한다. 금강석과도 같은 불퇴전의 힘으로 모든 윤회적 어둠을 초월한 원초적 광명과 우주의 근본적 공성(空性)을 깨우친 것이다. 도가의 과정으로 보면 연정화기(煉精火氣), 연기화신(煉氣化神), 연신환허(煉神還虛)를 지나 허공분쇄(虛空粉碎), 대라금선(大羅金仙)의 경계로 들어간 것이다. 도가나 밀교나 요가나 궁극의 모습은 쿤달리니의 최종적 상태와 일치한다.

"수많은 사람들이 차크라와 쿤달리니가 각성된 채 태어났다. 그리고 이 사람들이 실질적으로 전 세계를 이끌고 있다. 정치를 말하는 것이 아니다. 그들이 삶의 전반에서 뛰어난 사람들이라는 말이다. 그들은 위대한 음악가, 예술가, 건축가, 과학자, 학자, 발명가, 예언가, 정치가 등이다. 쿤달리니와 차크라가 각성된 채 태어난 많은 어린이들은 성장하면서 여러 가지 현상을 나타낸다."*

다른 차원으로의 진화를 위해 내적으로 영적으로 노력하는 사람들, 상승과 초월의 길을 추구하는 이들 중에는 어느 분야든 어느 누구에게든 일어날 수 있다. 또 주변에는 특별한 수행을 하지 않아도 일어나는 사람들도 있다. 그런 쪽의 전승이 없는 절간에서는 쿤달리니 증상을 겪고 있는 스님이 마장이 씌웠다거나 광인으로 몰려서 추방되기도 한다.

한번은 내과 의사 김기독 씨가 자신에 일어나고 있는 특이한 에너지 현상이 궁금하다며 찾아왔다. 자신이 겪고 있는 에너지 증상은 무엇인지 혹 쿤달리니라는 것과 관계된 것은 아닌지, 어떻게 대처해야 하는지 등등.

평소와는 다른 에너지 체험이나 쿤달리니 현상에 대하여 궁금해하시는 분들이 꽤 있고, 또 초월심리학이나 기타 분야에서도 곧잘 논문이나 전문서적이 나와 심심찮게 부딪치는 주제인지라 몇 가지 얘기하고자 한다.

* 스와미 사티야난다 사라스와티의 『쿤달리니 탄트라』(박광수 옮김, 도서출판 양문, 2000)

먼저 김기독 씨의 사연을 정리해 보면,

청년 시절 미간 부분의 압박감이 자는 도중 느껴졌다. 집중을 하면 좀 더 세게 느껴지곤 했다. 기독교인으로서 열심히 기도하고 또 방언기도도 하였는데 어느 날 머리 정수리 부분으로 전기가 통하면서 온몸에 전기가 흐르는 경험을 하였다.

그 뒤로 5~6년 동안 머리에서 마치 문어나 뱀 같은 것(정확히 무어라 설명이 안 된다 함.)이 돌아다니는 듯한 느낌이 들었다. 기도를 하면 더 강하게 움직이면서 온몸에 전기가 흐르며, 눈을 감으면 어떤 눈동자가 보이기도 하고, 머리에서 움직이는 기운이 아주 차갑기도 하고 아주 뜨겁기도 한다. …… 기도 중에는 온몸을 감싸면서 움직인다. …… 정신과적인 정신 이상 소견은 보이지 않았으며, 가끔씩 마음에 어떤 확신이 들면서 하나님의 말씀이 다가오기도 한다. …… 머리 안의 기운이 움직일 때마다 얼굴이 아주 조금씩 따라 움직이기도 한다.

그는 어느 요가 선생님의 조언으로 『신비의 쿤달리니』라는 책을 보았는데, 그 책의 내용과 자신의 증상이 유사하다고 했다. 그러면서 "그 책에서는 정상적인 수련을 통한 쿤달리니 각성은 괜찮지만 알 수 없는 이유를 통한 비정상적인 쿤달리니 각성을 쿤달리니 신드롬이라고 하던데, 제 에너지 현상은 어떻게 해야 정상적으로 진행될 수 있을까요?" 하고 묻는 것이었다.

이것은 쿤달리니와 관계된 에너지 현상이다. 그러나 쿤달리니 에너지가 본격적으로 점화된 상태, 폭발한 상태는 아니다.

그리고 모든 에너지 현상이 쿤달리니 현상인 것은 아니다. 예컨대 도가나 기공의 길에 있어서는 생명 에너지는 쿤달리니가 지나가는 것과는 다른 통로를 통해 변환되면서 상승해 간다. 궁극점에 이르면 같지만 그 과정에 있어서는 기경팔맥이라고 부르는 경로를 통해 변화되고 상승해 간다. 그에 따른 단계별 증상이나 체험 역시 흡사하긴 해도 꼭 같은 것은 아니며 그 길에서만 볼 수 있는 특징을 지니기도 하는 것이다.* 한 예를 들어 보자.

어느 해 추석 때 집에 갔더니 셋째 동생이 면담을 신청하며 고민을 털어놓았다. 어느 날 갑자기 몸에서 전기 같은 에너지가 흐르는데 종종 스스로를 제어할 수 없을 정도로 신체의 강력한 진동을 동반한다는 것이었다. 또 소나무 같은 것을 만지면 그 기운이 확확 몸 안으로 들어오며 손과 팔이 나무 색깔로 변하고 코와 입에서는 수액 냄새가 가득 풍겨 나온다고도 한다. 에너지 진동이 일어나면 몸이 콱콱 꺾일 정도인데 운전 중에 무슨 사고라고 낼까 봐 두렵다고도 하였다.

그는 자칭 유물론자로서 노동운동가이기도 하며 평소에 명상 같은 것을 일절 해 본 적이 없는 사람이다. 그에게 일어난

* '세상의 어머니'란 이름의 쿤달리니는 사실 모든 계에 존재하며 여러 등급의 힘을 가지고 있다고 한다. 에텔체뿐만 아니라 다른 여러 미세체들이 쿤달리니를 통하여 활성화될 수 있는 것은 그 때문이다. 다만 쿤달리니의 불꽃 같은 에너지, 생명열은 프라나와는 다른 차원의 것으로 프라나나 그 밖의 기(氣)와 혼돈되어서는 안 된다고 한다. 현대에는 많은 기 수련 및 명상법이나 정체 모호한 선생과 스승들이 등장하면서 '근본적이고 알려지지 않은' 비밀 수행이었던 쿤달리니의 여러 현상과 착각하는 일이 비일비재하다.

일은 쿤달리니 현상이 아니라 기맥이 자기도 모르게 열려 가는 체험이었는데, 이는 기공이나 도가 계열 수행자에게 일어날 수 있는 현상이다. 기공 중에는 큰 나무와 마주 서서 하는 평형공(平衡功) 수련이 있는데 이것은 주로 아무도 없는 곳에서 밤에 하라고 가르친다. 그 이유 중 하나는 이것을 깊이 연마하다 보면 수행자가 나무와 하나가 되어 갑자기 모습이 사라지곤 해서 낮에 지나가는 사람들이 놀랄 수 있기 때문이라고도 한다. 아무튼 동생에게 나타난 여러 현상들을 보면 전생의 어디선가 기공을 상당히 연마한 적이 있었던 것 같다.

그에게 에너지를 조절할 수 있는 행법 한 가지를 일러 주고는 그 방면에 도움이 될 만한 책을 한 권 주며 잘 읽어 보라고 하였더니 그 뒤로는 별다른 얘기가 없었다.

동생의 경우를 보면 예전에 자신이 쿤달리니가 모두 각성되었다며 그에 관한 한 백과사전이나 다름없다던 한 도인이 떠오른다. 내 소견으로는 쿤달리니 각성이 아니고 동생과 같은 체험들이었는데 아무튼 그 자신은 대단히 확신에 차 있었다. 그는 나중에 자신이 이끄는 수행 모임을 열다가 여제자와의 성추문이 드러나자 돌연 종적을 감추고 말았다. 오쇼 왈 "쿤달리니가 완전히 각성된 자는 단 한 점의 성욕도, 꿈에서조차 성에 대한 어떠한 생각도 일어나지 않는다."라고 하였으니, 스스로 미혹의 함정에 빠진 이들은 부디 참조하기를.

주변에는 가끔 쿤달리니가 모두 각성되었다며 자신의 영적 위상과 존재감을 현시하곤 하는 사람들이 있는데 많은 경우

착각에 불과하다.*

폭발적이거나 미세하거나 이상 에너지 체험은 명상 수행을 하는 사람의 경우 영적인 교만이나 집착으로 이어지는 경우가 종종 있다. 어떤 이는 인류 미래의 비전을 보고 자신의 메시아적 소명을 깨달았다고도 하고 혹은 자신의 궁극적 운명에 대해 자각하게 되었다고도 하는데, 이것들은 순전히 마음의 환상에 지나지 않는다. 한마디로 어떤 비전 체험이나 신비 체험도 쿤달리니의 진정한 각성과는 상관이 없다는 뜻이다. 또 되짚어 얘기하면 에너지 현상을 겪을 때는 항상 이러한 마음의 환상과 미혹에 빠지는 것을 경계해야 하는 것이다.

이런 얘기들은 여러 쿤달리니 관련 고전에서 심심치 않게 거론되어 있는 내용인데, 사람들이 그것을 몇 번이나 읽고도 자

* 필자가 접한 대표적인 오해 중의 하나는 명상 중 에너지가 척추를 통해 두뇌까지 올라가는 경험이다. 쿤달리니 각성과 유사하지만 실은 프라놋타나라는 프라나의 방출 현상이다. 제1차크라에서 시작하여 우맥(핑갈라 나디)을 통해, 척추를 통해 올라갔다가 차크라들을 부분적으로 정화시킨 뒤 두뇌에서 올라가서 흩어지는 현상이다. 프라놋타나 체험을 통해서는 에너지 상승체험이 지속되는 일은 거의 없으며, 이는 본격적인 쿤달리니 각성을 위한 준비 단계라고 할 수 있다.
또한 각 차크라의 각성 체험과 쿤달리니 각성과는 차이가 있다. 모든 차크라가 활성화되고 에너지로 충만하다고 해서 이것이 쿤달리니 각성은 아니라는 것이다.
또 하나 흔히 접하게 되는 혼돈 중에는 좌우맥 중 어느 한 맥이 열리는 체험을 했을 때 이를 쿤달리니 각성으로 오인하는 사람들도 있다. 이것들은 좌우맥 자체가 중맥을 중심으로 온몸을 나선형으로 감싸고 있기 때문에 더욱 착각하기 쉬운 것 같다.
어떤 이는 에너지가 각성된 뒤에 뛰어난 예지 능력이나 예언 능력을 보이곤 하면서 이를 자신의 쿤달리니 각성의 증표로도 삼는다. 하지만 이것은 좌맥(이다 나디)이 열리게 되는 경우 벌어지는 현상 중의 하나일 뿐이다.
또 다른 이는 쿤달리니가 완전히 각성된 뒤 뛰어난 타심통 능력, 심령치료사 능력을 발휘하게 되었다고도 하는데 이 또한 우맥(핑갈라 나디)이 각성될 때 일어나는 현상의 하나다. — 스와미 사티야난다 사라스와티의 『쿤달리니 탄트라』(박광수 옮김, 도서출판 양문, 2000) 참조.

기만의 환상에 빠져드는 것은 왜일까? 명상의 길에 있어서는 책 속의 어떤 지식이나 이론도 그 자체로는 무용하며 오직 본인의 체험과 성장을 통한 이해만이 가슴속에 남기 때문이다. 거짓으로 꽃을 가꾸어선 어떤 꽃도 피지 않을 것이다.

그렇다면 쿤달리니 각성이란 실제로 어떻게 일어나는 것일까? 위에서 소개한 김기독 씨의 경우는 쿤달리니가 본격적으로 각성되기 이전의 준비 단계에서 일어나는 과정이다. 지금부터 일어나게 되는 영혼의 먼 순례와 여행의 첫 출발, 작지만 아주 커다란 출발을 시작한 셈이라고나 할까?

오쇼는 생전에 푸나 아쉬람 내에서 쿤달리니 체험을 하는 이는 수백 명도 넘는다고 말한 적이 있다. 어떤 사람은 명상 세션을 두어 달 받고도 이런 종류의 에너지 체험을 지속적으로 한다. 처음에는 자기로선 이해할 수 없는 별의별 에너지 현상이 일어나지만 명상을 계속하다 보면 '그러면 뭐하나? 그게 진짜 중요한 건 아니지.'라고 마음을 잡게 된다. 그런 게 일어나서 자신의 의식도 뚜렷하게 진보하면 좋으련만 '아이구 이 사람아, 길이 멀구나.' 하면서 마음을 더욱 비우게 되는 것이다. 에너지 체험에 대해서는 참조는 하지만 그것을 무슨 특별한 표식으로 생각해서는 영적 성장에 도움이 되기는커녕 방해만 된다는 것을 말해 두고 싶다.

중요한 것은 에너지 현상이 아니라 모든 상황, 모든 경우에 있어서의 자신의 마음을 낱낱이 살피고 어떤 마음의 움직임에도 꺼둘리지 않으며 말로는 표현할 수 없는, 머리와 마음 차원을 넘어선 또 다른 세계에 들어가는 것이다. 혹은 선과 악, 좋음과 나쁨 등 일체의 분별과 판단을 내려놓는 일이다. 있는 그대로 모든 경계를 여여히 바라보는 일이다. 그러한 자각과 비움 자체가 에너지를 더욱 순화하고 상승시킨다.

김기독 씨는 "정상적인 수련을 통한 쿤달리니 각성은 괜찮지만 알 수 없는 이유를 통한 비정상적인 쿤달리니 각성"을 언급하며 자신이 수련의 문외한임을 조금 걱정하는 듯이 보이는데 꼭 그렇지만은 않다. 기도 명상이나 방언 명상이니 하는 것도 강력한 명상법의 일종이다. 인도 푸나의 마하무드라 명상은 예전의 기도 명상이 좀 더 체계화된 것이고, 또 데바바니 명상은 그 자체가 구약에서 유래한 방언 명상의 현대화된 형태라고 할 수 있다.

이런 방언 명상은 사람에 따라 강력한 에너지 체험을 가져온다. 겉으로는 그냥 입으로만 하는 것 같지만 자신의 차크라나 영맥들, 그와 연결된 두뇌 세포들을 순화하고 일깨우는 기능을 가지고 있는 것이다. 그러니 이분이 기도나 방언 기도 중에 커다란 에너지 체험을 하게 되는 것은 자연스러운 일이라고 할 수 있다.

다만 기독교의 전통 내에는 명상을 위한 올바르고 확실한 지침이나 그 과학을 찾아보기 어려우며 주된 교리 속에서 주시라든지, 자각이라든지, 각성이라든지 하는 중요한 명상의 고리들이 빠져 있는 것이 좀 문제가 되겠다.

김기독 씨는 명상을 하고 싶어도 독실한 교인인 부인이 말도 꺼내지 못하게 해서 자기도 어쩔 수 없노라고 한다. 외국에서 의학 공부도 하고 온 젊은 의사였는데 교회가 뭔지 아내가 뭔지 아쉬운 일이다. 자기가 자기랑 일대일로 만나는 게 명상인데 무슨 종교나 국적, 성별이나 계급, 직업과 지식이 소용 있을 것인가. 그의 선택 사항이나 인생 방향과 상관없이 앞으로 일어나게 될 여러 에너지 체험에 대처하기 위해서는, 또 지금 일어나고 있는 에너지 현상을 통해 그것이 원래 가고자 하는 방향으로 순조롭게 항해하기 위해서는, 명상이 올바른 해결책이라는 것을 하루빨리 체득하길 바랄 뿐이다. 또 잘못되면 자기 태도가 문제인 것이지 쿤달리니 현상이 문제인 것도 아니다.

그런데 자기의 에너지 체험이 쿤달리니 각성, 즉 본격적인 폭발, 점화인지 아닌지는 어떻게 아는가? 준비 단계의 현상들이 아니고 '반영구적인' 차원의 본격적인 쿤달리니 현상이 일어난 경우 당사자는 자신에게 어떤 일이 일어났는지를 단박에 알 수 있다. 그것은 너무나 강렬하고 명백해서 조금도 의심할 틈이 없는 것이다. 오쇼는 그것을 네 개의 폭발이라고 하였다. 곧 제1차크라에서 제4차크라까지, 또한 그에 상응하는 네 번째 신체까지 단숨에 각성시키는 것이다. 이에 대해선 필자의 책 『까칠한 구도자의 시시비비 방랑기』 중에서 '쿤달리니 수행자에 대한 보고서' 편을 참조하기 바란다. 이것은 쿤달리니의 궁극적 개화는 아니지만 그 본격적인 폭발에 관해서 내가 아는 한 가장 사실적이고 자세한 기록이라고 할 수 있다. 그가 겪은 것이 바로 쿤달리니 에너지의 폭발, 혹은 본격적인 각성이라고 하는 것이다.

왜 그것이 쿤달리니 각성인가? 오쇼가 확언하고 있는 바와 같이 쿤달리니 폭발은 그렇게 찾아오기 때문이다. 오쇼에게도 그렇게 찾아왔으며 다른 사람에게도 그렇게 찾아왔던 것이다.*

쿤달리니 각성의 중요한 특징은 그것이 프라나 에너지 현상, 좌우맥 에너지 현상이 아니라 바로 중앙맥(수슘나)을 통해 일어나기 때문인데 이런 경우 에너지는 침체를 겪는다 해도 하강하는 일은 일어나지 않는다. 다른 에너지 체험은 사라질 수도 있으며 퇴화할 수도 있지만 중맥을 통한 쿤달리니의 본격적인 폭발이 일어난 경우 이것은 반영구적이며 아무도 멈출 수가 없다. 그가 자고 있든지 병이 걸렸든지 기절해 있든지 산삼을 먹었든지 독약을 먹었든지 이런 것과는 아무 상관이 없다. 쿤달리니는 여전히 살아서 움직이고 있는 것이다.

신지학의 연구가들에 의하면 쿤달리니는, 신성이 하강해서 물질화되었던 과정이 현재의 물질계이고 그 반대 과정으로 물질이 다시 신성화되는 과정인 '상향하는 호(Ascending arc)'에서 첫 번째 분출이 더욱 발달한 것이다. 태양이 가진 신성이 뚜렷한 노력 없이 현현되어진 것으로 태양신성이 신성을 전개해 나가는 중에 이루어진 결과이자 자신의 속성이 현현되어진 것이

* 여성들의 경우엔 이런 폭발 없이 쿤달리니가 상승한다고 한다. 여성의 몸이 음(-)인데, 지구도 같은 음(-)에 속하여 폭발을 위한 스파크가 일어나지 않는다는 것이다. 명상 세션의 경우 여자들은 남자들과 달리 섬광이 번쩍거리는 등 생체전기 에너지의 스파크 현상이 거의 없다. 도가 계열의 체험에는 쿤달리니와는 다른 에너지의 개화와 상승 현상이 있으며 그 체험의 진위를 가늠할 증표들이 있다.

라고 한다.(A. E. 포오웰의 『에텔체(The Etheric Double)』) 그래서 쿤달리니는 태양처럼 24시간 365일 언제 어느 곳에서나 에너지가 불타오르고 있는 것이다.

또 한 가지, 쿤달리니 각성자는 자연스레 성교 시에 비사정 상태를 유지한다. 이것은 쿤달리니와 무관하게 명상을 깊이 한 사람들에게도 일어나는 일이다. 명상이 깊어지거나 쿤달리니가 각성하면 그의 에너지 센터의 중심 위치가 성 센터에서 위쪽으로 올라갔기 때문이다. 일반 사람들은 평생 성 에너지를 성 센터에서 소비하다가 죽는다. 그 밖에는 성 에너지의 통로가 없기 때문이다. 하지만 명상이나 쿤달리니 각성을 통해 에너지의 중심이 위쪽으로 이동하면 중력의 법칙을 무시하고 성 에너지 역시 위로 상승하는 것이다. 이런 경우 조금만 주의를 기울여도 오랜 사랑 후에도 사정을 멈출 수가 있게 된다.

중요한 것은 후퇴란 없다는 것, 그가 몇 번이고 죽거나 명상은 안 하고 전혀 다른 일에 빠져든다 하더라도 결코 에너지의 불꽃은 꺼지지 않는다. 이것이 쿤달리니 에너지와 여타 차크라 에너지 혹은 프라나라고 불리는 에너지와 구별되는 점이다.

그것은 내가 어떻게 할 수 없는 불수의(不隨意)의 메커니즘이다.(오쇼) 때문에 이것이 일어난 경우 자신이 할 수 있는 일은 거의 없다. 협조하는 일 이외에는 어떻게 달리 손쓸 수가 없는 것이다. 그것은 당신의 협조를 받지만 당신의 통제를 받지는 않는다.

여기에서 의미심장한 문제가 제기된다.

당신 자신은 아무것도 할 수 없다는 것. 곧 자신을 비우지 않으면 안 된다는 것. 당신이 당신을 고집하고, 무언가를 하려고 하는 한, '어떤 자'가 되기로 하는 한, 쿤달리니의 각성과 그 과정은 곧잘 고통과 악몽의 범벅이 된다. 지식, 종교, 학식…… 아무것도 도움이 되지 않는다. 방해만 될 뿐이다. 자신을 더욱 비우고 자신을 더욱 버리는 것, 그것이 협조하는 길이다.

종착역까지 언제 도달할지 누가 알겠는가? 그것은 빠를 수도 있고 늦어질 수도 있으나 결코 개인적인 의지가 결정할 문제는 아니다. 당신은 선택할 수 없다. 오히려 모든 선택을 포기해야만 한다. 포기의 기술, 의식적인 죽음의 기술이 곧 명상이다.

예로부터 수많은 명상가들이 밥그릇 하나, 담요 한 장도 집착이라고 한다.

명상은 순수하게 자신의 마음, 자기 자신과 마주한다. 그것은 존재하기 위해 존재를 사용한다. 단순하다. 그것이 명상의, 순수한 명상의 위대한 점이다. 많은 명상법들이 있지만 명상에 가까울수록 '덜 의존적'이다. 가장 단순한 상태로 존재하며, 그 자체로 충족되어 있다. 가장 경제적이며, 가장 비의존적이고 독립적이며, 가장 자연스러운 형태를 가지고 있다. 명상은 쿤달리니 에너지나 그런 것에 의존하지 않는다. 그런 것들은 일어날 수도 있고 안 일어날 수도 있다.

아무것에도 의존하지 않는 것, 가장 단순한 형식 속에서, 있는 그대로의 상태에서 자기 자신과 마주하는 것. 오쇼는 그것을 단순히 '주시'라고 알려 주었다. 혹은 '존재함'이라고 알려 주었다. 그것이 명상의 유일한 방법이자 참된 상태라는 것이다.

그것은 이 세상에 있으면서도 이 세상에 의존하지 않는 가장 순수한 방법이다. 그래서 우리는 명상을 두려워하기도 한다. 내가 더 이상 너에게 의존하지 않을지도 모른다는 것, 돈이나 명예나 지식, 성과 결혼, 나의 과거, 타인들의 시선이나 동의 그런 것에 의존하지 않을지도 모른다는 것, 그것이 사람들로 하여금 명상으로부터 달아나게 한다.

우울증과 가정불화로 힘들어하던 한 부인이 고민 고민하다가 명상에 뛰어들기로 했다. 처음에는 명상 세션이나 한 반년 받고 그만두려 했는데 명상하는 시간이 계속해서 늘어났다. 그 부인이 어느 날 말하길 불면증에 시달리던 남편이 이제는 아주 잘 잔다고 하였다. 남편도 불면증 때문에 명상 세션을 받은 적이 있는데 고작 세 번뿐이었다. 그런데 그럴 수가?

"그것은 남편이 받은 세션이 특별해서가 아니라 부인이 명상을 꾸준히 해서 그런 겁니다." 하고 말해 주니 그녀도 수긍한다. 명상이 깊어지면서 자연스레 본인 자신의 에너지 상태가 변했다는 것을 스스로도 알고 있었던 것이다. 그녀의 에너지가 바뀌면서 남편의 불면증도 부부싸움도 사라져 버렸다. 그녀의 명상 에너지가 남편의 불면증을 잠재운 것이다.

사랑은 에너지 상태다. 생명 에너지의 한 파동이다. 자신의 에너지가 잘 돌아갈 때 상대방도 그를 편하게 대하게 된다. 그는 다른 사람도 재운다. 그것은 엄마의 자장가 같은 작용을 한다. 타인과의 관계에서든 자기 내부에서든 에너지 불협화음을 겪는 사람은 잠을 잘 수가 없다. 긴장과 싸움이 일어나고 있는 사람은 잠을 잘 잘 수 없으며, 그런 사람 옆에서도 잠을 잘 잘 수가 없다.

칼 매닝거의 『자살론』에 나오는 한 사례가 떠오른다.

어떤 남자가 자살을 하였는데 그 방식이 매우 특이하였다. 장작불이 활활 타오르는 뜨거운 난로를 꽉 껴안고 불에 타 죽었던 것이다.

믿기 힘든 슬픈 죽음이다. 그런데 그것은 이런 뜻이라고 한다. '사랑 없는 이 세상은 너무나 추웠다. 이제 비로소 내 가슴은 따뜻해졌다.'

사랑 없는 세계는 폐허다. 재미도 없고 의욕도 생기지 않는다. 그 남자는 얼마나 추웠으면, 얼마나 따뜻한 사랑이 그리웠으면 난로를 껴안기까지 했을까? 자기 자신을 사랑하는 사람은 남도 자신을 사랑하게 만든다. 자기 자신을 사랑하지 못하는 사람은 남도 자신을 사랑하지 못하게 만든다. 왜냐면 사랑은 에너지이기 때문이다. 명상은 그 자체가 사랑의 에너지가 나오는 따뜻한 난로다.

이제 그녀의 고민은 늘 술을 마시거나 하면서 집에 늦게 들어오던 남편이 너무 자기를 따라다닌다는 것이었다. 전에는 필요할 때만 엄마를 찾던 아이들도, 신혼 초부터 냉랭하던 시댁식구들도 지금은 심하다 싶게 이런저런 좋은 구실로 자신을 찾는다고 하였다. 다른 인간관계도 역시 바뀌어 가고 있었다.

"전에는 생각만 해도 심장이 떨리고 잠도 못 잘 만큼 미워하던 사람들에게 이제는 미움이 안 들어요." 하고 그녀가 어느 날 말했다. 처음엔 그런 일들이 두려웠었다고 하였다. 무언가 자신이 잘못되어 가고 있는 건 아닌지 의심도 들었다고 하였다. 지금은 만나도 아무렇지도 않고 심지어 사랑이나 연민 같은 걸 느끼게 된다고 하였다. 상대도 전처럼 긴장하지 않고 편하게 자신을 대한다고도 하였다.

명상이란 그런 것이다. 평정 속에 거주하는 자는 남들도 그 속에 있게끔 만들어 준다. 자기를 치유하는 자는 남들도 낫게 한다. 전에는 사람들을 피해 가며 살았지만 이제는 사람들이 그녀 속으로 걸어 들어온다. 한 서린 망부가나 실연가가 아니라, 자장가 정도가 아니라 아마 다른 노래, 사랑의 노래, 환희의 합창 소리가 그녀에게서 들려올지 모른다. 그런 것이 명상이다.

사람들은 흔히 누구를 미워한다든지 아니면 그를 미워하지 않으려고 노력한다는 식으로 얘기한다. 하지만 그것은 이미 미움이다. 혹은 나는 행복해지기 위해서 노력한다, 외로워지기 싫어서 무얼 한다, 이런 말도 마찬가지다. 그 자체가 이미 불행한, 견딜 수 없게 외로운 어떤 상태다.

그런데 진짜로 안 미워한다, 불행하지 않고 행복하다, 안 외롭다는 것은 자기가 그렇게 한 것이 아니고 그게 아예 안 되는 그런 상태다. 미움이 안 돼, 불행이 안 돼, 외로움이 안 돼. 그가 할 줄 아는 것은 사랑, 행복, 일체감 이런 것밖에는 없는 것이다. 이런 것이 명상의 진리이자 지혜이며 명상을 통해 변형된 그 사람의 존재 자체의 질이라고 할 수 있다.

메뚜기로 태어나 여름 한철을 풀잎 속에서 이쪽저쪽 뛰어다니다가 죽든지 독수리로 태어나 위엄 있는 모습으로 하늘을 비행하다 죽든지 그에게는 마찬가지다. 산중 깊은 곳에서 홀로 피어 하루 만에 사라지는 꽃이 되거나 시장 바닥에 피어나 그 향기를 흩날려 탐진치(貪瞋癡, 욕심·성냄·어리석음)의 악취를 걸러내는 꽃이 되거나 아무 차이가 없다. 그는 이 존재계가 자기에게 준 모든 에너지와 자유를 남김없이 다 쓰고 다시 그가 나온 곳으로 돌아간다. 삶의 껍데기 모습이 어떠하든지 그는 아무런 불만도 없으며 자신이 누린 삶의 모든 것을 지상의 영광이자 선물로 받아들일 것이다.

나오며

지금 여기의 삶을 위하여

어떻게든 이 책 안으로 걸음을 내디뎌 준 모든 독자들에게, 그리고 비록 개개인의 사정을 사실 그대로 쓸 수 없었지만 이 기록들의 바탕이 되어 준 여러 친구들에게 사랑과 감사를 전한다.

전작인 『까칠한 구도자의 시시비비 방랑기』가 '사람들 속으로' 떠나는 여행이라면 이 책은 인간의 '내면세계 속으로' 떠나는 여행이자 탐구이기도 하다. 모두 '삶이란 광대무변한 현상이다.'라는 평범한 진리를 바탕으로 태어났다. 우리가 놓치고 있던 삶과 의식의 여러 차원들을 재미있고 생생하게 보여 주려는 뜻이 있지만 명상 이전과 명상 이후의 삶이 어떻게 다른지 체험한다면 누구라도 더 살아 있는 글을 쓸 수 있을 것이다.

처음에는 두껍지 않은 책을 내기로 했는데 쓰다 보니 그렇게 되지 않았다. 매달 넘어가는 원고에 바로바로 의견을 주던 편집부에서 언제부터 이렇다 저렇다 말이 없었다. 요샌 안 읽는 건가 했는데 이런 답신이 왔다. 그냥 작가님 "맘대로" 글을 쓰시라는 것이었다. 그렇게 해서 나온 게 이 책이다. 탄생 단계에서부터 이 책의 가치를 긍정해 주고 지금처럼 훌륭한 책을 만들어 선물해 준 편집부의 노고에 감사를 드린다.

뒤로 갈수록 글이 좋아졌다는데 사난다(정효순) 덕이 크다.

현대적인 액티브 명상 안내자이며 오쇼 4대 치유그룹 안내자, 아유르베다와 기공을 두루 섭렵한 그녀와의 대화는 내가 하는 일을 자주 되돌아보게 만들었다. 또 첫 번째 독자로서 글들이 좀 더 따뜻하면서도 쉽게 이해되도록 최선을 다해 뒤받쳐 주었다. 최근 인도 오쇼 아쉬람에서 도착한 '웃음 명상' CD를 듣던 한 화원이 "어? 이 웃음소리는 암만 들어도 사난다 님 같은데?" 하였다. 과연 그랬다. 그녀는 인도 수행 중 새로운 '웃음 명상' CD 제작에 스태프로 참가한 것이다. 명상에 대한 감동과 애정, 계속해서 열려 가는 의식과 경이적인 활동력으로 여러 골짜기와 산을 넘어간 그녀는 세계 각국의 동료들로부터 사랑받는 명상지도자다. 나와는 또 다른 행로를 가면서 그 공부를 나눠 준 사난다에게 축하와 감사를 보낸다.

이 글을 쓰게 된 것, 이런 일을 하게 된 것, 이 글에 영향을 주었던 모든 사람들, 이 글 속에 인용된 모든 저자들에게 감사하다.

또 20세기에 혁명적으로 나타난 오쇼를 비롯해 과거, 현재, 미래의 깨달음을 얻은 모든 존재들에게 감사와 존경을 바친다. 티끌처럼 평범한 한 존재가 인류에게 빛을 비추어 준 위대한 존재들에게 이렇게 감사를 표할 수 있다니 그것만도 대단하고 실로 복된 일이 아닌가.

이 책 속에 나온 '고구려 미인'—지금은 검도 7단이다.—에게서 얼마 전 "제 아들의 생애 첫 연주회가 열립니다."라는 반가운 소식이 왔다. 나는 그 아들의 어린 시절을 조금은 알고 있었다. 그녀가 우울해지며 신세 한탄하는 것은 곧잘 그 녀석 때문이었다. 과목마다 바닥을 기거나 빵점이 나오는 것은 그렇다 치고 제대로 하는 건 한 가지도 없는 게 깔깔하기만 하여 엄마 속을 뒤집어 놓곤 하였다. 그런 그가 음악 콩쿠르에서 1등으로 입상하더니 영재 오디션까지 통과해서 이번에 오케스트라와 협연을 하고 내년에는 베를린에서 열리는 콩쿠르 본선에 나간다는 것이었다. 중2가 되어서야 피아노에 본격적으로 관심을 가지더니 고등학교 진학도 포기하고 매달린 지 불과 2, 3년 사이의 일이었다. 그녀의 감격이 오죽할까? 이런 말을 한다.

"아들이 초등학교 6학년 때 검도 특성화 중학교에 보내려고 했었는데 그때 저한테 한 말이 다시 떠오르는군요. '저한테도 꿈을 찾을 시간이 필요해요!' 오늘 오케스트라와 리허설하는 모습을 보면서 울컥했습니다."

인간은 여전히 미지의 가능성이다. 그 아들이 훌륭한 연주자가 된다고 하더라도 그의 가능성이 다 끝난 것은 아니다.

당신은 어디로 가고 있는가? 무엇을 찾고 있는가?

내가 가 보지 못한 길을 가고 있는 모든 영혼들, 자신의 천성과는 정반대되는 상황에 둘러싸인 이들, 지금 그 마음 그곳에서 한 치도 나올 수 없는 이들, 날개가 부러진 무구한 영혼들, 더욱 주지 못해서 근심하는 어머니의 혼들…… 자유와 진리를 찾아 긴 순례의 길에 올라선 모든 영혼들에게 이 책을 바친다.

1300년 전 옛사람이 "걷고 걸어도 그 자리, 가도 가도 떠난 자리(行行到處 至至發處)"라 하니 삶의 허무에 가슴이 저미는가? 아니다. 오고 감을 떠난 대자유, 오직 지금 여기뿐. 온 적도 없고 간 적도 없는 우리 안의 영원한 자가 '지금 여기' 속에 있으니, 그를 위하여.

추천의 말

좁은 우물을 벗어나 광대한 바다를 바라보기

정현채

서울대 의과대학 교수

대학교수 생활을 접고 시골로 들어가 농사를 지으며 자급자족의 생활을 꾸려 나갔던 스콧 니어링은 나이 100세가 되자 음식을 서서히 줄이면서 자신의 죽음을 맞이했다. 그는 "죽음은 광대한 경험의 영역이다. 나는 힘이 닿는 한 열심히, 충만하게 살아 왔으므로 기쁘고 희망에 차서 간다. 죽음은 옮겨 감이나 깨어남이다."라면서 삶을 마무리했다. 그런 그가 하루도 빠뜨리지 않고 한 일이 삶과 죽음에 대한 성찰과 명상이었다.

필자는 대학 진학 후 가입한 불교 모임에서 화두를 받고 참선을 해 보기도 하고 명상에 관한 책과 자료들을 보면서 명상을 시도해 보기도 했지만, 제대로 하고 있다는 생각이 들지 않았었고, 이후 오랜 시간 잊고 지내 왔다. 그러다가 얼마 전부터 명상 전문가의 지도를 받아 보고 싶은 마음이 들었는데, 마침 명상에 대해 쓴 이 책의 추천사를 의뢰받게 되었다. 살면서 우연이라고 하기에는 너무도 필연적인 일들을 종종 겪게 되는데, 이번 일 역시 그렇다고 느껴진다.

이 책에서는 저자가 오랜 세월 동안 해 온 차크라 리딩, 그리고 명리 분석과 함께 진행되는 명상 치유 세션의 실제 사례들을 소개하고 있다. 만약 책의 내용이 이론과 방법론에만 치우쳤다면 지루했을지 모르는데, 저자가 직접 경험한 다양한 사례들을 통해서 어떻게 명상 치유가 일어나는지를 소개하고 있어서, 치유의 현장을 옆에서 보는 것 같은 생생함이 있다.

"일생 내내 봄이 오지 않는 사람들이 있다."며 저자는 안타까움을 토로한다. 그러면서 명상 치유는 "내면의 어두움을 제거하고 새로운 에너지를 충전하도록 도와주는 일이다. 명상을 통해 한 인간의 마음을 치유한다는 것은 인류가 겪은 모든 불행을 치유한다는 일이라는 느낌을 받을 때가 많다."고 말한다.

우리가 깊은 슬픔과 고통에 압도당하면 너무 가슴이 아프기 때문에 현실을 인정하지 않으려고 하는데, 그것은 마치 폭우가 몰아치는 깜깜한 밤중에 불을 모두 끄고 운전하는 것과도 같다면서, 눈을 뜨고 아픔을 직시하고, 고통을 회피하지 말고 인정하는 것이 마음 치유의 첫 번째라고 강조한다.

내담자에 대한 명상 세션을 할 때면, 내담자는 가만히 있는

데 반하여 저자는 많이 울기도 하고 몸의 여러 곳에 통증을 느끼기도 한다. 내담자가 갖고 있는 스트레스와 정신적인 쓰레기들이 저자에게 전이되면서 나타나는 현상일 것이다. 우울증, 불안, 공포 등의 증상을 호소하는 환자들을 상대로 심리 상담을 하는 임상심리가들도 상담 후에는 온몸이 아프고 탈진되는 경우가 많은데, 이와 유사한 경험으로 여겨진다. 위장관 질환을 전공하고 30여 년째 환자를 진료하고 있는 필자도 의료 현장에서 비슷한 경험을 하곤 한다. 아침부터 저녁까지 하루 종일 진료를 하다 보면 몸이 아픈 환자가 내뿜는 부정적인 에너지에 그대로 노출되면서 저녁 무렵 진료가 종료되는 시점에는 온몸이 아프고 탈진되는 느낌을 심하게 받곤 한다.

이런 현상들은, 아마도 우리는 주변의 모든 존재들과 눈에는 보이지 않는 섬세한 끈으로 연결되어 있어서, 서로서로 세밀하게 영향을 주고받으며 살아가기 때문일 것이다. 물리적으로 멀리 떨어져 있고 나와는 무관해 보이지만, 타인들이 처한 어려움이나 고통도, 또 행복감이나 충만함도 나비의 날갯짓처럼 언젠가는 나의 삶에 영향을 미친다. 마찬가지로, 나의 행복이나 고통도 나 혼자만의 영역에 머물러 있지 않는다.

저자는 우리 인간 모두가 자기의 정신적·감정적·무의식적인 쓰레기를 누군가에게, 어딘가에 항상 버리고 있다고 말한다. 그 쓰레기들 속에서 살아가는 인간은 계속 아플 수밖에 없다는 것이다. 그래서 명상 치유의 또 다른 핵심은 '버리는 것'이라고 말한다. 그러면 씨줄과 날줄로 촘촘하게 엮인 인연의 고리 '인드라망' 속에 연결되어 있는 영롱한 구슬들인 모든 존재가 본래의 모습을 찾게 되는 것이리라.

이 책에 쓰인 많은 내용들은 눈에 보이는 것이 전부인 줄 알고 살아가는 현대인들로서는 덥석 받아들이기 어려울 수도 있다. 10여 년 전이었다면 필자 역시 그랬을 것이다. 유물론과 실증주의에 입각한 과학 교육을 오랫동안 받아 왔기 때문에 눈에 보이지 않는 세계나 영적인 세계에 대해서는 접할 기회가 드물었고, 접했다고 해도 아마 인정하기 어려웠을 것이다.

그러다가 인간 누구나가 삶에서 필연적으로 맞게 되는 죽음과 죽어 감에 천착하게 되어 수많은 관련 자료들을 탐색하면서, 죽음의 자리에서 일어나는 중요한 영적인 현상인 근사체험과 삶의 종말체험에 대해 알게 되었다. 과학적인 방법론에 의해 관찰되고 도출된 결과물들을 필자는 부정할 수 없었고, 영적인 세계에 대한 인식의 눈이 비로소 열리기 시작했다.

죽음은 소멸하는 것이 아니라 다른 차원으로의 옮겨 감이라는 사실을 알게 된 이후로, 필자의 삶에는 심대한 변화가 찾아왔다. 타인에 대한 공감과 이해가 얼마나 중요한지를 깨닫게 되었고, 이번 생에 나에게 주어진 과제가 무엇인지를 생각해 보고 제대로 감당할 수 있기를 바랐다. 또 죽음에 대한 두려움은 거의 사라지고, 일상사에 대한 감사의 마음이 크게 증가했다.

또한 죽음 그 후에 대한 지속적인 관심과 공부는 오히려 삶에 대한 애정을 깊게 해 주었고, 의식과 우주에 대한 이해의

지평을 크게 확장시켜 주었다. 죽음은 삶과 반대 지점에 있다고들 생각하지만, 실제로 죽음과 삶은 서로를 껴안고 있기 때문이다. 더구나 필자가 수십 년간 받아 온 현대 과학 교육이나 과학자와 의사로서의 삶과도 전혀 충돌하지 않았다. 오히려 과학의 부족한 부분을 보완해 준다고까지 생각하게 되었다.

미국의 사상가이자 시인인 헨리 데이빗 소로우는 1850년경 그의 책 『월든』에서 "사람들 대부분은 조용한 절망 속에서 살아간다."고 했다. 그런데 150여 년이 지난 지금 현대인들의 모습도 이와 다르지 않아 보인다. '나는 어디서 와서 어디로 가는가?', '어떻게 사는 것이 인간적인 삶일까?'와 같은 근원적인 질문은 던지지 않은 채, 눈에 보이는 것, 재물과 지위가 인생의 전부인 것처럼 살아간다. 그러나 그럴수록 내면은 피폐해지고 외로움과 허무함으로 가득하다.

리처드 바크는 소설 『갈매기의 꿈』에서 "먹는 일보다, 서로 다투는 일보다, 무리 중에서 대권을 차지하는 일보다 더 가치 있는 삶이 있다는 것에 대해 처음 생각이 미치기까지만도 우리가 얼마나 많은 삶을 통과해야 하는지 아는가?"라고 묻는다.

"명상을 왜 합니까?"라는 사람들의 질문에 대해 저자는, "당신이 만약 1년 동안 세수를 안 한다면 얼굴이 어떻게 되겠소? 그런데 10년, 20년, 몇십 년 동안 목욕을 한 번도 안 했다고 치면 어떨 것 같소? 마음도 똑같은 겁니다."라고 대답한다. 명상을 통해 생겨난 에너지로써 정화되고 재탄생되려면, 사랑과 자각이 명상 세션의 양대 방편이라고 강조한다. 명상을 통한 자기 정화의 노력이 극대화 된다면, 부정적인 에너지나 카르마 그리고 트라우마는 불타 없어질 것이고, 이를 통해서 성장이 이루어질 것이라고 얘기한다.

아무런 노력을 하지 않는다면 지금과 똑같은 삶이 다람쥐 쳇바퀴 돌 듯 반복될 것이다. 그런데 명상 속으로 뛰어들 용기만 있다면, 이제껏 지옥이라고 생각해 왔던 자신의 고착화된 문제로부터 팔 할 이상은 해방될 것이라고 말하고 있다.

랄프 왈도 에머슨은 진정한 성공에 대해서 "작은 정원을 가꾸든 사회 환경을 개선하든 자기가 태어나기 전보다 세상을 조금이라도 살기 좋은 곳으로 만들어 놓고 떠나는 것"이라고 정의한 바 있다. 이런 관점에서 본다면 이 책의 저자는 진정으로 성공적인 삶을 살아가고 있다고 할 수 있다. 그는 명상 지도를 통해 많은 이들이 자신의 내면을 자각하며 어두움을 제거하고 새로운 에너지를 충전하도록 도와줌으로써 삶다운 삶을 영위할 수 있도록 이끌어 주기 때문이다. 더 나아가 이들은 자신의 배우자, 가족 그리고 주위의 지인들에게도 긍정적인 영향을 미치게 될 터여서, 그들까지도 성공적인 삶을 살아 갈 수 있게 돕는 셈이다.

추천사를 쓰기 위해 이 책의 원고를 다 읽었을 때쯤, 명상 세션을 통해 내 내면을 정화하고 성장하고 싶다는 분명한 동기가 생겼다. 이제 평생 갇혀 지내던 좁은 우물을 벗어나 오랜 세월 소문으로만 들었던 광대한 바다라는 것을 직접 나의 두 눈으로 확인해야 할 때가 온 것이다.

참고 도서

『觀중심의 형성과 여덟 진로의 수행 체계』 구선 지음, 연화, 2003.

『궁극의 자유』 오쇼 라즈니쉬 지음, 허경룡 옮김, 황금꽃, 2002.: 이 책의 영문판은 『And Now, And Here-Volume2』로 되어 있으며, 한국판엔 '삶과 죽음, 전생(Life and Death, Past Lives)'이라는 부제를 달고 있다. 부록으로는 인도 푸나의 '오쇼 신비주의 학교'에서 '오쇼 전생 명상 트레이닝' 기간 중에 라이브로 녹음된 오쇼의 '전생최면' 테라피 기법을 상세히 소개하고 있다.

『기적을 찾아서 1, 2』 오쇼 라즈니쉬 지음, 손민규 옮김, 계몽사, 1997.

『노자(老子)』 노자 지음, 장기근 옮김, 삼성출판사, 1979.

『도마복음 강의』 오쇼 라즈니쉬 지음, 류시화 옮김, 청아출판사, 2008.

『도올세설』 김용옥 지음, 통나무, 1991.

『마음의 보물』 딜고 켄첸 린포체 지음, 체링 최잘 영역, 최람 스님(이은식) 옮김, 미간.
『만트라의 힘과 수행의 신비』 판딧 라즈마니 티구네이트 지음, 서민수 옮김, 대원출판, 2000.
『命理通精』 李鐘祐 편저, 중앙인쇄문화사(부산), 1983.
『명상심리치료입문-내면으로의 여행』 매튜 플릭스타인 지음, 고형일·문정순·정광주·박현주·오명자 옮김, 학지사, 2007.
『명상의 정신의학』 안도 오사 지음, 김재성 옮김, 민족사, 2009.
『명상, 처음이자 마지막 자유』 오쇼 라즈니쉬 지음, 손민규 옮김, 태일출판사 1999.
『무경계』 켄 윌버 지음, 김철수 옮김, 정신세계사, 2012.
『반야심경』 라즈니쉬 강의, 석지현 역주, 일지사, 1982.
『불교 수행법 강의』 남회근 지음, 신원봉 옮김, 씨앗을 뿌리는 사람, 2003.
『상품미학과 문화이론』 미술비평연구회 대중시각매체연구분과 엮음, 눈빛, 1992.: 주로 하우크의 저술이 실려 있다.
『삶의 얽힘을 푸는 가족세우기』 스바기토 R. 리버마이스터 지음, 박선영·김서미진 옮김, 동연, 2009.
『세상은 어디에서 왔는가』 샨탐 디라지 지음, 박현수·김미경 옮김, 정신세계사, 2016.

『아이덴터티』 에릭 에릭슨 지음, 이부영 옮김, 삼성출판사, 1977.
『에텔체』 A. E. 포우웰 지음, 김동명 옮김, 화이트벡큠, 1993.
『영원한 심리학』 켄 윌버 지음, 박희준 옮김, 선사상 5·6월호, 1986.
『육조단경』 혜능 지음, 나카가와 다카 주해, 양기봉 옮김, 김영사, 1994.

『의식 혁명』 데이비드 호킨스 지음, 이종수 옮김, 한문화, 2000.
『일차원적 인간』 헤르베르트 폰 마르쿠제 지음, 차인석 옮김, 삼성출판사, 1979.
『자살론』 칼 메닝거 지음, 이용호 옮김, 백조출판사, 1998.
『자아초월 심리학과 정신의학』 Bruce W. Scotton·Allan B. Chinen·John R. Battista 지음, 김명권·박성현·권경희·김준형·백지연·이재갑·주혜명·홍혜경 옮김, 학지사, 2008.
『정좌수도 강의』 남회근 지음, 신원봉 옮김, 씨앗을 뿌리는 사람, 2003.
『조화원약(造化元鑰) 평주』 정지호 편역, 삼한출판사, 2000.
『존재와 무』 장 폴 사르트르 지음, 양원달 옮김, 을유문화사, 1974.
『존재와 시간』 마르틴 하이데거 지음, 이규호 옮김, 청산문화사, 1974.
『제3의 파도』 앨빈 토플러 지음, 김태선·이귀남 옮김, 홍성사, 1981.
『증보연해자평(增補淵海子平) 정해』 심재열 강술, 명문당, 1988.
『천부경해설과 수행법』 무일선생 지음, ㈜북랩, 2016.
『초감각 투시』 W. E. 버틀러 지음, 유기천 옮김, 정신세계사, 1994.
『쿤달리니 탄트라』 스와미 사티야난다 사라스와티 지음, 박광수 옮김, 도서출판 양문, 2000.
『티베트 밀교 요가』 라마 카지 다와삼듑 지음, 유기천 옮김, 정신세계사, 2001.
『티베트 사자의 서』 백봉초 옮김, 경서원, 1984.
『프라닉 정신요법』 마스터 조곡쉬 지음, 서강익 옮김, 초롱, 2005.
『한국문화사대계-정치경제사』, 고려대학교민족문화연구소, 1970.
『혼의 과학』 스와미 요게시바라난다 사라스와티 지음, 나종우·정인 스님·임승혁 옮김, 영풍문고, 1997.

『Hidden Mystery』 Osho, Tao Publishing, 2003.

『From Sex To Superconsciousness』 Osho, The Rebel Publishing House, Third Edition.

『The Inner Journey』 Osho, Rebel Publishing House, 1999.

『The Orange Book–The Meditation Techniques of Bhagwan Shree Rajneesh』 Bhagwan Shree Rajneesh, Raineesh Foundation International, 1983.

『The Path of Meditation』 Osho, Rebel Publishing House, 1998.

『The Perfect Way』 Osho, Tao Publishing, 2002.

『The Psychology Of The Esoteric』 Osho, Rebel Publishing House, Third Edition.

샨탐 디라지의 『Where Does The World Come From(세상은 어디로부터 나타나는가)』: 본문 인용은 정신세계사에 나온 책의 이전 번역(고민경 옮김)을 디라지 출판권자인 칼파(네덜란드)의 허락 하에 사용.

아디 상카라의 『비베카 츄다마니』: 『아루나찰라의 노래』(아서 오스본 편저, 서민수 옮김, 고려원 미디어, 1991) 상카라차리아의 저작을 라마나 마하리쉬가 타미르어 산문으로 번역한 것을 옮긴 것이다.

리드비터의 『내적인 삶(Inner Life)』: 정신세계원 은비학 모임 교재로 사용하기 위해 조하선 씨가 2000년 번역한 내용을 참조했다.

트라우마 치유,
아직 만나지 못한 나를 만나다

1판 1쇄 펴냄 2017년 6월 20일
1판 2쇄 펴냄 2018년 2월 8일

지은이 | 윤인모
발행인 | 박근섭
책임편집 | 강성봉
펴낸곳 | 판미동

출판등록 | 2009. 10. 8 (제2009-000273호)
주소 | 06027 서울 강남구 도산대로 1길 62 강남출판문화센터 5층
전화 | **영업부** 515-2000 **편집부** 3446-8774 **팩시밀리** 515-2007
홈페이지 | panmidong.minumsa.com

도서 파본 등의 이유로 반송이 필요할 경우에는 구매처에서 교환하시고
출판사 교환이 필요할 경우에는 아래 주소로 반송 사유를 적어 도서와 함께 보내주세요.
06027 서울 강남구 도산대로 1길 62 강남출판문화센터 6층 민음인 마케팅부

ISBN 979-11-5888-295-2 03180

판미동은 민음사 출판 그룹의 브랜드입니다.